高速公路风化千枚岩填料路基修筑技术研究

毛雪松　马　骉　吴　谦　著

人民交通出版社股份有限公司
China Communications Press Co.,Ltd.

内 容 提 要

本书以风化千枚岩填料为研究对象，对改良前后填料的物理力学特性和工程特性进行了试验研究；考虑荷载效应、冻融循环及干湿循环作用，基于分形理论对风化千枚岩填料崩解破碎特性进行了研究；在不同含水率和应力水平下研究了风化千枚岩填料的蠕变变形特性；进行了室内和现场的水分迁移试验和力学性能试验，分析了风化千枚岩填料的水分迁移特性及其对填料回弹模量的影响；在此基础上，依托现场的试验路修筑，提出风化千枚岩填料填筑路基的施工方案和质量控制技术；最后，对山区修筑高速公路产生的千枚岩等软质岩石废方的稳定性问题进行探讨，提出了弃土堆稳定性评价的原则和方法。

本书内容翔实，可作为在千枚岩分布地区或工程性质类似的软岩分布地区从事路基设计、施工以及科学研究人员的参考书。

图书在版编目（CIP）数据

高速公路风化千枚岩填料路基修筑技术研究 / 毛雪松，马骉，吴谦著. — 北京 ：人民交通出版社股份有限公司，2018.4

ISBN 978-7-114-14486-8

Ⅰ. ①高… Ⅱ. ①毛… ②马… ③吴… Ⅲ. ①高速公路-千枚岩-填筑-公路路基-地基工程-研究 Ⅳ. ①U416.1

中国版本图书馆 CIP 数据核字（2018）第 013049 号

书　　名：高速公路风化千枚岩填料路基修筑技术研究
著 作 者：毛雪松　马　骉　吴　谦
责任编辑：李　瑞
责任校对：刘　芹
责任印制：张　凯
出版发行：人民交通出版社股份有限公司
地　　址：（100011）北京市朝阳区安定门外外馆斜街 3 号
网　　址：http://www.ccpress.com.cn
销售电话：（010）59757973
总 经 销：人民交通出版社股份有限公司发行部
经　　销：各地新华书店
印　　刷：北京鑫正大印刷有限公司
开　　本：720×960　1/16
印　　张：13.75
字　　数：241 千
版　　次：2018 年 7 月　第 1 版
印　　次：2018 年 7 月　第 1 次印刷
书　　号：ISBN 978-7-114-14486-8
定　　价：50.00 元

致　　谢

在本书部分成果的研究、撰写和出版过程中得到了以下项目的资助,作者谨致谢忱。

国家自然科学基金《强风化千枚岩填筑路基水—力耦合及长期变形特性研究》(项目编号:51378072)。

长安大学中央高校高新科技研究项目《基于水力耦合机制的松散堆积体路基变形特性研究》(项目编号:310821162012)。

序　言

改革开放以来,我国公路交通建设事业突飞猛进。1988年,我国实现了高速公路零的突破。截至2017年年底,高速公路总里程达13.65万公里。我国仅用二十几年的时间,走完了国外发达国家近半个世纪的高速公路建设历程。在辽阔的国土之上,高速公路穿越区域的地形、地质条件复杂多变,越来越多的高速公路修建在西部山岭之中。在山岭地貌条件下,公路路基高填深挖现象极为普遍,而沿途常遇到软弱岩石分布区域,加之交通运输不便,使得路基填料供给成为难题,因此对于公路路基填料的选择就需要结合山区当地实际情况就地取材。

风化千枚岩填料属于软质岩石范畴,其单轴饱和抗压强度小于30MPa,强度低,抗风化能力、水稳性及抗变形能力均较差,这样的工程性质就决定了千枚岩作为路基填料时的特殊性。风化千枚岩作为路基填料时与土质填料或硬质岩石填料不同,其粒度组成会随碾压过程、裸露时间长短及含水情况而变化,即发生二次崩解破碎,施工前后颗粒级配会有很大的差异。即使经过压实、破碎等一系列处理,也不可能使所有的填料都达到稳定,其崩解将长期存在。刚填筑好的千枚岩填料路基,其强度和水稳性虽然能满足现有技术规范的要求,但在干湿循环、冻融循环以及行车荷载的作用下,千枚岩填料将继续崩解破碎,路基的长期变形特性、水稳性如何无从得知,必须通过大量的模型试验和填筑实体路基进行进一步研究。

本书依托国家自然科学基金项目《强风化千枚岩填筑路基水—力耦合及长期变形特性研究》(项目编号:51378072)和长安大学中央高校高新科技研究项目《基于水力耦合机制的松散堆积体路基变形特性研究》

(项目编号:310821162012),以十天高速公路安康东段沿线的千枚岩填料为研究对象,从千枚岩原岩的力学性质出发,进行填料的工程性能分析;对水和荷载交互作用下的千枚岩填料二次破碎特性进行研究;基于分形理论,从微观角度揭示千枚岩填料级配对路基性能的影响;考虑水分迁移特性和蠕变特性,对路基可能发生的湿化变形进行预测;在此基础上,结合试验路修筑,提出风化千枚岩路基修筑方案、施工技术与质量控制标准;并针对山区修筑高速公路产生的千枚岩等软质岩石废方稳定性问题进行探讨,提出弃土堆设计的原则和方法。

本书共八章内容,第一章至第五章由毛雪松、马骉编著;第六章至第八章由毛雪松、吴谦、刘飞飞编著。硕士研究生郑晓忠、周雷刚、胡明、黄承甲、樊宇朔、孟庆猛、陈燕琴、张慧军、李汶霖和李健参与了项目的研究工作;博士研究生刘飞飞参加了资料的整理、排版等工作。在这里一并向他们表示感谢!

由于作者水平有限,书中的疏漏和不足之处在所难免,诚请批评指正。

作　者

2017 年 12 月

目　　录

第 1 章 风化千枚岩类软质岩石填筑路基研究现状

1.1 软质岩石的定义

软岩在我国广泛出露，占全国总面积的 20%~30%。软岩是介于硬岩和土体之间的一种材料，在世界范围内分布很广，占地球表面岩石 50%以上。从 20 世纪 60 年代到 90 年代初，关于软岩的概念国内外一直争论不休，其定义多达几十种之多。在近几年的文献中，关于软岩的概念仍然名目繁多、定义各异，各有其优缺点，总括起来，大体上可分为描述性定义、指标化定义和工程定义 3 类。

1）描述性定义

1984 年 12 月，在昆明市举行的煤矿矿山压力名词讨论会上提出松软岩层定义。松软岩层是指强度低、孔隙度大、胶结程度差、受构造面切割及风化影响显著或含有大量膨胀性黏土矿物的松、散、软、弱岩层[1]。陆家梁提出，松软岩层是指松散、软弱的岩层，它是相对于坚硬岩层而言的[2]。

2）指标化定义

指标化定义的分类依据为强度指标。例如：①ISRM（国际岩石力学学会，1990，1993）定义：软岩是指单轴抗压强度在 0.5~25MPa 的一类岩石[3]；②G. Russo（1994）定义：软岩是指单轴抗压强度小于 17MPa 的岩石；③抗压强度小于 20MPa 的岩层称为软岩；④$\sigma_r/(\gamma H)<2$ 的岩层称为软岩（式中，σ_r 为单轴抗压强度；γ 为岩石重度；H 为深度）[4]。

考虑到围岩变形和支护难易程度，中国矿业大学董方庭教授提出，松动圈厚度大于 1.5m 的围岩，称为软岩[5]。鹿守敏教授指出，围岩松动圈厚度大于 1.5m，并且用常规支护不能适应的围岩称为软岩[6]。

由此可见，国内外对于软岩的定义尚不能统一，这严重阻碍了软岩的学术交流和研究的深入。软岩定义时，应抽象出前述各种定义的共性规律，抽象出软岩的本质特征，力求简明扼要并反映软岩的实质性规律。何满潮等[7]在充分研究前人关于软岩概念的基础上，提出新的软岩概念及其分类体系。为了便于理论研究和工程应用，将软岩分为地质软岩和工程软岩，分别予以定义。地质软岩是指强度低、孔隙度大、胶结程度差、受构造面切割及风化影响显著或含有大量膨胀性黏土矿物的松、散、软、弱岩层，这类岩石多为泥岩、页岩、粉砂岩和泥质矿岩，是天然形成的复杂的地质介质。工程软岩是指在工程力作用下能产生显著塑性变形的工程岩体。这个定义揭示了软岩取决于工程力与岩体强度的相互关系的相对性实质。

3）工程定义

（1）《工程岩体分级标准》（GB/T 50218—2014）对软岩的界定

《工程岩体分级标准》（GB/T 50218—2014）[8]按岩石的坚硬程度进行了划分，如表 1.1、表 1.2 所示。

按岩石的坚硬程度划分 表 1.1

坚硬程度		定性鉴定	代表性岩石
硬质岩	坚硬岩	锤击声清脆，有回弹，振手，难击碎； 浸水后，大多无吸水反应	未风化~微风化的： 花岗岩、正长岩、闪长岩、辉绿岩、玄武岩、安山岩、片麻岩、硅质板岩、石英岩、硅质胶结砾岩、石英砂岩、硅质石灰岩等
	较坚硬岩	锤击声较清脆，有轻微回弹，稍振手，较难击碎； 浸水后，有轻微吸水反应	1.中等（弱）风化的坚硬岩； 2.未风化~微风化的： 熔结凝灰岩、大理岩、板岩、白云岩、石灰岩、钙质砂岩、粗晶大理岩等
软质岩	较软岩	锤击声不清脆，无回弹，较易击碎； 浸水后，指甲可刻出印痕	1.强风化的坚硬岩； 2.中等（弱）风化的较坚硬岩； 3.未风化~微风化的： 凝灰岩、千枚岩、砂质泥岩、泥灰岩、泥质砂岩、粉砂岩、砂质页岩等
	软岩	锤击声哑，无回弹，有凹痕，易击碎； 浸水后，手可掰开	1.强风化的坚硬岩； 2.中等（弱）风化~强风化的较坚硬岩； 3.中等（弱）风化的较软岩； 4.未风化的泥岩、泥质页岩、绿泥石片岩、绢云母片岩等
	极软岩	锤击声哑，无回弹，有较深凹痕，手可捏碎； 浸水后，可捏成团	1.全风化的各种岩石； 2.强风化的软岩； 3.各种半成岩

按饱和单轴抗压强度划分　　表 1.2

R_g(MPa)	>60	60~30	30~15	15~5	≤5
坚硬程度	硬质岩		软质岩		
	坚硬岩	较坚硬岩	较软岩	软岩	极软岩

(2)《公路路基设计规范》(JTG D30—2015)对石料的界定

《公路路基设计规范》(JTG D30—2015)[9]中,填石料可根据石料单轴饱和抗压强度进行划分,如表 1.3 所示。

《公路路基设计规范》(JTG D30—2015)中岩石的分类　　表 1.3

岩石类型	单轴饱和抗压强度(MPa)	代表性岩石
硬质岩石	≥60	1.花岗岩、闪长岩、玄武岩等岩浆岩类; 2.硅质、铁质胶结的砾岩及砂岩、石灰岩、白云岩等沉积岩类; 3.片麻岩、石英岩、大理岩、板岩、片岩等变质岩类
中硬岩石	30~60	
软质岩石	5~30	1.凝灰岩等喷出岩类; 2.泥砾岩、泥质砂岩、泥质页岩、泥岩等沉积岩类; 3.云母片岩或千枚岩等变质岩类

1.2　软岩的工程性质及路用性能研究

软岩力学性质及崩解特性一直是国内外研究的热点。Sadisun 等[10](2002)采用无侧限膨胀试验分析了黏土类软岩的膨胀特性。Sonmez[11](2006),Dinc 等[12](2011)针对软硬岩体从岩体内部结构、轴向抗压强度、回弹模量等角度评价了现有的强度预测经验模型。Zainab Mohamed[13](2007)研发了一套试验设备,对膨胀和收缩性软岩的分类进行了试验研究。Garzón 等[14](2010)采用衍射实验、电镜扫描及三轴试验等方法针对千枚岩的物质组成和力学性能进行了试验分析。Youn 等[15](2010)、Bryson 等[16](2012)通过室内的剪切试验、压实试验、三轴试验等研究了板岩等岩石在风化作用下强度损失特性及耐久性。Ulusay 等[17](2012)提出应用针式灌入仪结合无侧限抗压强度预测软岩强度的方法。周翠英等[18,19](2005,2010)、刘镇等[20](2011)通过对华南地区广为分布的红色砂岩、泥岩及黑色炭质泥岩等几种不同类型的典型软岩在不同饱水状态下的力学性质测试,重点探讨了软岩软化的力学规律性,并提出软岩的软化临界现象以及判据。杨春和等[21]

(2006)通过偏光显微镜、电子扫描电镜、粉晶X射线衍射实验分析了不同浸泡时间下的矿物颗粒微观结构、孔隙度的变化,结合三轴压缩试验,研究了板岩泡水后发生软化的过程与机理。赵明华等[22](2007)、刘晓明等[23](2008)针对软岩进行室内的崩解试验并基于分形理论,提出利用分维数来定量描述红砂岩崩解破碎的非线性动态过程。刘长武等[24](2000)、黄宏伟等[25](2007)通过扫描电镜与X射线衍射仪对等实验手段,对泥岩的微观结构与物质组成进行分析,研究了该泥岩遇水崩解及软化特性。郑达等[26](2011)利用扫描电镜与力学试验等多种测试手段,揭示了2种千枚岩岩石微观破裂形式、破裂机理与其矿物组成之间的联系。吴道祥等[27](2010)对红层软岩进行了室内浸水崩解试验,提出崩解评价指标及崩解等级的评价标准,分析了影响崩解的因素。张巍等[28](2013)针对膨胀岩进行了吸水率和崩解试验,建立了干燥崩解物粒径分布特征、耐崩解性指数与膨胀性判别结果之间的关系。

随着交通的迅速发展,软岩作为填料才开始在公路及铁路行业中应用。Vazquez等[29](2005)针对水泥和石灰改良的千枚岩填料的力学性能进行试验,分析了改良效果。Joel Manasseh[30](2008)通过室内试验分析了石灰改良页岩的土体工程特性。Mark[31](2010)采用千枚岩作水泥混凝土集料,分析了混凝土试件的物理力学性能,得出强度随着龄期增长的变化规律。赵明华等[32](2005)通过对红层软岩进行化学成分、物理性质、耐崩解性等试验,评价了该类材料作为路基填料的工程特性。郑明新等[33](2005)针对武广客运铁路专线沿线遇到的大量软质千枚状板岩和泥质粉砂岩,在分析风化软岩基本矿物成分、耐崩解性的基础上,结合风化软岩岩块力学强度和击实试验结果,初步判定了风化软岩填筑路基的可行性,同时提出软岩填筑路基可行性的初步判定方法。卿启湘等[34,35](2006)采用模型试验和数值分析相结合的方法,对软岩填筑的模型路堤在循环准静荷载作用下的变形机理进行了探讨。刘新喜等[36](2006)通过对强风化软岩压实特性试验研究表明,填料的承载比(CBR值)随压实度的增大而增大,填料具有良好的压实性能,可用于高等级公路路基填筑,并将试验成果用于湘潭市昭山大道路基填筑,提出路基95区换填黏性土、湿法填筑和提高90区压实度等施工措施。张新华[37](2008)以锦阜高速公路详勘钻探资料及单轴饱和抗压强度试验资料为依据,对该地区基岩岩体物理力学特性进行分析,对锦阜高速公路软质岩进行工程地质评价,提出软岩的处理原则。舒海明[38](2008)对武广客运专线途经的大量全风化及强风化泥质板岩、千枚状板岩等软岩进行室内外试验研究认为,开采后的全~强风化的泥质板岩性质不稳定,其最大干密度与软岩级配、风化程度等因素密切相关。向贵府[39](2009)以昔格达组填料强度特征为研究对象,通过大量的室内及现场试验,从昔格达组地层岩组的物理力学性质、昔格达组填料的物理性质入手，对抗剪强度、室内承载比及现场承载比特征进行了系统研究，表明昔格达组填料可以达到高速公路对填料的基本要求。但汉成等[40](2009)结合武广客运专线的工程实际，对沿线的千枚状板岩进行了室内 CBR 值试验；从颗粒组成、矿物成分、泡水时间、最大颗粒粒径和击实次数方面研究了其对填料 CBR 值的影响。熊跃华[41](2009)通过对长衡客运专线沿线的千枚岩矿物成分分析及物理、耐崩解、力学等一系列试验，论证了其作为该线路基填料的可行性。杨烨[42](2010)进行了千枚岩基本特征和路用性能的室内试验研究，提出千枚岩在汶马公路作为路堤填料的填筑方案，并提出应用强夯对千枚岩路基进行压实的方法。陈湘亮等[43](2010)通过对不同掺灰量、不同龄期、不同压实度下改良土的无侧限抗压强度进行研究，分析了影响无侧限抗压强度的主要因素，为软岩改良土的设计与施工提供了一定的参考。任奋华等[44](2010)以 206 国道寻乌段强风化千枚岩高陡边坡为研究对象，分析了该滑坡滑带土的力学性质特征，利用参数分析结果对滑坡稳定性进行定量分析。和民锁等[45](2010)对武广高速铁路沿线的弱风化泥质板岩的工程特性进行了试验研究，有针对性地提出施工建议。谭捍华等[46](2011)针对千枚岩残坡积土进行大型直剪试验研究，得到有效控制密度、干密度和含水率条件下击实土样的峰值强度和残余强度。韩伟[47](2011)结合室内试验和现场沉降观测，分析了风化岩路基的沉降变形随时间的变化规律。周援衡等[48](2011)基于全风化花岗岩及其改良土的工程力学性质和变形特性，对改良土路基进行了现场循环加载试验研究，模拟分析了不同轴重列车荷载长期循环作用下浸水前后全风化花岗岩改良土路基的动态特性及沉降规律。陈湘亮等[49](2012)采用干湿循环击实、共振、临界动应力、动剪应变等参数对武广（武汉—广州）高速铁路中弱~强风化泥质粉砂岩物理改良土的工程特性进行了综合评价。刘保健[50]从千枚岩的工程性质研究与公路工程建筑技术经验两个方面，对四川省在千枚岩地区高速公路建设中的经验与成果进行了总结。

1.3　软岩流变力学特性

自 20 世纪 50 年代末期起，随着大型工程的建设，极大地促进了岩石力学特性的研究，开展了大量的岩石体流变试验，积累了丰富的涵盖软岩、硬岩以及节理岩体和软弱夹层岩体等的流变试验资料，获得了各类岩石体的流变规律和流变力学参数。Haupt[51](1991)研究了盐岩的应力松弛特性，指出在整个应力松弛过程中，其内部的细观结构保持不变，应力松弛反映了盐岩内部的黏性效应。Z. Chen 等[52](1997)分析了盐岩蠕变试验结果，在热力学限制的基础上提出一套具有相应积分体系的本构框架,用以描述包括加速蠕变在内的蠕变响应。Sun Jun 等[53](1997)对软岩的非线性流变力学特性进行了试验研究,提出一个统一的三维非线性黏弹塑性流变本构模型,并将其应用于地下工程中。Maranini 等[54](1999)对石灰岩进行了单轴压缩和三轴压缩蠕变试验,研究表明,蠕变的变形机理主要为低围压下裂隙扩展和高应力下孔隙塌陷,蠕变对岩石本构行为的主要影响就是降低了其屈服应力。Fujii 等[55](1999)对花岗岩和砂岩进行了三轴蠕变试验,得到轴向应变、环向应变和体积应变三种蠕变曲线,指出环向应变可以用来作为蠕变试验和常应变速率试验中判断岩石损伤的指标。李永盛[56](1995)对大理岩、红砂岩、粉砂岩和泥岩四种不同强度的岩石材料,进行了单轴压缩条件下的蠕变和松弛试验,指出岩石材料一般都会出现蠕变速率减小、稳定和增大三个变化阶段,以及应力松弛非连续性变化特点,并由此建立了岩石材料应力—应变—时间的非线性本构方程。陈智纯等[57](1995)通过大量软岩流变试验发现两种超常力学行为:软岩蠕变中泊松比出现负值,蠕变和松弛不能用两个线性相关的函数表示。杨淑碧等[58](1996)对侏罗系沙溪庙组砂、泥岩的流变特性进行了系统的流变试验研究,认为砂、泥岩的流变特性主要受岩性和风化程度控制,砂岩在压缩条件下具有较高的长期强度,拉伸条件下的长期强度、蠕变断裂极限变形量都较低,松弛现象相对于蠕变更为突出;泥岩在压缩及剪切条件下的长期强度相对较低,强度的时间效应显著,蠕变现象相对于松弛现象更为突出。朱定华等[59](2002)通过对南京红层软岩的流变试验,发现红层软岩存在显著的流变性,符合 Burgers 本构模型,试验得出长期强度约是其单轴抗压强度的 63%~70%。李刚等[60](2009)利用带有压力密封舱的三轴蠕变仪进行了不同孔隙水压力条件下软岩蠕变试验,通过最小二乘回归分析对蠕变方程进行了参数识别。谌文武等[61](2009)在分级加载条件下对红层软岩进行了一系列单轴压缩蠕变试验,结果表明,红层软岩蠕变特性符合伯格斯模型(Burgersmodel),并确定了不同应力水平下的蠕变参数。陈从新等[62](2010)以红层软岩为研究对象,通过室内三轴压缩试验、现场承压板压缩试验及流变试验对岩体的变形特性进行了系统分析。范秋雁等[63](2010)以南宁盆地泥岩为研究对象,进行一系列单轴压缩无侧限蠕变试验和有侧限蠕变试验,分析了泥岩的蠕变特性,并配合扫描电镜,着重分析了泥岩蠕变过程中细观结构和微观结构的变化。

1.4 软岩湿化变形特性

最早湿化变形试验研究是在单向固结仪中进行的。1973 年,Nobari 和 Duncan 首先用三轴试验分别对非饱和试样、饱和试样进行了砂土的湿化变形试验,将相同应力状态下的应变差作为湿化附加应变(双线试验法),并将其应用于分析 Oroville 土坝的浸水变形。我国学者于 1977 年首次提出模拟实际浸水湿化的多线试验法,即将风干土样加载至某应力状态并维持不变,浸水饱和并测定其湿化变形后,施加偏应力至剪切破坏。此后,不少学者通过试验和计算方法开展了进一步的研究工作。蔡俊杰等[64](2006)针对湘潭市昭山大道的 107 国道强风化软岩,分析了岩石湿化后剪切强度、极限强度及体积变化的规律。李鹏等[65](2002)采用大型高压三轴仪,对黑河土石坝的坝壳料进行了不同应力水平的湿化试验研究。张丹[66](2009)分别采用膜装试样和网装试样的试验方法,通过通入水蒸气和无气水的增湿方法,探讨了试样增湿变形的微观机理和粗粒土的结构特性。朱凤贤[67](2009)针对华南"红层"软岩遇水软化的复杂系统演化问题,从其软化过程中是否形成耗散结构的思路出发,研究了软岩系统非线性软化特征。闫小波[68](2009)以泥质粉砂岩和褐红色泥岩为对象,研究单轴压缩条件下软岩干燥和饱和状态时的各向异性力学特征,其包括变形各向异性特征和强度各向异性特征。左永振[69](2008)对粗粒料的蠕变和湿化特性进行了较为系统的研究,揭示了粗粒料蠕变和湿化变形的规律。王晓谋等[70](2011)采用室内大型压缩试验,针对秦岭山区十天高速公路安康西段的强风化变软质岩填料进行了相同密度不同试验方法下的浸水饱和试验,分析了路基变形的发育过程。侯超群等[71](2011)对变质软岩(作为填料填筑的路基)在自重作用下的浸水湿化变形进行了研究,并评价了用变质软岩作为填料按填石路基的方法进行施工的可行性。

1.5　现 状 分 析

通过上述分析可以看出,软岩作为填料在公路及铁路行业中才刚刚应用,对软岩作为填料的研究主要集中在力学性能、可行性、遇水的工程性质等方面。为了进一步提高强风化千枚岩所在区域路基的稳定性,还需在以下方面开展进一步研究:

(1)强风化千枚岩填料的崩解—破碎机制研究。目前对于软岩的崩解机制研究对象主要集中在红层软岩、泥岩、板岩等。崩解机制一直是软岩研究的热点与难点,也是影响风化千枚岩填料路基稳定性的关键,这方面的研究尚不成熟。

(2)级配对路基性能的影响。软岩填料对路用性能的影响一般从室内试验和现场试验路等角度评价。基于分形理论对填料的崩解特性研究刚刚起步,目前尚未建立分形维数与填料孔隙率及强度的关系。建立填料级配与路基力学性能的关系是控制软岩填筑路基施工技术的关键。

(3)水—力耦合作用下软岩路基的变形发育特性。软岩的蠕变特性是研究的热点，目前大多集中在软岩块体的蠕变特性上，对于填料的蠕变特性研究较少；软岩中的水分迁移特性也很少涉及。水分迁移特性和蠕变特性是引起路基长期变形的关键因素。

（4）软质岩石填筑路基的施工技术和质量控制。目前将软质岩石作为高速公路路基的填料的施工工艺和质量控制技术尚不完善，须结合工程实践进行系统研究。

本章参考文献

[1] 冯豫.我国软岩巷道支护的研究[J].矿山压力与顶板管理,1990(02):42-44,67-72.

[2] 陆家梁.论松软岩层及其分类[J].煤炭科学技术,1986(07):46-48.

[3] Coulthard J.M.,Cripps J.C.,Culshaw M.G.,et al.The Engineering Geology of Weak Rock[J].CRC Press,1993.

[4] 何满潮,景海河,孙晓明.软岩工程力学[M].北京:科学出版社,2002.

[5] 董方庭,宋宏伟,郭志宏,等.巷道围岩松动圈支护理论[J].煤炭学报,1994(01):21-32.

[6] 鹿守敏.软岩巷道锚喷网支护机理研究[J].建井技术,1991,(Z1):45-49,95.

[7] 何满潮,晏玉书,王同良,等.软岩的概念及其分类[C].中国 CSRM 软岩工程专业委员会第二届学术大会论文集,1999:37-47.

[8] 中华人民共和国国家标准.GB/T 50218—2014　工程岩体分级标准[S].北京:中国计划出版社,2014.

[9] 中华人民共和国行业标准.JTG D30—2015　公路路基设计规范[S].北京:人民交通出版社股份有限公司,2015.

[10] Sadisun I A,Shimada H,Ichinose M,et al.An experimental study of swelling strain in some argillaceous rocks by means of an improved unconfined swelling test[C].ISRM Regional Symposium (3rd Korean-Japan Joint Symp.) on Rock Engineering Problems and Approaches in Underground Construction.2002:227-234.

[11] Sonmez H,Gokceoglu C.Discussion of the paper by E.Hoek and M.S.Diederichs,Empiricalestimation of rock mass modulus [J].International Journal of Rock Mechanics and Mining Sciences, 2006,43(04):671-676.

[12] Dinc O S,Sonmez H,Tunusluoglu C.,et al.A new general empirical approach forthe prediction of rock mass strengths of soft to hard rock masses [J].International Journal of Rock Mechanics & Mining Sciences,2011(48):650-665.

[13] Mohamed Z.Soft Rock Geo-Characterization Technique and its Significant Behavior in Tropical Climate [J].The Electronic Journal of Geotechnical Engineering,2007(12):1-10.

[14] Garzón E,Sánchez-Soto P J,Romero E.Physical and geotechnical properties of clay phyllites[J]. Applied Clay Science,2010(48):307-318.

[15] Youn H,Tonon F.Effect of air-drying duration on the engineering properties of four clay-bearing rocks in Texas[J].Engineering Geology 2010,115(1-2):58-67.

[16] Bryson L S,Gomez-Gutierrez I C,Hopkins T C.Development of a new durability index for compacted shale[J].Engineering Geology,2012,139-140:66-75.

[17] Ulusay R.,Erguler Z A.Needle penetration test:Evaluation of its performance and possible uses in predicting strength of weak and soft rocks[J].Engineering Geology.2012,149-150:47-56.

[18] 周翠英,谭祥韶,邓毅梅,等.特殊软岩软化的微观机制研究[J].岩石力学与工程学报,2005(03):395-397.

[19] 周翠英,朱凤贤,张磊.软岩饱水试验与软化临界现象研究[J].岩土力学,2010,31(06):1709-1715.

[20] 刘镇,周翠英,朱凤贤,等.软岩饱水软化过程微观结构演化的临界判据[J].岩土力学,2011,32(03):661-666.

[21] 杨春和,冒海军,王学潮,等.板岩遇水软化的微观结构及力学特性研究[J].岩土力学,2006,27(12):2090-2098.

[22] 赵明华,陈炳初,苏永华.红层软岩崩解破碎过程的分形分析及数值模拟[J].中南大学学报(自然科学版),2007,38(02):351-356.

[23] 刘晓明,赵明华,苏永华.软岩崩解分形机制的数学模拟[J].岩土力学,2008,29(08):2043-2046.

[24] 刘长武,陆士良.泥岩遇水崩解软化机理的研究[J].岩土力学,2000,21(01):28-31.

[25] 黄宏伟,车平.泥岩遇水软化微观机理研究[J].同济大学学报(自然科学版),2007,35(07):866-870.

[26] 郑达,巨能攀.千枚岩岩石微观破裂机理与断裂特征研究[J].工程地质学报,2011,19(03):317-322.

[27] 吴道祥,刘宏杰,王国强.红层软岩崩解性室内试验研究[J].岩石力学与工程学报,2010,29(S02):4173-4179.

[28] 张巍,尚彦军,曲永新,等.泥质膨胀岩崩解物粒径分布与膨胀性关系试验研究[J]岩土力学,2013,34(01):66-73.

[29] Vazquez J, Garzon E, Romerosa A. South Spain soils containing phyllites improved by using cement and lime[J].Concrete Engineering International,2005:299-304.

[30] Manasseh J,Olufemi A I.Effect of Lime on Some Geotechnical Properties of Igumale Shale [J]. Electronic Journal of Geotechnical Engineering,2008(13),A:1-11.

[31] Adom-Asamoah M,Afrifa R O.A study of concrete properties using phyllite as coarse aggregates [J].Materials & Design,2010,31(09):4561-4566.

[32] 赵明华,刘晓明,苏永华.含崩解软岩红层材料路用工程特性试验研究[J].岩土工程学报,2005,27(06):667-671.

[33] 郑明新,方焘,刁心宏,等.风化软岩填筑路基可行性室内试验研究[J].岩土力学,2005

(S1):57-60.

[34] 卿启湘,王永和,赵明华.软岩填料的长期沉降变形特性及分析[J].岩土工程技术,2006(06):283-256.

[35] 卿启湘,王永和,李光耀,等.软岩填筑高速铁路路堤的室内试验研究[J].岩石力学,2006(07):1119-1128.

[36] 刘新喜,夏元友,刘祖德,等.强风化软岩路基填筑适宜性研究[J].岩土力学,2006,27(06):903-907.

[37] 张新华.锦阜高速公路软质岩工程地质评价及处理原则[J].北方交通,2008(03):82-83.

[38] 舒海明.高速铁路软岩改良土试验及施工工艺研究[D].长沙:中南大学,2008.

[39] 向贵府.昔格达填料路用适宜性的粘粒含量指标评价[J].公路,2009(04):237-240.

[40] 但汉成,李亮,胡萍,等.千枚状板岩CBR特征及影响因素分析[J].长江科学院院报,2009,26(08):41-45.

[41] 熊跃华.路基软质岩块填料室内试验研究[J].路基工程,2009(03):32-33.

[42] 杨烨,阎宗岭.汶马公路千枚岩路基填筑技术[J].公路交通技术,2009(06):14-16.

[43] 陈湘亮,王永和,王灿辉.软岩改良土无侧限抗压强度的灰关联熵分析[J].公路,2010(12):136-138.

[44] 任奋华,刘兵,杨志军.强风化千枚岩高边坡稳定性分析与治理研究[J].中国矿业,2010,19(05):97-99.

[45] 和民锁,邹金锋,李亮,等.武广高铁弱风化泥质板岩工程特性试验研究[J].铁道科学与工程学报,2010,7(03):65-70.

[46] 谭捍华,孟庆山.千枚岩残坡积土大型直剪试验研究[J].岩土力学,2011,32(S1):360-363.

[47] 韩伟.风化岩路基填料沉降观测试验研究[J].西安建筑科技大学学报(自然科学版),2011,43(02):178-182.

[48] 周援衡,王永和,卿启湘.全风化花岗岩改良土路基的长期稳定性试验研究[J].岩土力学,2011,32(01):596-602.

[49] 陈湘亮,王永和,周天应,等.泥质粉砂岩物理改良土路基长期动力稳定性分析[J].中南大学学报(自然科学版),2012,43(09):3619-3624.

[50] 刘保健.千枚岩的工程性质与公路工程建筑技术[M].北京:人民交通出版社股份有限公司,2014.

[51] Haupt M.A constitutive law for rock salt based on creep and relaxation tests [J].Rock Mechanism and Rock Engineering,1991,24:179-206.

[52] Chen Z,Wang M L,Lu T.Study of Tertiary Creep of Rock Salt [J].Journal of Engineering Mechanics,1997,123(01):77-82.

[53] Sun J,Hu Y Y.Time-dependent effects on the tensile strength of saturated granite at Three Gorges Project in China [J].Journal of Tongji University,1997,34(3):306.e1 - 306.e13.

[54] Maranini E,Brignoli M.Creep behaviour of a weak rock.Experimental characterization [J].Inter-

national Journal of Rock Mechanics & Mining Sciences,1999,36(01):127-138.

[55] Fujii Y,Kiyama T,Ishijima Y,et al.Circumferential strain behavior during creep tests of brittle rocks [J] International Journal of Rock Mechanics & Mining Sciences,1999,36(03):323-337.

[56] 李永盛.单轴压缩条件下四种岩石的蠕变和松弛试验研究[J].岩石力学与工程学报,1995(01):39-47.

[57] 陈智纯,缪协兴,赵鹏.软岩流变过程中的超常现象分析[J].煤炭学报,1995(02):135-138.

[58] 杨淑碧,徐进,董孝璧.红层地区砂泥岩互层状斜坡岩体流变特性研究[J].地质灾害与环境保护,1996,(02):12-24.

[59] 朱定华,陈国兴.南京红层软岩流变特性试验研究[J].南京工业大学学报(自然科学版),2002(05):77-79.

[60] 李刚,梁冰.孔隙水压力对软岩蠕变规律影响的实验研究[J].煤炭学报,2009,34(08):1067-1070.

[61] 谌文武,原鹏博,刘小伟.分级加载条件下红层软岩蠕变特性试验研究[J].岩石力学与工程学报,2009,28(S1):3076-3081.

[62] 陈从新,卢海峰,袁从华,等.红层软岩变形特性试验研究[J].岩石力学与工程学报,2010,29(02):261-270.

[63] 范秋雁,阳克青,王渭明.泥质软岩蠕变机制研究[J].岩石力学与工程学报,2010,29(08):1555-1561.

[64] 蔡俊杰,刘新喜.强风化软岩用于路基填土时的工程特性研究[J].湖南城市学院学报,2006(03):11-12.

[65] 李鹏,李振,刘金禹.粗粒料的大型高压三轴湿化试验研究[J].水电发电学报,2002,79(04):34-44.

[66] 张丹.软岩粗粒土增湿变形特性研究[J].水力发电学报,2009,28(02):52-55.

[67] 朱凤贤.软岩遇水软化的耗散结构形成机制[J].地球科学(中国地质大学学报),2009,34(03):525-532.

[68] 闫小波.饱和前后软岩各向异性力学特征的对比试验[J].福州大学学报(自然科学版),2009,37(02):272-276.

[69] 左永振.粗粒料的蠕变和湿化试验研究[D].长江科学院,2008.

[70] 王晓谋,杜秦文,曹周阳.变质软岩路堤填料湿化变形的大型压缩试验研究[J].中国科技论文在线,2011,6(05):363-367.

[71] 侯超群,王晓谋,姜峰林.变质软岩路堤浸水载荷试验研究[J].合肥工业大学学报(自然科学版),2011,34(05):725-728.

第2章 风化千枚岩填料物理力学特性

千枚岩是具有千枚状构造的低级变质岩石，原岩通常由泥质岩石（或含硅质、钙质、炭质的泥质岩）、粉砂岩及中、酸性凝灰岩等，经区域低温动力变质作用或区域动力热流变质作用形成。变质程度介于板岩和片岩之间。其典型的矿物组合为绢云母、绿泥石和石英，可含少量长石及碳、铁等物质，有时还有少量方解石、雏晶黑云母、黑硬绿泥石或锰铝榴石等变斑晶，常为细粒鳞片变晶结构，粒度小于0.1mm，在片理面上常有小皱纹构造。因原岩类型不同，矿物组合也有所不同，从而形成不同类型的千枚岩。如黏土岩可形成硬绿泥石千枚岩，粉砂岩可形成石英千枚岩，酸性凝灰岩可形成绢云母千枚岩，中基性凝灰岩可形成绿泥石千枚岩等。千枚岩可按颜色、特征矿物、杂质组分及主要鳞片状矿物进一步划分为银灰色绢云母千枚岩、灰黑色碳质千枚岩及灰绿色硬绿泥石千枚岩等。千枚岩分布很广，可形成于不同地质时代。本书中提及的千枚岩是以十堰至天水高速公路（以下简称十天高速公路）安康东段的路堑开挖千枚岩弃方和隧道弃渣为主。

2.1 千枚岩原岩的工程特性

2.1.1 千枚岩原岩矿物成分分析

岩石的矿物成分是影响其力学性质及水理性质的重要因素。针对岩石矿物成分的测定方法主要有X射线衍射分析法（XRD）、质谱分析法（MS）、电镜扫描法（SEM）、偏光显微镜法等方法。以往仅仅依据观察显微镜下岩石的矿物成分进行确定的方式误差较大。利用X射线衍射技术对岩石进行分析测试，可以快速检测造岩矿物种类。扫描电镜具有高分辨率的优点且试验样品制作简单，因此广泛应用物质的细观结构分析，并可用于进行岩相鉴定。本书对十天高速公路安康东段路基填料进行了X射线衍射试验与电镜扫描分析。

1）X射线衍射（XRD）试验

千枚岩是具有千枚状构造的低等级变质岩，其主要矿物有细小的绢云母、绿泥石、石英、钠长石等，常含少量的磁铁矿、炭质、铁质等，有时含有少量黑云母、硬绿泥石、方解石及锰铝榴石等。根据主要造岩矿物的种类，可将千枚岩分为绢云千枚岩、绿泥千枚岩、石英千枚岩、钙质千枚岩、炭质千枚岩与绿泥绢云千枚岩等[1]。

千枚岩种类繁多，若以肉眼观察或岩石薄片分析为主要鉴定手段，则得到的结果受主观因素的影响很大。随着 X 射线衍射技术的不断发展成熟，该项技术已应用到造岩矿物的检测中。

X 衍射的基本原理：改变 X 射线的入射角对试验材料进行扫描，可取得 2 倍入射角 (2θ) 所对应的衍射强度数据，可用图形表示为 2θ~衍射强度的衍射图谱，根据确定的图谱的衍射峰强度和位置，与 X 射线衍射 PDF 标准卡片进行对比，确定矿物成分[2]。

取千枚岩试样利用 X 射线衍射仪进行 X 衍射试验，X 射线衍射仪见图 2. 1，试验结果见图 2. 2。

图 2. 1　X 射线衍射仪

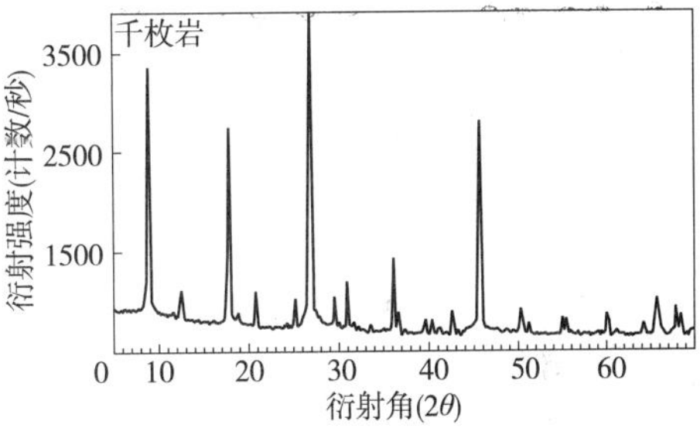

图 2. 2　千枚岩 X 衍射图谱

将 X 衍射扫描图谱与标准 PDF 卡片进行对比，得到千枚岩的主要矿物为绿泥石、绢云母、白云母、石英、斜长石和金属矿物等。

2) 扫描电镜试验

扫描电镜的工作方式是以聚焦电子束对试验样品进行逐点扫描，扫描结果以图像形式表现。扫描电镜的工作原理：高能量电子探针与样品物质相互作用，可以得到样品的信息，接收反馈的信息并进行处理，可得到试样的微观扫描电子图像。但是单纯地依靠扫描电镜并不能很好地分析试样的矿物成分，随着科技的发展将能谱仪与扫描电镜结合起来，使其功能更为强大，其具有以下优点：在观察试样时可以迅速对元素进行定量、定性分析；在图像分辨率允许的条件下可对图像上某一点进行定量与定性的分析；能谱仪与扫描电镜结合进行试验时，可以实现样品表面的线扫描与面扫描分析，扫描电镜见图 2. 3。

为更好地观察千枚岩的结构，对千枚岩岩块进行电镜扫描，取千枚岩岩块敲碎（为尽量减少误差，使用大块千枚岩进行敲击），观察新鲜的断口。因为岩土材料的导电性差，经过电子探针扫描的岩土表面易形成电荷累积，影响扫描结果，故需要对千枚岩进行喷金处理。将千枚岩试样放到操作台上进行扫描，选取具有代表性的扫描结果见图2.4。

a)

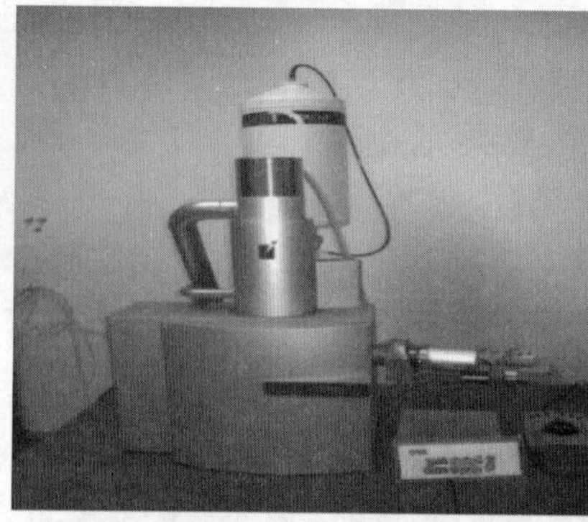

b)

图2.3 电子扫描显微镜

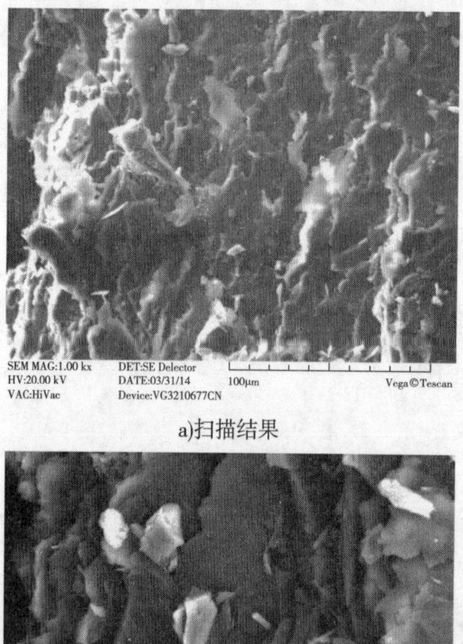

a)扫描结果

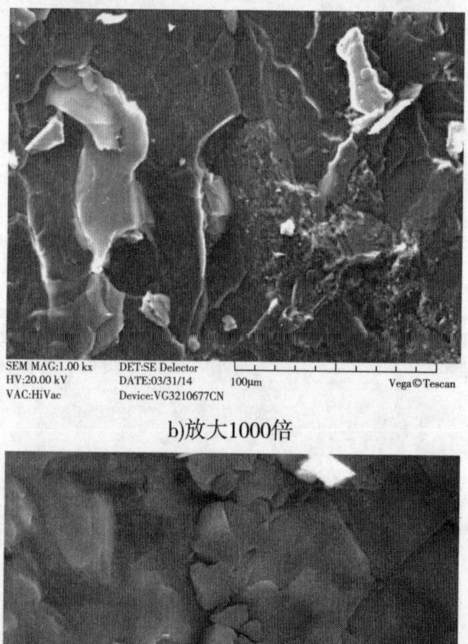

b)放大1000倍

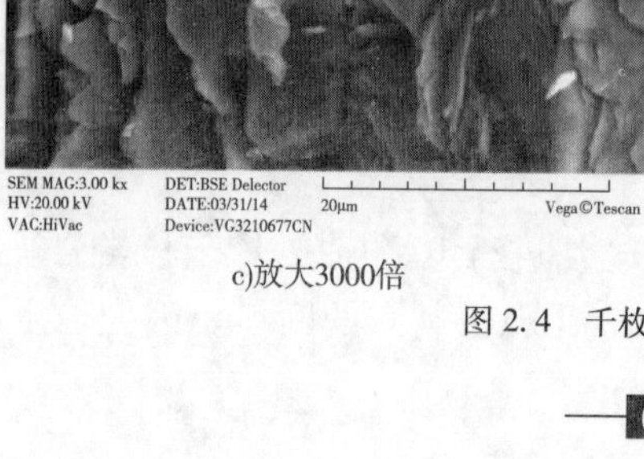

c)放大3000倍

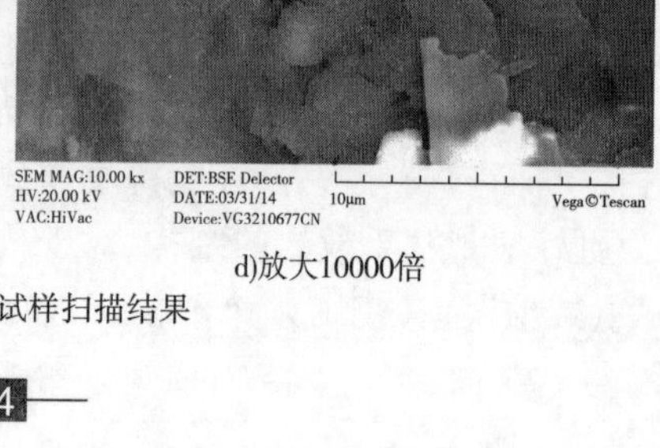

d)放大10000倍

图2.4 千枚岩试样扫描结果

岩石的微破裂形式主要为穿晶断裂、沿晶断裂及两种方式的组合形式。穿晶断裂属于脆性断裂,指沿一定的解理面分离破坏;沿晶断裂指沿晶粒界面处发生分离,产生破碎。可以明显看出,图 2.4a)为蜂窝状沿晶断裂,图 2.4b)为台阶状穿晶断裂。

在扫描电镜下对千枚岩块体破裂面的微观形态进行观察,不同的矿物成分表现出的微观结构特征也存在明显差别,石英矿物一般表现为细粒状,绢云母为鳞片状结构,绿泥石一般呈片状。从图 2.4a)的千枚岩扫描图像中可以看到,千枚岩中绢云母呈细鳞片状且定向均匀分布,片状绢云母间有粒状石英穿插其中;图 2.4b)中可以看到片状绿泥石结构及共生的鳞片状绢云母与细粒状石英。根据已有资料可知:白云母泡水后处于游离状态,水稳定性很差;石英矿物性质稳定,其含量影响岩石的稳定性。通过观察电子显微镜下的千枚岩试验结构,石英粒呈分散分布且含量较低,这导致了千枚岩的不稳定。

利用能谱仪选取有代表性的点与面对千枚岩进行化学成分分析,结果如图 2.5~图 2.7 及表 2.1~表 2.3 所示。

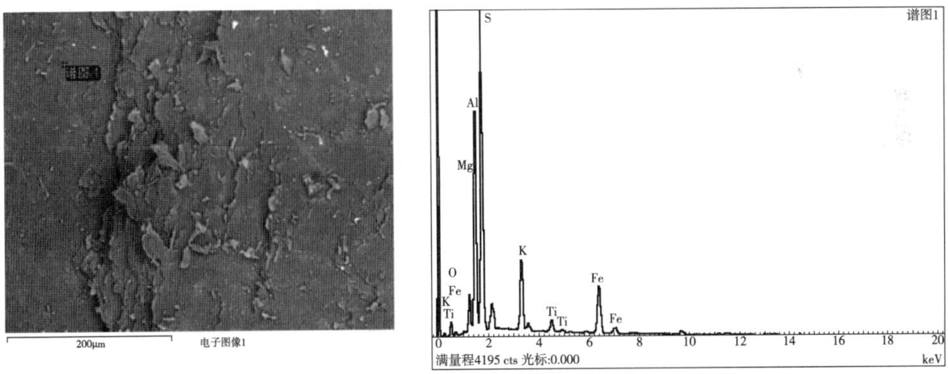

a)电子图像

b)元素谱图1

图 2.5 电子图像及元素谱图 1

谱图 1 元素分析 表 2.1

元素	电子层数	重量百分比(%)	原子百分比(%)
O	K	60.78	75.80
Mg	K	1.83	1.51
Al	K	9.30	6.87
Si	K	14.32	10.18

续上表

元　素	电 子 层 数	重量百分比(%)	原子百分比(%)
K	K	4.33	2.20
Ti	K	1.05	0.44
Fe	K	8.39	3.00
总量		100.00	100.00

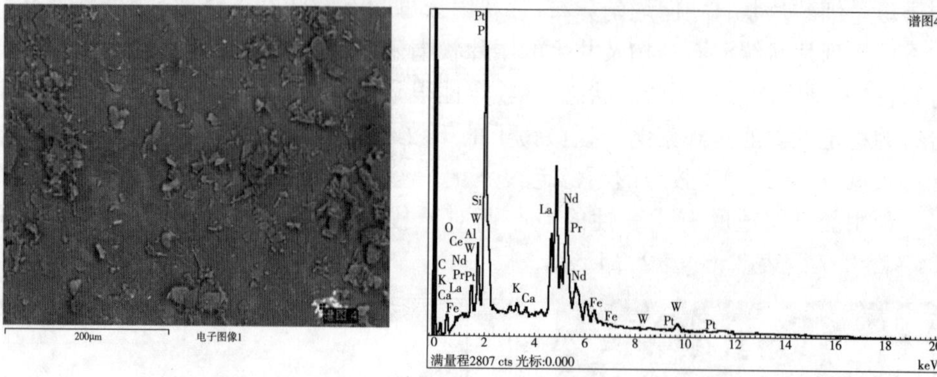

a)电子图像　　b)元素谱图2

图 2.6　电子图像及元素谱图 2

谱图 2 元素分析　　表 2.2

元　素	电 子 层 数	重量百分比(%)	原子百分比(%)
C	K	2.18	5.32
O	K	40.00	73.42
Al	K	1.05	1.14
Si	K	1.75	1.83
P	K	8.54	8.09
K	K	0.34	0.25
Ca	K	0.28	0.20
Fe	K	0.96	0.51
La	L	11.41	2.41
Ce	L	21.94	4.60
Pr	L	1.45	0.30

续上表

元　　素	电子层数	重量百分比(%)	原子百分比(%)
Nd	L	7.40	1.51
W	M	1.12	0.18
Pt	M	1.59	0.24
总量		100.00	100.00

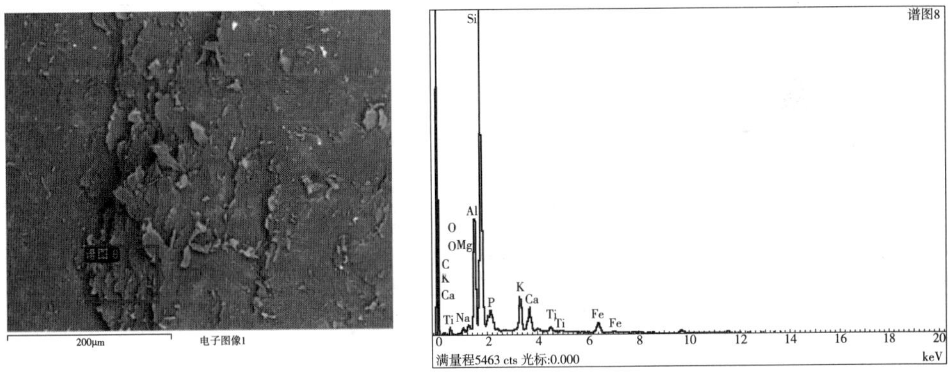

a)电子图像　　　　b)元素谱图3

图 2.7　图像及元素谱图 3

谱图 3 元素分析　　　　表 2.3

元　　素	电子层数	重量百分比(%)	原子百分比(%)
C	K	0.90	1.45
O	K	60.69	73.86
Na	K	0.54	0.46
Mg	K	0.50	0.40
Al	K	6.87	4.96
Si	K	20.99	14.55
P	K	0.44	0.27
K	K	3.40	1.70
Ca	K	2.42	1.18
Ti	K	0.69	0.28
Fe	K	2.55	0.89
总量		100.00	100.00

图2.5选取的点为千枚岩岩块上较普通的点，根据元素谱图与元素分析表可知，此点千枚岩的化学成分主要为硅、铝、铁、钾、镁、钛，大部分以氧化物的形式存在。图2.6选取的点较为特殊，从其元素分析图上看，出现了含量较高的稀土元素，如铈、镧、钕，由此可见千枚岩矿物成分复杂。图2.7能谱仪对某一区域进行扫描分析，可代表千枚岩岩块所含的大部分元素，测试结果有钙、碳、钠、磷元素。各元素的含量会因所选取面的不同而有所差异，但其大致趋势是一致的。根据元素组成可以大致推断千枚岩的矿物组成主要有绿泥石、绢云母、石英、白云母及少量的方解石。结合X射线衍射试验结果，可以将十天高速公路安康东段千枚岩定名为绿泥绢云千枚岩。

2.1.2 千枚岩原岩物理力学性质

岩石物理力学性质主要由岩石的矿物组成、化学成分与内部结构所决定。岩石的物理力学特性对岩石的工程性质有重要影响，同时也是设计施工的重要依据。本节主要介绍千枚岩密度、孔隙率和强度力学特性。

1)密度与孔隙率

岩石的块体密度、颗粒密度和孔隙率可以直接反映岩石内部组成结构状态，也能间接体现岩石的力学性质。相对来说，块体密度大，则岩石比较致密，岩石中的孔隙少；块体密度小，则岩石比较疏松，岩石中的孔隙也较多。

岩石块体密度一般分为天然密度、饱和密度、干密度。天然密度是指天然状态下，单位体积的质量；饱和密度是指水饱和状态下的岩石的块体密度；干密度是指烘干状态下，单位体积的质量。岩石的颗粒密度是指岩石的固相质量与岩石的体积(不包括岩石孔隙体积)之比。岩石的孔隙率为孔隙体积与总体积(包含孔隙)的比值。本次试验岩石块体密度采用干密度。

(1)千枚岩的干密度

测取岩石块体密度的方法主要有量积法、水中称量法和蜡封法，本次试验采用量积法。根据《公路工程岩石试验规程》(JTG E41—2005)[3]将千枚岩岩块加工成标准试件，制作三个试件做平行试验。千枚岩试件为边长50mm的立方体，试件边长的尺寸误差应小于0.03mm，试件两端面的不平整度误差应小于0.05mm。将烘箱温度设置在105℃，对试件进行烘干，时长为24h，然后将试件放置于干燥器中，冷却到室温后称量试件质量。千枚岩的干密度可按式(2.1)计算。

$$\rho_d = \frac{m_d}{v} \tag{2.1}$$

式中：ρ_d——千枚岩的干密度；

m_d——烘干岩块的质量；

v——岩块体积。

(2)千枚岩的颗粒密度

千枚岩的颗粒密度采用密度瓶法进行测定，采用煤油做试液，具体试验操作步骤参见《公路工程岩石试验规程》(JTG E41—2005)[3]，试验重复进行三次。千枚岩的颗粒密度计算公式见式(2.2)、式(2.3)。

$$\rho_t=\frac{m_1}{m_1+m_2-m_3}\times\rho_{wt} \tag{2.2}$$

$$\rho_{wt}=\frac{m_5-m_4}{m_6-m_4}\times\rho_w \tag{2.3}$$

式中：ρ_t——千枚岩的颗粒密度；

m_1——岩粉质量；

m_2——密度瓶与试液的质量；

m_3——密度瓶、试液和岩粉的总质量；

ρ_{wt}——与试验同温度的试液密度；

m_4——密度瓶的质量；

m_5——密度瓶与煤油的总质量；

m_6——密度瓶与已排除气体的洁净水质量；

ρ_w——经排除气体的洁净水密度，根据《公路工程岩石试验规程》(JTG E41—2005)[3]附录确定。

(3)孔隙率

根据千枚岩的块体密度及颗粒密度可以计算千枚岩岩块的孔隙率，试验结果精确至0.1%。计算公式见式(2.4)。试验结果汇总见表2.4。

$$n=\left(1-\frac{\rho_d}{\rho_t}\right)\times100 \tag{2.4}$$

千枚岩的密度与孔隙率　　表2.4

组　　别	块体密度(g/cm^3)	颗粒密度(g/cm^3)	孔隙率(%)
A_1	2.66	2.74	2.9
A_2	2.67	2.76	3.2
A_3	2.67	2.75	2.9
平均值	2.67	2.75	3.0

2)千枚岩原岩强度

岩石的单轴抗压强度是表征其力学性质的一项重要指标。目前主要有单轴抗压强度试验与点荷载强度试验两种测试方法。本书采用两种方法对十天高速公路安康东段千枚岩原岩的强度进行测试。

(1)单轴抗压强度试验

仪器设备:万能材料试验机、切石机、磨石机、烘箱、游标卡尺、角尺等。

试件制备:千枚岩层理明显,钻孔取样容易失败,所以本次采用立方体试件。试件尺寸为50mm×50mm×50mm。对试件各端面进行磨平,且各相对端面应保持平行,试件端面平面度公差不大于0.05mm,试件各端面与轴线的垂直度偏差不超过0.25°。

试验步骤:用游标卡尺对试件边长进行测量(精确至0.1mm),千枚岩试件的截面尺寸 A 的计算参考《公路工程岩石试验规程》(JTG E41—2005)[3]。试件的含水状态选择烘干状态与饱和状态,共制备6个试件,3个用于测试烘干状态下千枚岩原岩的抗压强度,另外3个测试饱水状态下试件的抗压强度,取平均值进行分析。将千枚岩试件放到万能压力机的试验平台上,设置以0.5MPa/s的速率对试件进行加载直至破坏,万能压力机自动记录破坏荷载,千枚岩的单轴抗压强度试验见图2.8,破坏后的试件见图2.9。

图2.8　千枚岩的单轴抗压强度试验

图2.9　破坏后的试件

岩石的抗压强度与软化系数分别按式(2.5)与式(2.6)计算。

$$R=\frac{P}{A} \tag{2.5}$$

式中:R——岩石的抗压强度(MPa);

P——试件破坏时的荷载(N);

A——试件的截面积(mm^2)。

$$K_p = \frac{R_w}{R_d} \tag{2.6}$$

式中：K_p——软化系数；

R_w——浸水饱和后岩石的单轴抗压强度（MPa）；

R_d——烘干后岩石的单轴抗压强度（MPa），试验结果见表 2.5。

千枚岩单轴抗压强度与软化系数　　表 2.5

试验编号	烘干状态试件的抗压强度（MPa）				饱和状体试件的抗压强度（MPa）				软化系数
	单值			平均值	单值			平均值	
A	26.4	28.4	26.8	27.2	12.1	14.9	13.4	13.5	0.50
B	27.7	22.5	29.4	26.5	13.2	14.4	14.1	13.9	0.52
C	25.4	29.5	28.9	27.9	14.2	15.3	13.5	14.3	0.51

根据岩石的坚硬程度分类表 2.6 可知，千枚岩属于软质岩石，千枚岩原岩的软化系数小于 0.75，软化性较强。根据《岩石与岩体鉴定和描述标准》（CECS 239—2008）[4] 可知此次测试的千枚岩为劣质岩石，在水的影响下千枚岩强度衰减较大。

岩石坚硬程度的饱和抗压强度分类表　　表 2.6

坚硬程度	坚硬岩	较硬岩	较软岩	软岩	极软岩
饱和单轴抗压强度（MPa）	>60	(30~60]	(15~30]	(5~15]	≤5

（2）点荷载试验

点荷载试验与单轴抗压强度试验相比具有试验仪器体积小，方便携带且操作简单，利于现场试验等优点，另外对试件的要求不高，无需对试验材料进行加工，可以直接利用不规则试样进行试验，因此对于试件成形困难的岩石测试较为方便。一般对于强度较低和风化严重的岩石，常规的岩石强度试验结果并不理想，所以针对千枚岩再进行点荷载强度试验，以进一步评价千枚岩的强度。

点荷载试验的操作步骤是将待测岩石放在上、下两个球形圆锥状压板之间，对岩样施加荷载直至破坏，根据仪器记录下的破坏荷载计算岩石的点荷载强度。

点荷载强度计算过程见式（2.7）~式（2.11）：

$$I_s = \frac{P}{D_e^2} \tag{2.7}$$

式中：I_s——未修正前岩石的点荷载强度（MPa）；

P——破坏荷载（N）；

D_e——等价岩心直径(mm)。

本次点荷载试验采用的是不规则岩块,按式(2.8)计算等价岩心直径:

$$D_e^2 = \frac{4WD'}{\pi} \tag{2.8}$$

式中:W——通过两个加荷点截面的平均宽度(mm);

D'——上下锥端贯入后,试件破坏时的加荷点间距(mm)。

当两点加荷间距不等于50mm时需要对计算值进行修正。修正方法有两种,一种是试验样本较大,且同一组试件中的等价岩心直径尺寸各异,则可以处理试验数据得到D_e^2和破坏荷载P的关系曲线,根据曲线上$D_e^2 = 2500\text{mm}^2$对应的P_{50}的值,按式(2.9)计算千枚岩的点荷载强度:

$$I_{s(50)} = \frac{P_{50}}{2500} \tag{2.9}$$

式中:$I_{s(50)}$——经修正后的岩石点荷载强度(MPa);

P_{50}——根据D_e^2-P关系曲线,在D_e^2为2500时P的值。

另一种是试验样本较小,按式(2.10)与式(2.11)计算点荷载强度:

$$I_{s(50)} = FI_s \tag{2.10}$$

$$F = \left(\frac{D_e}{50}\right)^m \tag{2.11}$$

式中:F——修正系数;

m——修正指数。

实践表明:当试件数量小于10时所计算的点荷载强度偏差较大;试件数大于15时其偏差值较小且基本稳定,不随样本数量增加产生显著变化。本次试验采用试件数为15,由于试件数量相对较少,所以点荷载强度修正采用第二种方法。根据经验m取值为0.45。计算结果见表2.7与表2.8。

千枚岩点荷载强度试验结果 表2.7

试件编号	P(kN)	W(mm)	D'(mm)	D_e^2(mm^2)	I_s(MPa)	F	$I_{s(50)}$(MPa)
1	6.2	102	53	6874	0.902	1.256	1.133
2	4.4	65	48	3953	1.113	1.109	1.234
3	5.1	87	47	5225	0.976	1.18	1.152
4	3.6	75	42	4036	0.892	1.114	0.994
5	8.2	77	55	5370	1.527	1.188	1.814

续上表

试件编号	P(kN)	W(mm)	D'(mm)	D_e^2(mm^2)	I_s(MPa)	F	$I_{s(50)}$(MPa)
6	5.8	74	51	4774	1.215	1.157	1.406
7	7.4	97	57	7061	1.048	1.263	1.324
8	9.3	101	53	6828	1.362	1.254	1.708
9	5.6	93	49	5809	0.964	1.209	1.165
10	6.8	107	58	7916	0.859	1.296	1.113
11	2.9	66	27	2269	1.278	0.978	1.25
12	7.1	87	56	6212	1.143	1.227	1.402
13	5.6	71	44	3958	1.415	1.109	1.569
14	8.2	71	55	4982	1.646	1.168	1.923
15	3.5	69	42	3673	0.953	1.09	1.039

浸水 48h 后千枚岩点荷载强度试验结果 表 2.8

试件编号	P(kN)	W(mm)	D'(mm)	D_e^2(mm^2)	I_s(MPa)	F	$I_{s(50)}$(MPa)
1	2.1	56	48	3431	0.612	1.074	0.657
2	0.9	27	36	1245	0.723	0.855	0.618
3	2.3	55	49	3402	0.676	1.072	0.725
4	1.8	47	51	3041	0.592	1.045	0.619
5	0.7	35	30	1328	0.527	0.867	0.457
6	1.2	39	39	1951	0.615	0.946	0.582
7	1.6	40	42	2139	0.748	0.966	0.722
8	1.7	46	46	2690	0.632	1.017	0.642
9	1.2	33	33	1389	0.864	0.876	0.757
10	0.8	32	35	1431	0.559	0.882	0.493
11	1.4	49	47	2929	0.478	1.036	0.495
12	1.3	47	34	2022	0.643	0.953	0.613
13	0.6	37	31	1448	0.415	0.884	0.369
14	1.5	43	42	2322	0.646	0.986	0.635
15	0.8	37	38	1766	0.453	0.925	0.419

根据表2.7的计算结果可知$I_{s(50)}$的值在0.994~1.923MPa之间,其平均值为1.348MPa,均方差为0.279。根据表2.8的计算结果可知,浸水48h后$I_{s(50)}$的值在0.369~0.757MPa之间,其平均值为0.587MPa,方差为0.116。从数据来看,千枚岩点荷载试验结果的离散性相对较大。参照表2.9,千枚岩在浸水前强度分级为较软岩与软岩,浸水48h后为软岩与极软岩。

岩石坚硬程度的点荷载强度指标分类　表2.9

分类依据	坚硬程度				
	坚硬岩	较硬岩	较软岩	软岩	极软岩
软岩工程设计理论与施工实践$I_{s(50)}$(MPa)	>6.0	3.0~6.0	0.5~3.0		<0.5
隧道工程岩体分级(2007)$I_{s(50)}$(MPa)	>5.3	3.2~5.3	1.6~3.2	0.53~1.6	<0.53

国内外对岩石的点荷载强度与饱和单轴抗压强度的关系进行了大量研究:国际岩石力学学会试验方法委员会测定点荷载强度的建议方法是$R_W=(20\sim25)I_{s(50)}$,《工程岩体分级标准》(GB/T 50218—2014)[5]给出的是$R_W=22.82I_{s(50)}^{0.75}$。本节采用后者的计算方法进行换算,计算得到千枚岩单轴饱和抗压强度的值在22.717~37.265MPa之间,平均值为28.447MPa。浸水48h后换算的单轴饱和抗压强度值在10.804~18.520MPa,平均值为15.246MPa。与浸水前相比强度衰减46.41%,水对千枚岩的软化作用明显。

与单轴抗压强度试验相比,点荷载试验得到的结果较大,因为直接套用经验公式,换算公式的系数较大,不一定与千枚岩的实际抗压强度完全相符,但从结果分析来看,与单轴抗压强度试验结果较为一致。综合分析,千枚岩原岩抗压强度较小,强度分级为软岩与较软岩,饱水后其强度衰减剧烈。

2.1.3 千枚岩原岩的水理性质

岩石的水理性质是指岩石遇水后表现出的相关性质。根据前文分析,千枚岩属于软岩,千枚岩对水十分敏感,所以有必要对千枚岩的水理性质进行分析。本节从千枚岩的天然含水率、吸水性、膨胀性三个方面进行研究。

1)天然含水率

千枚岩的天然含水率可间接反映出岩石的孔隙与其致密程度。试验采用烘干法,烘箱温度设定为105℃。千枚岩试件采用单轴抗压强度试验用的立方体试件。试验操作方法依据《公路工程岩石试验规程》(JTG E41—2005)[3]进行,不再赘述。试验结果见表2.10。

千枚岩原岩天然含水率测试　　表 2.10

时间(h)		初始时刻	12	24	36	48	含水率(%)
质量(g)	A_1	344.26	342.96	342.91	342.89	342.89	0.40
	A_2	336.28	334.92	334.87	334.85	334.85	0.43
	A_3	332.56	331.24	331.19	331.17	331.17	0.42
	A_4	332.98	331.66	331.63	331.61	331.61	0.41
	A_5	335.35	334.17	334.13	334.10	334.09	0.38

从表 2.10 可以看出，天然状态下千枚岩的含水率平均在 0.42%左右，含水率极低。

2）吸水性

岩石的吸水性通过吸水率表示。根据试验方法不同，可将岩石吸水率分为岩石天然吸水率和岩石饱和吸水率。千枚岩的天然吸水率与饱和吸水率试验步骤参照《公路工程岩石试验规程》（JTG E41—2005）[3]进行，采用边长为 50mm 的立方体试件。饱和吸水率试验采用抽真空法。初始时刻千枚岩原岩的质量是经过 24h 烘干后的质量。千枚岩原岩吸水率试验结果见表 2.11。

千枚岩原岩吸水率试验结果　　表 2.11

时间(h)		初始时刻	12	24	36	48	天然吸水率(%)	饱和吸水率(%)
质量(g)	A_1	323.75	325.36	325.61	325.66	325.67	0.59	1.26
	A_2	329.16	330.86	331.11	331.17	331.18	0.61	1.30
	A_3	331.32	333.01	333.34	333.38	333.38	0.62	1.31
	A_4	326.29	327.94	328.27	328.32	328.33	0.63	1.32
	A_5	332.91	334.65	334.95	334.99	335.00	0.63	1.31

从初始时刻至 12h 时，千枚岩原岩的天然吸水率相对较大，后期其吸水率明显减小。千枚岩原岩饱和吸水率较小，与上节得到的千枚岩孔隙率结果一致。千枚岩原岩含水率低、吸水性弱，但遇水后强度衰减剧烈，更加说明了千枚岩对水的敏感性。

3）膨胀性

岩石是由多种矿物组成的集合体，大多数矿物颗粒呈结晶状态，结晶微粒的位置并不是固定的，当岩石泡水后，结晶矿物之间的间距会变大，导致岩石体积增大。为了了解水对千枚岩原岩的影响，需要进行千枚岩的膨胀性试验。表征岩石膨胀性的参数主要有岩石自由膨胀率、有侧向约束的膨胀率和膨胀压力。现针对千枚岩原岩进行自由膨胀率与膨胀力试验。

千枚岩原岩自由膨胀率试验采用尺寸为50mm的立方体岩块,试件各相对面应保持平行,试件满足端面平整度公差在0.05mm以内,端面与轴线垂直度偏差在0.25°以内的要求。膨胀压力试验采用圆柱体试件,圆柱直径为50mm、高度取30mm,试件尺寸误差小于0.1mm,其试件要求与自由膨胀率试验试件要求相同,两组试验的试件数量都为5。试验操作参照《公路工程岩石试验规程》(JTG E41—2005)进行[3]。试验得到的千枚岩自由膨胀率是岩石试件在浸水后产生的横向和竖向变形分别与边长的比值,千枚岩的膨胀压力是千枚岩岩块浸水后保持体积不变所需的压力,试验结果见表2.12。

千枚岩膨胀性试验结果　　表2.12

试件编号	A_1/B_1	A_2/B_2	A_3/B_3	A_4/B_4	A_5/B_5	平均值
自由膨胀率(%)	0.33	0.29	0.41	0.36	0.38	0.35
膨胀压力(kPa)	9.3	8.7	7.4	9.1	7.8	8.5

通过岩石的自由膨胀率与膨胀压力衡量其膨胀性,当自由膨胀率大于30%或者当膨胀力大于100kPa时均可定义为膨胀岩。由表2.12可知千枚岩自由膨胀率均值仅为0.35%,且膨胀压力均值为8.5kPa,都远小于膨胀岩判别标准,所以可以认定该千枚岩填料不具有膨胀性。

矿物成分测试结果表明,已知十天高速公路安康东段的千枚岩并不含有蒙脱石、伊利石等强亲水性矿物成分,其吸水率极低,虽然千枚岩中的云母、绢云母等片状矿物遇水后容易发生体积膨胀,但千枚岩岩块的膨胀性并不明显,这与矿物颗粒尺寸、风化程度、比表面积等因素有关。

2.2　千枚岩填料的工程特性

2.2.1　风化千枚岩填料的压实特性

用路堑和隧道开挖出的土石方填筑路基时,风化土与软弱千枚岩相互混杂,其粒料的级配存在极大的不同,这将直接影响填料的压实特性。

1)试验设计

与一般土质路基不同,土石混合料的击实特性受含石量的影响,在试验前要对土石进行配比,对不同土石含量的千枚岩填料按规范进行室内重型击实试验。由于岩石的风化程度需要综合确定,为简便起见,取破碎程度差别较大的三组千枚岩,分别设定为微风化(W)、中风化(Z)、强风化(Q)软质岩石,作为石质部分进行配料。其中,粒径小于5mm的作为土类填料,粒径大于5mm且小于38mm的作为石类填料,配料方案见表2.13。

配料方案 表2.13

组别	含石量(%)					
	30	40	50	60	70	80
微风化	W_1	W_2	W_3	W_4	W_5	W_6
中风化	Z_1	Z_2	Z_3	Z_4	Z_5	Z_6
强风化	Q_1	Q_2	Q_3	Q_4	Q_5	Q_6

参照表2.13的含石量按每组5个试件进行配料,每个试件配料6kg,并分别按照含水率为4%、6%、8%、10%、12%加水闷料。测试表2.13中18组配料的最佳含水率和最大干密度。

2)试验结果分析

由室内标准击实试验得到各种配合比的风化千枚岩填料的最大干密度和最佳含水率。

(1)最大干密度随含石量变化

由最大干密度随含石量变化曲线(图2.10)可以看出,当石料为微风化和中风化时,随着含石量的增大,室内标准击实试验测得的最大干密度,呈先增大后减小的趋势;而当石料为强风化时,随着含石量的增大,室内标准击实试验测得的最大干密度,一直呈增大趋势。而微风化和中风化岩石作为填料时,最大干密度达到峰值时对应的含石量也不尽相同,微风化石料在含石量为60%左右时最大干密度达到峰值,而中风化石料在含石量达到70%时,最大干密度达到峰值。从而得出结论,土和软质岩石混合后作为填料,随着风化程度的增强,室内标准击实试验所得的最大干密度达到峰值时,对应的含石量相应增大。

(2)最佳含水率随含石量变化

由最佳含水率随含石量变化曲线(图2.11)可以看出,无论填料为微风化、中风化还是强风化,随含石量的增大,室内标准击实试验所得的最大干密度对应的最佳含水率均呈减小趋势。在含石量为30%时,含不同风化程度的石料最佳含水率基本相同,随着含石量的增大开始出现差异,且含石量越大,差异越明显。随含石量的增大,微风化石料的最佳含水率基本呈线性减小趋势,而其余两种石料的击实料,随含石量的增大,减小曲线呈上凹状,即最佳含水率的减小幅度降低。

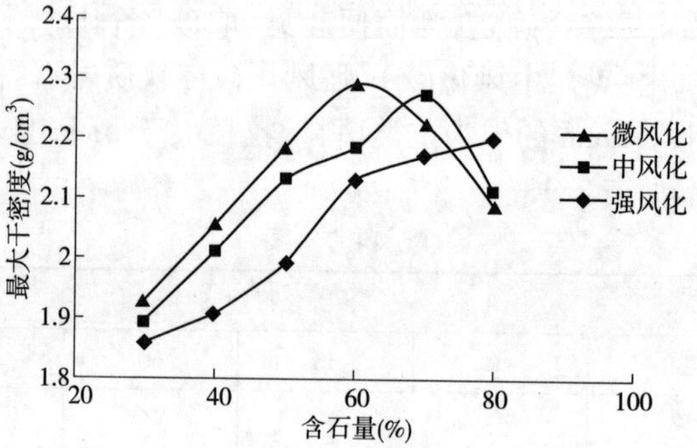

图 2.10　最大干密度随含石量的变化曲线

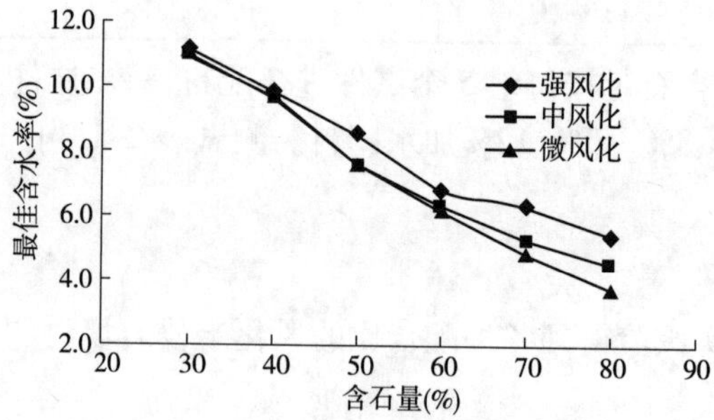

图 2.11　最佳含水率随含石量的变化曲线

3)击实特性

为了验证以上各组试验结果的差异,将各组在接近最佳含水率下击实的试件捣碎,取样测试石料的含水率,并风干后过5mm筛,测试含石量。

由表2.14可以看出,在相同含石量下,不同风化程度的填料击实后得到的最佳含水率有较大的差别,其中强风化条件下的最佳含水率明显大于中风化和微风化条件下的最佳含水率;且随着含石量的增大,不同风化程度下的千枚岩填料对应的最佳含水率的差值逐渐增大。

不同含石量千枚岩填料的最佳含水率(单位:%)　　表2.14

组　别	含　石　量					
	30	40	50	60	70	80
微风化	11.0	9.6	7.6	6.2	4.9	3.8
中风化	10.9	9.7	7.6	6.4	5.3	4.5
强风化	11.1	9.9	8.5	6.8	6.3	5.4

由表2.15可以看出,各组填料在最佳含水率下击实,石料均产生了不同程度的破碎,且破碎程度随风化程度的增强而增强,随含石量的增加而增大。微风化石料含量为60%时,在最佳含水率下击实后,过5mm筛后测得的含石量为55.6%;中风化石料含量为70%时,在最佳含水率下击实后,过5mm筛后测得的含石量为56.2%。与图2.10对照可以得出,在最大干密度达到峰值时,击实后的含石量为56%左右。

各组填料在最佳含水率下击实后的含石量(单位:%)　　表2.15

组别	含石量					
	30	40	50	60	70	80
微风化	28.9	37.6	46.8	55.6	63.2	70.5
中风化	27.8	36.5	41.4	49.5	56.2	63.5
强风化	27.3	33.6	37.8	43.5	49.4	52.7

从以上分析可知,最佳含水率的大小跟土质填料的含量多少有关,土质填料吸水能力较强,吸水量较大;石质填料在闷料的过程中吸水量较少,可以不考虑其吸水量。因此,最佳含水率是在原有填料含水率的基础上增加了土质填料吸水量除以填料总质量的百分比,也就是说,土与软岩混合后的最佳含水率与击实以后土质填料的百分含量呈正相关关系。含石量较大时(大于50%时),风化千枚岩填料击实时形成嵌挤结构,强风化千枚岩填料和中风化千枚岩填料在击实过程中部分石料被击碎变为土质填料,最佳含水率相应有所提高,这就验证了图2.11中含强风化岩和中风化岩的最佳含水率随含石量变化曲线呈上凹状的原因。因此,风化千枚岩填料的击实特性较为复杂,但归根结底受含石量、岩石风化程度和在最佳含水率下击实后的含石量多少的影响。在施工过程中必须根据实际情况来确定最大干密度和最佳含水率。

2.2.2 填料的CBR测试

根据《公路土工试验规程》(JTG E40—2007)[6]进行室内承载比(CBR)测试,CBR试验结果见表2.16。CBR与干密度之间的关系见图2.12。

CBR试验结果　　表2.16

每层击实次数	干密度(g/cm^3)	实测CBR(%)	压实度(%)	压实度对应干密度(g/cm^3)	压实度对应CBR(%)	设计CBR(%)
30	2.15	5.75	93	2.000	1.02	≥3
50	2.17	6.43	94	2.040	2.32	≥4
98	2.21	8.16	96	2.122	4.98	≥5

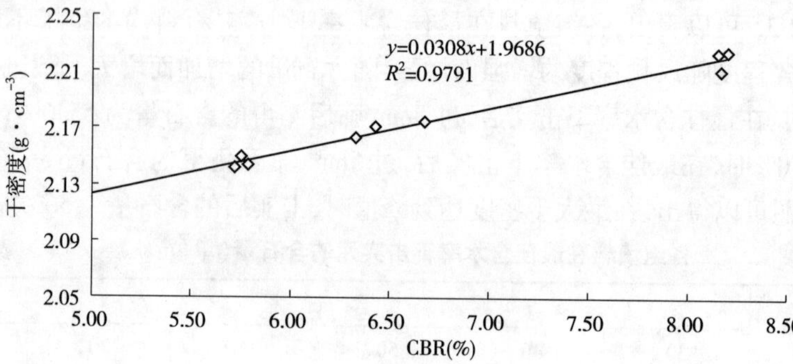

图 2.12 CBR 与干密度关系

《公路路基设计规范》(JTG D30—2015)[7]对路基的压实度和路基填料的强度均提出要求,特别是明确提出路基填料最小强度(CBR)的要求,如表 2.17 所示。

高速公路路基填料最小强度要求 表 2.17

项目分类		路面地面以下深度(cm)	填料最小强度CBR(%)	压实标准(%)	填料最大粒径(mm)
填方路基	上路床	0~30	8	≥96	100
	下路床	30~80	5	≥96	100
	上路堤	80~150	4	≥94	150
	下路堤	150 以下	3	≥93	150
零填及路堑路床		0~30	8	≥96	100
		30~80	5	≥96	100

由表 2.17 可知,试验结果不满足规范要求,即直接用千枚岩填筑路堤是不合理的。通常提高土基填料 CBR 值一般有两种途径:一是提高路基千枚岩填料的压实度,但是单纯依靠提高压实度来满足 CBR 的要求是很困难的;二是对不符合要求的千枚岩填料,按规范要求进行掺灰处理,具体处理方法是在千枚岩填料中加入适量的水泥等材料,改善其物理力学性能,使其强度得到改善,长期以来,这种改良措施一直是国内外采用的有效方法。水泥、石灰、粉煤灰或它们的相互组合都可以按照一定的比例加进填料里,以达到改进千枚岩填料性质的目的。

2.2.3 风化千枚岩填料的三轴剪切试验

土体的抗剪强度是衡量其抗剪切性能的指标,具体是指土体对外荷载所产生的剪应力的极限抵抗能力,可用黏聚力和内摩擦角两个参数表示。为了更好地研究强风化千枚岩作为路基填料抵抗外部荷载剪应力的能力，通过三轴试验测定风化千枚岩土体在固结排水以及固结不排水两种情况下的极限抗剪强度。

1) 固结不排水三轴试验

(1) 试验方案

本节测定固结不排水条件下风化千枚岩填料含水率在7%、9%、11%、13%、15%下的黏聚力和摩擦角，每组试验制备3个试件，按照含水率不同分成5组；另外测定其在15%含水率下固结排水试验的黏聚力和内摩擦角，研究排水下的填料抗剪指标。参照《公路土工试验规程》(JTG E40—2007)[6]试件尺寸为直径5cm、高度10cm。具体试验操作步骤严格按照规程进行。

由于实际工程中细料随着千枚岩填料的不断风化、崩解增多，细料的抗剪强度决定了路基的强度和稳定性。因此，试验用料选用风化程度比较严重的千枚岩，在本试验中所取用料为粒径均小于5mm的细料。用料级配曲线如图2.13所示，试验仪器和试验破坏试件分别如图2.14、图2.15所示。

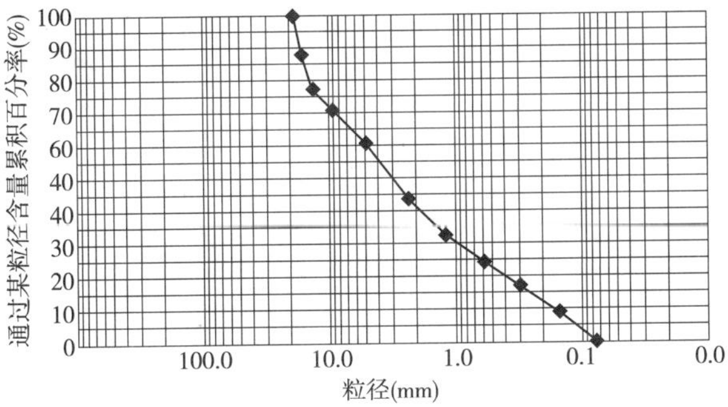

图2.13 试验用料级配曲线

图2.14 全自动三轴压缩仪

图2.15 试验破坏试件

(2)试验结果

由图 2.16 可以看出,填料的黏聚力随着含水率的增大先增大后减小,含水率在 9%之前黏聚力不断增大,超过 9%之后逐渐减小,在含水率为 9%时达到黏聚力的峰值。结合表 2.18 可以看出在黏聚力的变化过程中,试件成样的密度也有相同的趋势,先增大后不断减小。由图 2.17 可以看出,内摩擦角同样是随着含水率的增大先增大后减小,含水率小于 9%时随着含水率的增大内摩擦角急剧变大,在含水率 9%时达到最大值,之后又逐渐减小。含水率较低时,由于风化千枚岩破坏程度高,强风化状态的千枚岩处于松散状,流动性较好,因此摩擦角较小。随着含水率的增大,土体表现一定的黏性,因此流动性先逐渐变小,内摩擦角随之变大;但随着含水率的继续增加,水分进入孔隙中,在水的作用下试件孔隙率会不断增大,同时水会起到润滑剂的作用,使土体的流动性变大,土体颗粒之间的吸力减小,导致摩擦角不断减小。因此在实际工程中要做好施工、使用以及后期的防排水工作,严格控制水分过多地进入路基内部,避免填料土体黏聚力和内摩擦角的严重衰减。

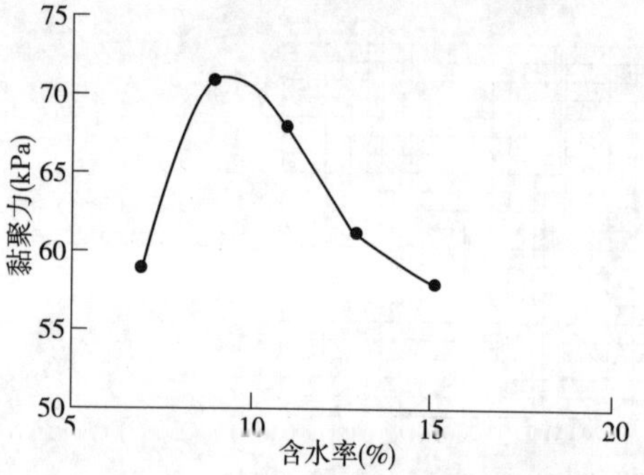

图 2.16 风化千枚岩填料黏聚力随含水率的变化曲线

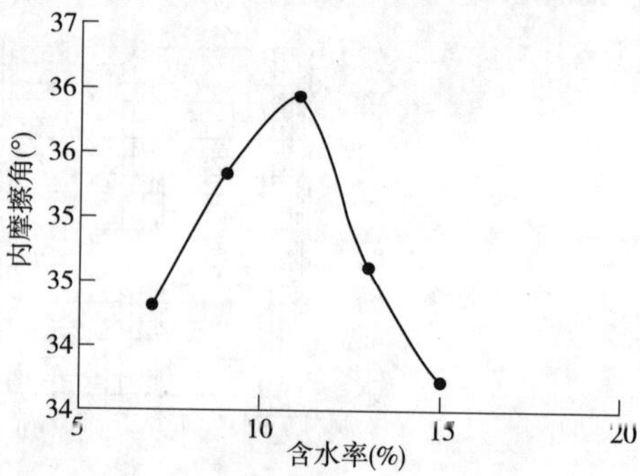

图 2.17 风化千枚岩填料内摩擦角随含水率的变化曲线

风化千枚岩填料固结不排水三轴剪切试验结果 表 2.18

制备样参数				三轴(固结不排水)			
				总应力		有效应力	
含水率 w (%)	控制干密度 (g/cm^3)	压实系数 λ	制样密度 (g/cm^3)	黏聚力 C_{cu} (kPa)	内摩擦角 φ_{cu} (°)	黏聚力 C' (kPa)	内摩擦角 φ' (°)
7.0	2.03	0.84	2.18	59	34.3	57	34.4
9.0	2.08	0.86	2.27	71	35.3	65	38.8
11.0	2.09	0.87	2.33	68	35.9	60	37.5
13.0	2.07	0.86	2.34	61	34.6	49	35.8
15.0	2.05	0.87	2.33	58	33.7	41	34.9

千枚岩填料黏聚力和内摩擦角的大小直接影响路基的强度，而最大干密度越大压实性能就越好，为了分析黏聚力和内摩擦角对强度影响的敏感性，通过建立黏聚力和内摩擦角与最大干密度之间的关系来间接反映其与路基强度之间的关系。现通过灰色关联度理论来分析黏聚力和内摩擦角两个参数对最大干密度影响的敏感性。

对关联度大小进行比较，关联度大的一组则表示参考数列与比较数列更相似。在计算出比较序列黏聚力、内摩擦角与参考序列最大干密度的关联系数后，可间接分析两者对路基强度的影响。通过灰色关联度计算得到黏聚力与最大干密度的关联系数为0.297，内摩擦角与最大干密度的关联系数为4.82。由此可以判断内摩擦角对最大干密度的影响比黏聚力要大、内摩擦角的变化对路基强度的影响较大。

2)固结排水三轴试验

为了进一步得到排水条件下的黏聚力和内摩擦参数值，进行含水率15%下的固结排水三轴剪切试验。试验结果见表2.19。

固结排水三轴剪切试验结果 表2.19

制样参数				三轴(固结不排水)	
含水率 w (%)	控制干密度 (g/cm^3)	压实系数 λ	制样密度 (g/cm^3)	黏聚力 C' (kPa)	内摩擦角 φ' (°)
15.0	2.04	0.85	2.35	40	37.2

通过对15%含水率下固结排水和固结不排水的黏聚力和内摩擦角比较可以看出，在不排水的情况下，黏聚力较大，然而内摩擦角较小。固结排水条件下内摩擦角明显增大，比黏聚力变化幅度大，由此也可以反映出含水率对内摩擦角的影响较为敏感。

2.3 改良千枚岩填料的工程性质

2.3.1 改良后填料的标准击实试验

为了减少裂缝，许多国家规定稳定土中水泥剂量不得超过6%。日本、美国、法国、南非明确规定水泥剂量不得超过5%。美国资料认为含有10%~35%粉土、黏土的砂土、砂砾土，用水泥稳定效果最好[8]。

由于千枚岩填料的CBR不能满足规范要求，采用水泥改良后，使之满足路基填筑的要求。因此在十天高速公路25标段(ZK19+100~ZK19+150)和服务区(ZK22+720~ZK22+920)采用水泥进行改良,具体改良方案见表2.20。

千枚岩填料的改良方案　表2.20

桩　号	水泥掺量(%)	层厚(cm)
ZK22+860~ZK22+920	3	27
ZK22+790~ZK22+860	4	27
ZK22+720~ZK22+790	5	27
ZK19+100~ZK19+150	6	27

1)标准击实试验方案

为了研究水泥改良千枚岩填料的密度与掺入量之间的变化规律,分别在室内条件下按3%、4%、5%、6%的水泥掺量的方法进行重型Ⅱ-2击实试验。最终得到含石量(粗粒含量5~38mm)30%、40%、50%、60%、70%的情况下,改良填料的最佳含水率、最大干密度,并做出它们与含石量、水泥掺量的关系曲线。其中,水泥掺量=水泥质量/千枚岩干质量×100%。

2)标准击实试验结果分析

通过标准击实试验,得到的不同水泥剂量、不同含石量下各种填料的标准击实结果见表2.21。

不同水泥剂量、不同含石量下各种填料标准击实结果　表2.21

类　别	含石量(%)	最佳含水率(%)	最大干密度(g/cm^3)
3%水泥改良(K22+321~K23+515)	30	6.4	2.09
	40	6	2.11
	50	5.7	2.12
	60	5.5	2.14
	70	5.2	2.11
4%水泥改良(K22+321~K23+515)	30	7	2.11
	40	6.6	2.13
	50	6.3	2.14
	60	6	2.16
	70	5.5	2.14

续上表

类 别	含石量(%)	最佳含水率(%)	最大干密度(g/cm³)
5%水泥改良 (K22+321~K23+515)	30	7.6	2.12
	40	7.2	2.15
	50	6.9	2.17
	60	6.4	2.19
	70	6.1	2.17
6%水泥改良 (K19+110~K19+160)	30	7.9	2.13
	40	7.6	2.17
	50	7.2	2.19
	60	6.7	2.21
	70	6.5	2.19

3)试验结果分析

从强风化千枚岩填料的击实试验可以发现,强风化千枚岩填料对含水率比较敏感,在这一点上它近似于土的压实特性,当含水率较低时,颗粒表面水膜较薄,摩擦阻力较大,不易压实。若含水率增大到合适的范围,颗粒表面水膜增厚,起到润滑作用,摩擦阻力减小,从而易于压实,这一特性与土的压实特性相同,存在最佳含水率和最大干密度[9]。

由图2.18、图2.19可以看出,千枚岩填料的干密度随着粗粒含量的增加整体呈上升趋势,但是超过一定值后会下降,当千枚岩粗粒含量不同时,有不同的最大干密度与最佳含水率,具有以下特点:

(1)在粗粒含量相同的情况下,千枚岩混合物填料的最大干密度和最佳含水率均随水泥掺量的增加而增加。

(2)当掺加水泥相同时,最大干密度随粗粒含量变化,粗粒含量在60%左右时,最大干密度达到最大;当粗粒含量达到一定值时,最大干密度反而呈现减小的趋势。原因大体如下:当粗粒含量小于60%时,颗粒相互挤压产生破碎物,干密度增大主要由细颗粒增加而引起,颗粒破碎严重,至60%时达到最大;当粗粒含量大于60%时,粗颗粒形成骨架,细粒土不能填满空隙,填料不再密实,导致粗颗粒含量增大而最大干密度减小。可见,风化千枚岩填料的压实工程特性与粗颗粒、细颗粒的相对含量密切相关。

(3)最佳含水率随粗粒含量的增加而减小,这是因为粗粒含量越高,细料含量越少时,吸收的水分较少。可见,就风化千枚岩而言,粗粒含量小于60%时,其压实工程特性主要由细料的工程性质决定,当粗粒含量大于60%时,其压实工程特性则由粗料决定。

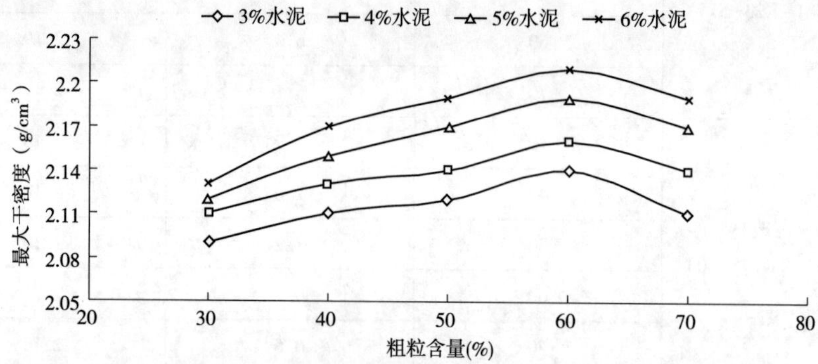

图 2.18　不同含石量下最大干密度与水泥掺量关系曲线

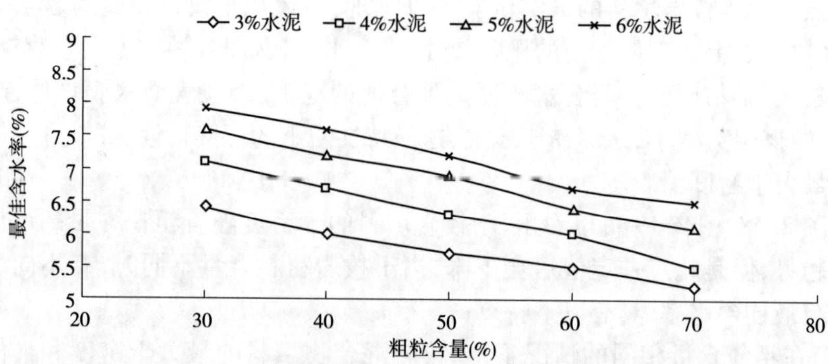

图 2.19　不同含石量下最佳含水率与水泥掺量关系曲线

2.3.2　改良后填料的 CBR 测试

通过击实试验测定不同水泥剂量的最佳含水率,据此制作 CBR 试件,进行承载力测试,得到以下结果。

1)试验结果与分析

CBR 试验结果见表 2.22。

CBR 试 验 结 果　　表 2.22

类别	每层击实次数	干密度(g/cm^3)	实测 CBR 值(%)	压实度(%)	压实度对应干密度(g/cm^3)	压实度对应CBR(%)	设计 CBR(%)
3%水泥改良	30	2.13	52.4	93	1.981	41.76	≥3
	50	2.15	53.6	94	2.021	44.62	≥4
	98	2.16	54.6	96	2.074	48.41	≥5
4%水泥改良	30	2.12	72.7	93	1.972	43.02	≥3
	50	2.14	75.4	94	2.012	51.02	≥4
	98	2.17	78.4	96	2.083	65.22	≥5
5%水泥改良	30	2.18	81.3	93	2.027	43.16	≥3
	50	2.20	87.8	94	2.068	54.24	≥4
	98	2.21	92.4	96	2.122	68.83	≥5
6%水泥改良	30	2.19	89.5	93	2.037	51.59	≥3
	50	2.20	94.1	94	2.068	59.97	≥4
	98	2.22	99.6	96	2.131	77	≥5

由此得出3%、4%、5%、6%水泥改良后填料的CBR值与干密度的关系，如图2.20所示。

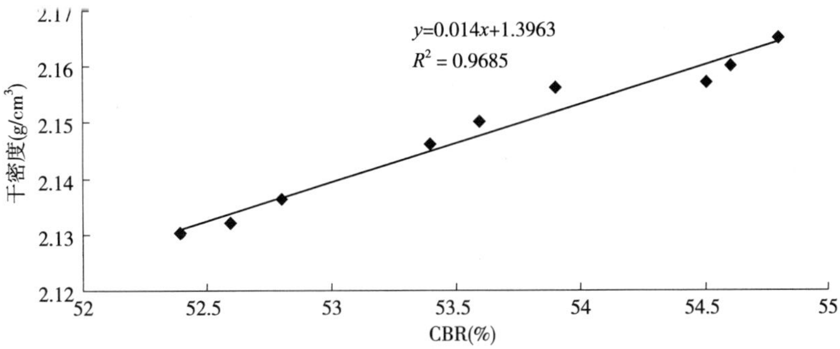

a)水泥掺量为3%

图　2.20

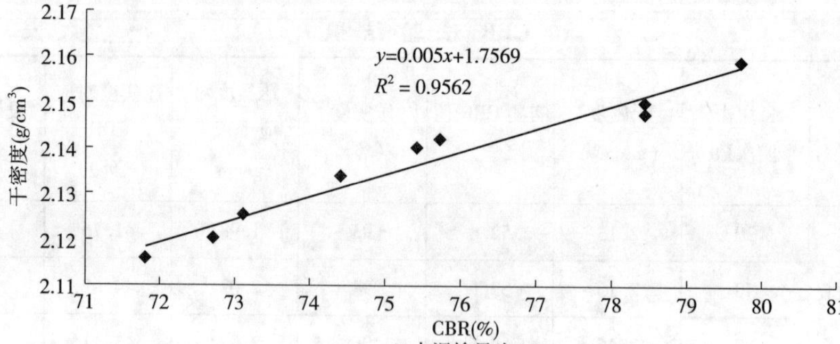

b)水泥掺量为4%

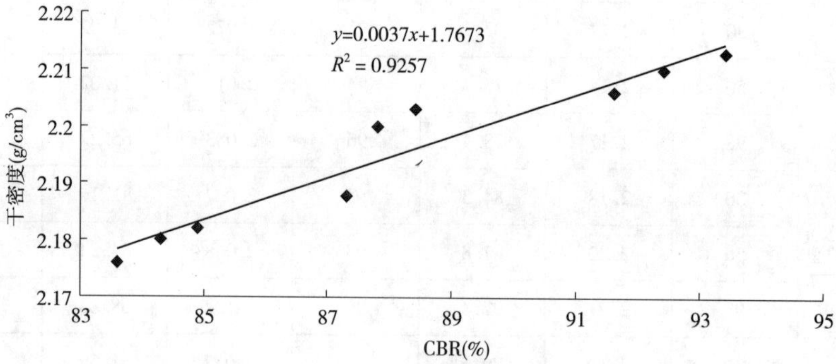

c)水泥掺量为5%

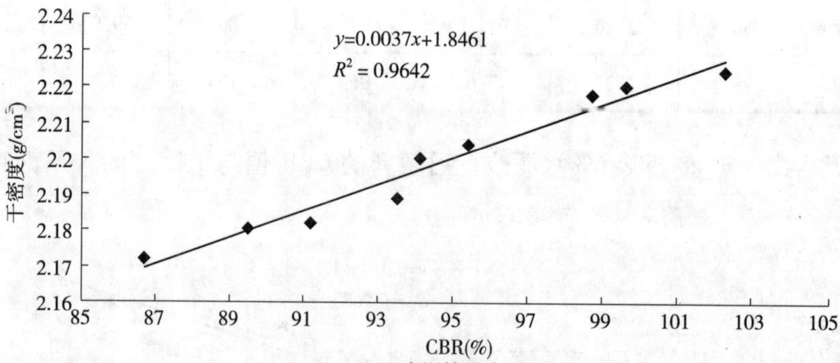

d)水泥掺量为6%

图 2.20　不同水泥掺量下的 CBR 与干密度关系

经过水泥改良后，千枚岩的力学性能大幅提高，效果十分显著，CBR 均能满足设计要求。在水泥改良千枚岩的过程中，水泥、千枚岩和水之间发生多种复杂的作用。在水泥的水化作用下，土的孔隙相互交织搭接凝结成一个整体，使填料具有一定的强度和稳定性。

应用水泥改良后，千枚岩填料的 CBR 提高很多，但有一定的变异性。究其原因,主要在于填料自身性质和试验方法两个方面。前者主要包括填料含水率、填料中粗粒含量以及填料粒度均匀性;后者主要表现为击实机械、浸水养生、贯入速度等,这些因素都将影响承载比值的大小。

2)CBR 试验要点

千枚岩填料和一般土质填料的承载力测试,具有很大的相似性,在进行 CBR 测试时应考虑以下几个方面:

(1)击实试验操作不当导致所做试样不能代表土基的真正承载力。主要表现在:对于含大颗粒的土,超粒径颗粒未筛出,或是没有计算超粒径颗粒的百分含量;对于黏性土,润料洒水不均或是浸润时间不够;对于击实试样,含水率间隔不均或试件数量不足,以至未找出最佳含水率。

为了解决该问题,击实试验前通过筛分试验和液塑限试验确定土的分类,依据规范要求,严格按试验规程操作。

(2)CBR 贯入试验中反映贯入量的两百分表读数相差较大致使取值困难。产生此问题的原因较多,主要有以下几点:

①试验仪未水平,由于重力作用,贯入杆上钢珠与凹座未紧密接触。在荷载作用下,钢珠的轻微移动都会引起百分表的极大变化。

为了解决该问题,放置仪器的试验台砌筑时应基本水平,每次试验前试验仪也应用水平尺调平,低的一端用铁片垫起,调整几次,直到水平为止。

②贯入杆与试件顶面未完全接触。在荷载作用下,必然导致贯入杆局部受力,使贯入杆贯入深度不均,反映在百分表读数相差较大。

为了解决该问题,将备好的试样放在升降台上,调整偏球座,使贯入杆与试件顶面完全接触,同时读数前必须在贯入杆上施加一定荷载(约 45N),使贯入杆不能在试件表面左右移动,然后将测力和测变形的百分表指针调零。

③试料的土质分类对读数的影响。经过多次试验发现:对于细粒土试样,大颗粒含量少,贯入杆贯入过程中受力较均匀,相对而言,其百分表读数相差较少;对于粗粒土或巨粒土试样,由于大颗粒含量多,贯入杆贯入过程中,其外缘极易遇到较大颗粒,从而影响其贯入深度,导致百分表读数有较大差异。

为了解决该问题,针对含大颗粒较多的试料,在做试件时应多做出一组。这样测试中读数相差较大时,可多测几个试件的读数,从而找出读数较均匀的一组[10]。

2.3.3 改良后填料的无侧限抗压强度

根据《公路土工试验规程》(JTG E40—2007)[6]制备试件,进行无侧限抗压强度测试,得到千枚岩填料不同水泥掺量下无侧限抗压强度变化曲线(图2.21)。由图2.21可知,水泥掺量越大,无侧限抗压强度越大,不存在最佳掺量比。就28d龄期而言,掺加4%水泥剂量的无侧限抗压强度与掺加3%水泥剂量的相比,增加幅度不大,增加了19.3%;而掺加5%和掺加6%水泥剂量的无侧限抗压强度与掺加3%水泥剂量的相比,增加幅度较大,分别提高了120.3%、213.2%。

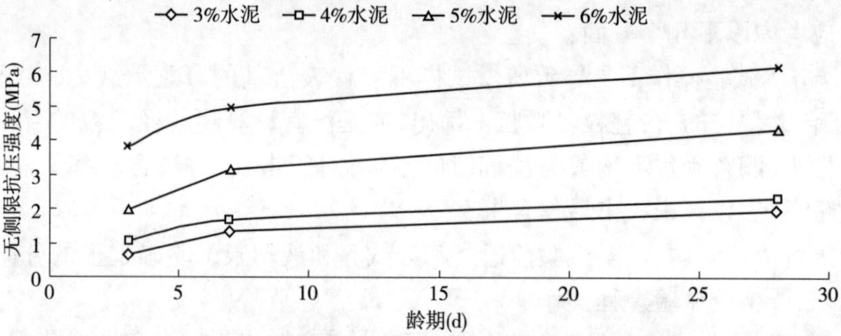

图2.21　不同水泥掺量下填料无侧限抗压强度变化曲线

从图2.21中还可知,经水泥改良后,填料强度随着龄期的增长而增大,同时具有较高的早期强度[11]。前7d强度增长速度比较快,第7d无侧限抗压强度已经达到28d强度的70%~90%。因此,千枚岩填料经水泥改良后,前7d必须较好的养生才能使强度快速增长,即要保湿,使一部分水进入孔隙中,对填料起到润滑作用,使混合料更加密实,颗粒间距离相对减小,使另一部分水与水泥水化并与千枚岩填料充分反应,不能急于填筑下一层,因为水泥与填料的骨架结构刚刚形成,否则会破坏填料结构,影响强度增长,养生时间不得小于7d。

本章参考文献

[1] 迟广成,肖刚,陈英丽,等.X射线粉晶衍射仪在千枚岩鉴定与分类中的应用[J].地质与资源,2013,22(5):409-414.

[2] 丁佩民,张其林.土中矿物的X射线衍射分析及在环境岩土工程中的应用[J].青岛建筑工程学院学报,2002,23(1):12-15.

[3] 中华人民共和国行业标准.JTG E42—2005　公路工程岩石试验规程[S].北京:人民交通出版社,2005.

[4] 中华人民共和国行业标准.CECS 239—2008　岩石与岩体鉴定和描述标准[S].北京:中国计划出版社,2008.

[5] 中华人民共和国国家标准.GB/T 50218—2014　工程岩体分级标准[S].北京:中国计划出版社,2014.

[6] 中华人民共和国行业标准.JTG E40—2007 公路土工试验规程[S].北京:人民交通出版社,2007.

[7] 中华人民共和国行业标准.JTG D30—2015 公路路基设计规范[S].北京:人民交通出版社股份有限公司,2015.

[8] 龚军平.高速铁路路基改良土工程性质试验及施工技术研究[D].成都:西南交通大学,2006.

[9] 张新华.锦阜高速公路软质岩工程地质评价及处理原则[J].北方交通,2008(3):82-83.

[10] 王智猛.红层泥岩土及其改良土力学特性研究与在高速铁路中的应用[D].成都:西南交通大学,2005.

[11] 毛雪松,周雷刚,马骉,等.强风化千枚岩填筑路基改良技术研究[J].中国公路学报,2012,25(2):20-26.

第3章 风化千枚岩填料的崩解破碎特性研究

风化千枚岩与一般土质填料及硬岩质填料不同,用作路基填料时,其粒径尺寸因碾压、日照时间及含水率情况而改变,施工前后级配变化较大。路基施工时对风化千枚岩填料进行压实、破碎处理,但不能使全部填料都达到稳定,其崩解破碎持续长期存在。填筑不久的千枚岩填料路基,在强度和水稳性方面可以到达技术规范的要求,但是在干湿变化、冻融循环等不利条件及行车荷载作用下其填料将继续崩解破碎。本章主要考虑荷载效应、冻融循环作用、干湿循环作用对填料崩解破碎特性的影响,并基于分形理论对其破碎特性进行评价。

3.1 千枚岩填料的级配

3.1.1 填料的级配分析

路基填料的级配是反映填料物理力学性质的重要指标,影响道路的工程性质。路基填料级配是指填料中各粒组质量的相对含量,以百分数表示。填方路基的强度及变形特性与其填料的颗粒尺寸、颗粒级配密切相关。

对于风化千枚岩填料,其级配分析难点主要集中在以下两方面:

(1)填料初始级配的确定。试验所采用的千枚岩填料是通过开挖隧道爆破后的弃渣获得的,爆破后存在较多大粒径的岩块,直接进行筛分不切实际,需要对其进行破碎,使得处理后的填料级配具有普遍性。因此,千枚岩初始级配的确定,应解决爆破后的大块千枚岩与选取代表性的填料问题。

(2)千枚岩填料级配的评价。千枚岩原岩物理性质表明其工程性质较差,在外界环境与施工荷载作用下出现显著的崩解破碎,由于填料的级配不断变化,因此如何对填料的级配进行合理地评价是需要解决的难题。

《公路路基设计规范》(JTG D30—2015)[1]规定,高速公路路基填料最大颗粒粒径应小于100mm。因为若填料粒径过大,在填筑过程中容易导致填料窝集,且造成施工质量检测结果差异性较大,不利于施工质量控制;另一方面,测路基回弹模量 E_0 时规定填料颗粒的最大粒径小于承载板尺寸的1/4,约为75mm。综合以上因素，本次试验选用的千枚岩填料最大粒径应小于60mm。运回的千枚岩填料中粒径超过60mm的千枚岩所占比重较大，其中最大的孤石粒径超过100mm。对大粒径的千枚岩岩块进行破碎，直至满足要求。

由于千枚岩填料级配随机多变的特性，使得其级配分析比较困难。对破碎后的千枚岩填料随机取料进行筛分试验，给出大致的初始级配范围。

3.1.2　填料的初始级配

根据《公路土工试验规程》（JTG E40—2007）[2]，针对填料级配的情况，可以采用筛分析法、密度计法与移液管法进行测定。筛分析法一般适用于粒径在0.075~60mm的土料。密度计法与移液管法适用范围是粒径在0.075mm之内的细粒土。千枚岩路基填料的粒径基本上都在0.075mm之上，因此采用筛分析法对颗粒的级配进行分析。对千枚岩填料进行筛分时，要保证填料处于干燥状态。因为若千枚岩填料含水率较大，会出现细颗粒成团与细颗粒附着在粗料表面的现象，导致筛分困难。

本次筛分试验采用的是新标准方孔筛，铁板方孔孔径：53mm、37.5mm、31.5mm、26.5mm、19mm、16mm、13.2mm、9.5mm、4.75mm；丝网方孔孔径：2.36mm、1.18mm、0.6mm、0.3mm、0.15mm、0.075mm。

土料的选取：对超粒径的填料进行破碎，然后混合均匀。随机从料堆取料进行筛分。筛分结果如表3.1和图3.1所示。

破碎千枚岩弃料初始级配　　表3.1

筛孔孔径（mm）	筛上质量（kg）	分计筛余（%）	累计筛余（%）	通过百分率（%）
63	0	0	0	100
53	0.59075	6.95	6.95	93.05
37.5	0.34255	4.03	10.98	89.02
31.5	0.35105	4.13	15.11	84.89
26.5	0.4709	5.54	20.65	79.35
19	0.94945	11.17	31.82	68.18
16	0.47005	5.53	37.35	62.65
13.2	0.3349	3.94	41.29	58.71
9.5	0.29495	3.47	44.76	55.24
4.75	1.3804	16.24	61.00	39.00

续上表

筛孔孔径(mm)	筛上质量(kg)	分计筛余(%)	累计筛余(%)	通过百分率(%)
2.36	1.1458	13.48	74.48	25.52
1.18	0.56865	6.69	81.17	18.83
0.6	0.79475	9.36	90.52	9.48
0.3	0.18955	2.23	92.75	7.25
0.15	0.2465	2.90	95.65	4.35
0.075	0.36975	4.35	100	0

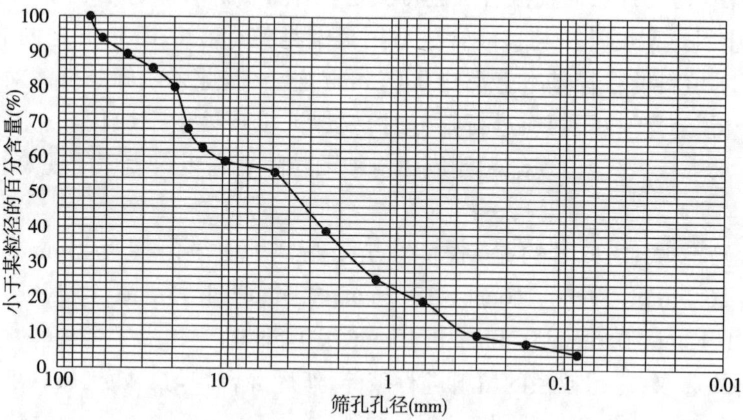

图 3.1　破碎千枚岩弃料原始级配

通过内插法计算，$d_{60}=14.44\text{mm}$、$d_{30}=3.31\text{mm}$、$d_{10}=0.63\text{mm}$，从而得到千枚岩填料的不均匀系数 C_u 为 22.96，曲率系数 C_c 为 1.20，级配良好。但千枚岩填料强度较低，在施工过程中还会发生崩解破碎，故实验室测得的级配不一定与施工现场填料的级配完全相符。

3.1.3　试验材料的级配选取

千枚岩填料的千枚状构造导致其在较小应力作用下会产生破碎，在荷载作用下千枚岩填料级配产生较大变化，从而影响千枚岩路基的变形特性及强度。荷载的作用方式会影响千枚岩填料压实破碎效果，另外填料的级配组成、填料颗粒形状对其破碎特征也有显著影响。

为研究荷载作用对填料级配的影响，通过两种试验方案研究千枚岩填料在荷载作用下的粒径破碎特性。一种是对千枚岩路基填料进行击实，分析填料在不同击实功下的颗粒破碎特性；另一种是设计循环加载试验，模拟填筑后千枚岩路基在行车荷载下级配变化过程。另外考虑千枚岩填料级配组成与填料破碎的关系，在表3.1填料初始级配的基础上按粒径大于4.75mm粒组的质量百分含量分为35%、45%、55%、65%、75%，进行填料配合比计算，其计算结果见表3.2。

千枚岩填料在不同粗粒含量时的分计筛余　　表3.2

筛孔尺寸(mm)	粗粒含量(%)				
	35	45	55	65	75
63	0	0	0	0	0
53	4	5.1	6.2	7.4	8.5
37.5	2.4	3.1	3.7	4.3	5.1
31.5	2.5	3.2	3.8	4.4	5.3
26.5	3.2	4.1	5	5.9	6.8
19	6.4	8.2	10	11.9	13.7
16	3.1	4	5	5.9	6.7
13.2	2.3	3	3.7	4.2	5
9.5	1.9	2.5	3.1	3.7	4.2
4.75	9.2	11.8	14.5	17.3	19.7
2.36	23.2	19.6	15.2	12.1	8.9
1.18	11.1	9.4	7.6	6	4.3
0.6	15.4	13	10.6	8.4	5.9
0.3	3.5	3	2.4	2	1.3
0.15	4.6	3.9	3.2	2.6	1.8
0.075	7.2	6.1	6	3.9	2.8

大粒径的千枚岩填料经过破碎，对室内试验来说其粒径还是过大，不能满足试验要求。用于击实试验的大试筒要求填料的粒径不大于38mm，针对这种情况有必要对超粒径颗粒进行处理。《公路土工试验规程》(JTG E40—2007)[2]中对超大粒径颗粒的处理方式主要介绍了剔除法、相似级配法和等量替代法。

(1)剔除法。主要是将超粒径的颗粒进行剔除，超粒径的颗粒含量用余下的颗粒百分比进行替换，其优点是方法简单，操作容易；缺点是小粒径颗粒含量的相对增加，改变了土料的颗粒级配特性与颗粒土的性质。剔除法适用于超大粒径的颗粒含量在5%以内的情况。

(2)相似级配法。根据试验允许最大粒径,将原级配的填料按 d_{0max}/d_{max} 等比例缩小,其中 d_{0max} 为允许的最大粒径尺寸;d_{max} 为原始填料的超粒径尺寸。使用相似级配法进行缩尺保持了填料级配曲线的几何形状,因此不均匀系数和曲率系数不发生变化,但是相似级配法只是一种几何相似,不能真实反映原填料的力学性质。相似级配法将填料粒径整体进行了缩尺,导致细粒含量的升高。相似级配法适用范围为粗粒含量在 70%以上的情况。

(3)等量替代法。选取试验所允许的最大粒径 d_{max} 至 5mm 之间的填料颗粒,对超粒径的填料进行加权替换。计算方法见式(3.1)与式(3.2)。

$$P_{5i}=\frac{P_5}{P_5-P_0}P_{05i} \tag{3.1}$$

$$P_5=\sum_{i=1}^{n}P_{5i}=\sum_{i=1}^{n}P_{05i}+P_0 \tag{3.2}$$

式中:P_5——填料中粗颗粒的百分含量;

P_{5i}——等量替代后粒径大于 5mm 的某粒组百分含量;

P_{05i}——等量替代前与P_{5i}对应的粒组百分含量;

P_0——超粒径填料的百分含量。

等量替代法的缺点是进行替换后填料的级配、曲率系数与不均匀系数发生变化;其优点是维持细颗粒(粒径小于 5mm)含量不变。等量替代法适用于超粒径的填料百分含量低于 50%的情况。测定由等量替代法处理后的填料的最大干密度与道路工程施工后的测试结果基本相同,比剔除法和相似级配法更接近于工程实际情况[3],因此本试验通过等量替代法对表 3.2 中的千枚岩填料超大粒径颗粒进行处理,结果见表 3.3。

等效替代后千枚岩填料的分计筛余 表 3.3

筛孔尺寸(mm)	粗粒含量(%)				
	35	45	55	65	75
37.5	0	0	0	0	0
31.5	3.1	4	4.6	5.4	6.5
26.5	3.9	5	6.1	7.2	8.3
19	7.8	10	12.2	14.5	16.7
16	3.8	4.9	6.1	7.2	8.2
13.2	2.8	3.6	4.5	5.1	6.1
9.5	2.3	3.1	3.8	4.6	5.1
4.75	11.3	14.4	17.7	21	24.1

续上表

筛孔尺寸(mm)	粗粒含量(%)				
	35	45	55	65	75
2.36	23.2	19.6	15.2	12.1	8.9
1.18	11.1	9.4	7.6	6	4.3
0.6	15.4	13	10.6	8.4	5.9
0.3	3.5	3	2.4	2	1.3
0.15	4.6	3.9	3.2	2.6	1.8
0.075	7.2	6.1	6	3.9	2.8

3.2　荷载作用下千枚岩填料的破碎特性

3.2.1　不同击实功下千枚岩填料的破碎特性

1)试验方案的确定

为了更好地模拟千枚岩填料的压实破碎特性,需得到不同级配下的最佳含水率同时判断最佳级配。首先对上述五种级配的千枚岩填料进行标准击实试验。

分别制备不同粗粒含量的5组试件,每个试件6.5kg,按照表3.3中每组粒径的百分含量进行配料。粗粒含量为35%、45%、55%、65%、75%时,每组按照4%、6%、8%、10%、12%的含水率进行加水并拌和均匀,装入塑料桶中封紧盖子,闷料时间为一昼夜。试验步骤按照《公路土工试验规程》(JTG E40—2007)的规定进行,试验采用重型击实,每个试件分三层击实,每层击实次数98次。试验结果分析见图3.2。

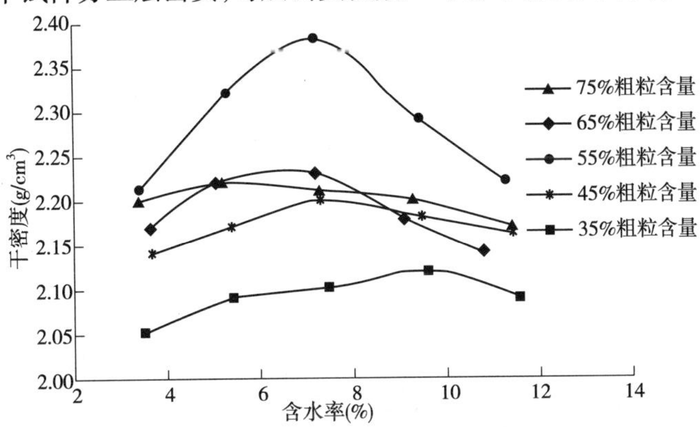

图3.2　不同粗粒含量击实曲线

根据图3.2找出不同粗粒含量的千枚岩填料的最佳含水率与最大干密度，见表3.4。

不同粗粒含量的填料最佳含水率与最大干密度　　表3.4

粗粒含量(%)	35	45	55	65	75
最佳含水率(%)	8.717	8.036	7.305	6.741	6.382
最大干密度(g/cm^3)	2.113	2.195	2.358	2.227	2.218

由表3.4可知，粗粒含量为55%时，填料的最大干密度最大，确定为最佳级配。在此基础上模拟千枚岩填料压实过程中的粒料破碎情况，分别取粗粒含量45%、55%、65%的千枚岩进行试验。

(1)一次击实试验方案

一次击实试验的目的是研究不同粗粒含量的千枚岩填料在荷载作用下级配变化情况，所以配料、筛分要求的精度更高。试验仍采用重型击实筒，其内径为152mm、筒高116mm、体积为2103.9cm^3，护筒高度为50mm。根据千枚岩填料的干密度与击实筒的体积确定每个试件4.5kg。筛分试验采用的是新标准方孔筛，其筛孔孔径范围37.5~0.075mm。

取千枚岩填料按45%、55%、65%的粗粒含量进行配料，分A、B、C三组，其中每组做3组平行试验。配料需注意千枚岩填料易风化，从已经筛分好的各粒组填料中取料时应再过一次其所对应的筛子，保证筛分的精确性。对45%、55%、65%粗粒含量的千枚岩填料所对应的最佳含水率8.0%、7.3%、6.7%进行配水，配水质量分别为0.36kg、0.33kg、0.3kg，闷料一昼夜后进行击实试验。将千枚岩填料装入击实筒中，保持上面的填料高度一致，击实分三层进行，每层击实98次。击实过程中会有粒料飞溅的现象，为了保证筛分的精确性，在击实筒下面放一层塑料布，便于将飞溅出的千枚岩填料收集并倒入击实筒中。击实结束后拆除底板，用推土器推出筒内千枚岩填料并擦净筒内壁，将千枚岩填料烘干后进行筛分。

(2)二次击实试验方案

为了进一步分析千枚岩填料破碎情况，设计二次击实试验，与一次击实试验结果进行对比，并初步讨论水分在击实试验中对填料破碎的影响。

试验设计：二次击实试验第一次击实后，进行风干，然后再进行第二次击实，即在一次击实试验的基础上进行试验；另一组为连续二次击实试验，即一次击实完成后，将千枚岩填料通过推土器脱模并擦干筒壁上的填料，轻轻将其碾散，然后倒入击实筒，进行二次击实。取千枚岩填料按45%、55%、65%的粗粒含量进行配料，分A、B、C三组，每组做3组平行试验，采用A_1~A_3、B_1~B_3、C_1~C_3表示，一次击实后风干，然后二次击实，二次连续击实试件用 $A_4 \sim A_6$、$B_4 \sim B_6$、$C_4 \sim C_6$ 表示，试验操作步骤与一次击实试验相同。

2）试验结果分析

（1）一次击实试验

根据试验方案确定的级配配料，粒料组成见表3.5。

不同粗粒含量下千枚岩初始各粒组质量（单位：g）　　表3.5

粒径（mm）	A组（45%）			B组（55%）			C组（65%）		
	A_1	A_2	A_3	B_1	B_2	B_3	C_1	C_2	C_3
37.5	0	0	0	0	0	0	0	0	0
31.5	179	180.8	179.2	207.1	204.2	206	247.9	243.5	243.4
26.5	224.9	226.1	225.3	274.4	274.1	270.2	325.1	324.9	323.6
19	448.8	448.4	449	549.6	550.2	550.2	648.9	653.4	651.5
16	219.3	219.5	221.3	273.8	274.1	273	326	324.8	324.2
13.2	162.5	161.4	162.2	203	201.6	202.9	230	229.8	228.6
9.5	140.1	139.6	139.5	171	171.3	171	207.2	206.9	207.2
4.75	648	648	648	796.6	796.5	796.5	944.8	944.8	945
2.36	882	882	882	684	684	684	544.5	544.5	544.5
1.18	423	423	423	342	342	342	270	270	270
0.6	585	585	585	477	477	477	378	378	378
0.3	135	135	135	108	108	108	90	90	90
0.15	175.5	175.5	175.5	144	144	144	117	117	117
0.075	274.5	274.5	274.5	270	270	270	175.5	175.5	175.5
合计	4497.6	4498.8	4499.5	4500.5	4497	4494.8	4504.9	4503.1	4498.5

在各自最佳含水率下进行击实后千枚岩各粒组的质量见表3.6。

一次击实后不同粗粒含量下千枚岩各粒组质量（单位：g）　　表3.6

粒径（mm）	A组（45%）			B组（55%）			C组（65%）		
	A_1	A_2	A_3	B_1	B_2	B_3	C_1	C_2	C_3
37.5	0	0	0	0	0	0	0	0	0
31.5	140.4	146.9	143.2	190.2	193.4	189.7	97.9	98.8	93.4
26.5	116.8	115.0	112.5	152.4	150.8	153.1	152.7	153.6	156.3

续上表

粒径(mm)	A 组(45%)			B 组(55%)			C 组(65%)		
	A_1	A_2	A_3	B_1	B_2	B_3	C_1	C_2	C_3
19	318.2	321.1	323.8	443.6	447.1	444.8	488.3	486.4	485.7
16	147.7	145.2	146.2	163.5	160.0	162.3	329.6	331.2	328.5
13.2	206.3	204.2	205.8	360.6	362.3	364.2	237.1	234.5	235.6
9.5	225.9	226.5	229.7	235.8	233.6	231.4	272.9	275.3	274.2
4.75	657.1	660.2	662.4	805.6	803.5	805.2	864.8	862.1	861.8
2.36	789.5	785.2	786.3	612.4	609.8	611.8	667.2	668.8	668.3
1.18	470.1	471.4	474.4	315.7	315.3	313.3	295.1	291.7	293.5
0.6	600.3	603.8	598.6	491.4	489.3	491.1	465.1	467.2	469.3
0.3	262.4	259.7	258.1	185.2	183.2	183.5	178.1	179.4	177.2
0.15	242.7	240.1	238.2	174.1	177.6	175.2	159.8	160.2	158.6
0.075	317.5	318.1	319.3	368.3	369.1	366.9	294.6	293.6	293.8
合计	4494.9	4997.4	4498.5	4498.8	4495	4492.5	4503.2	4502.8	4496.2

一次击实后不同级配各粒组质量变化柱状图如图 3.3~图 3.5 所示。

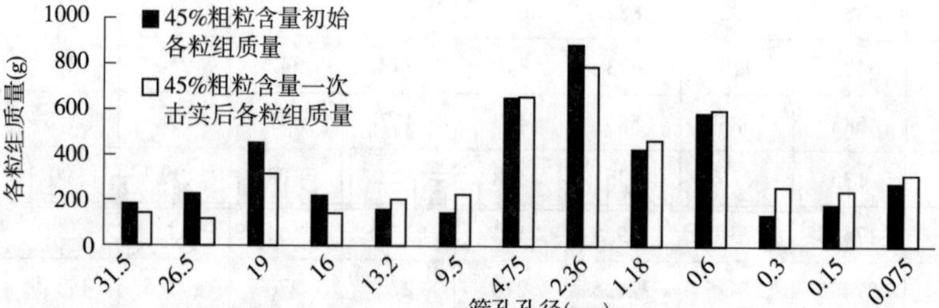

a)A_1组

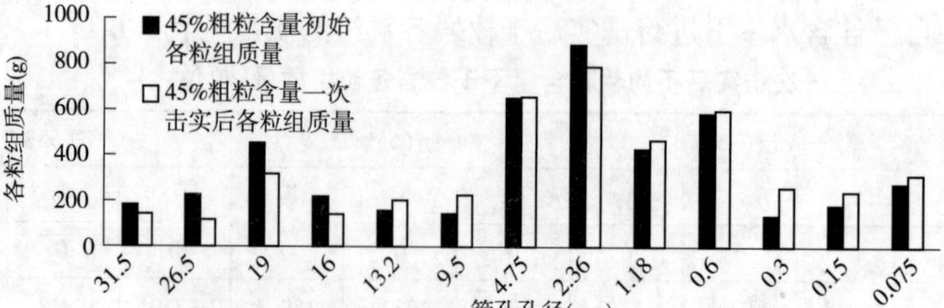

b)A_2组

图 3.3

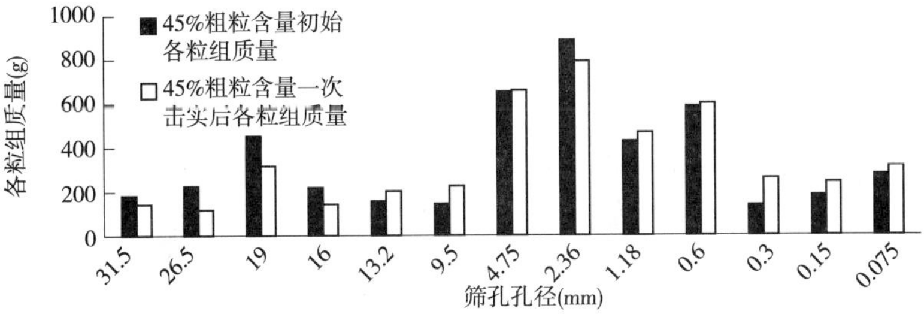

c)A_3组

图 3.3　45%粗粒含量千枚岩填料一次击实前后各粒组质量变化

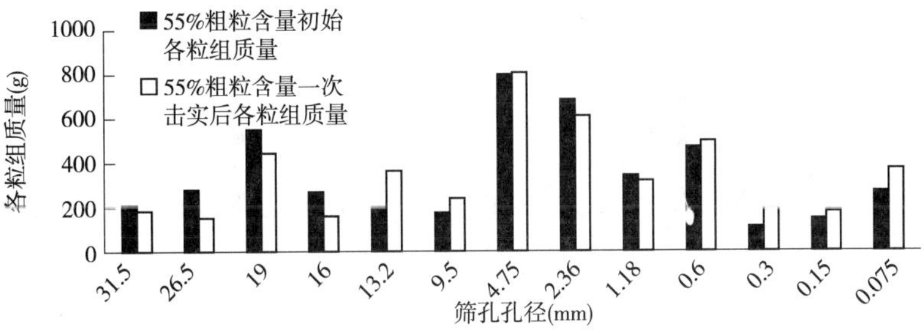

a)B_1组

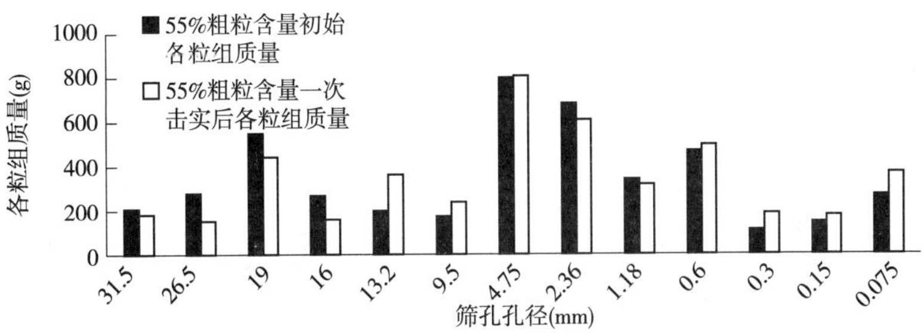

b)B_2组

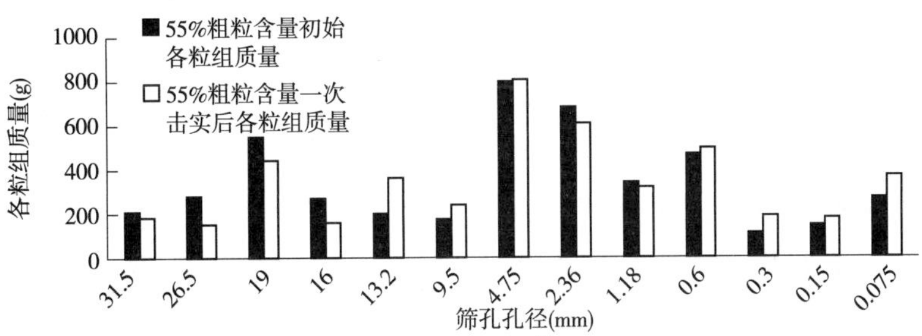

c)B_3组

图 3.4　55%粗粒含量千枚岩填料一次击实前后各粒组质量变化

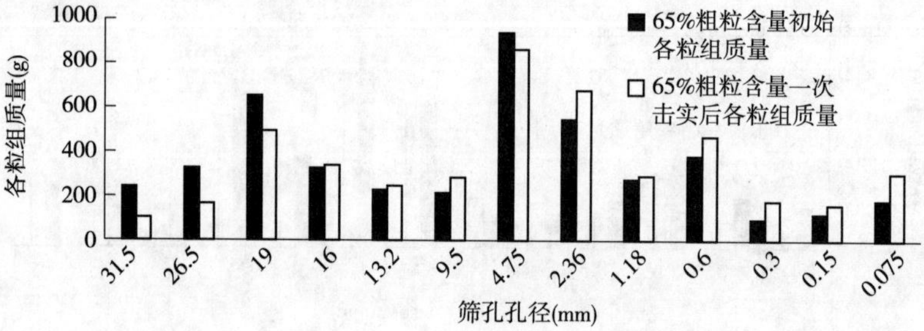

a)C_1组

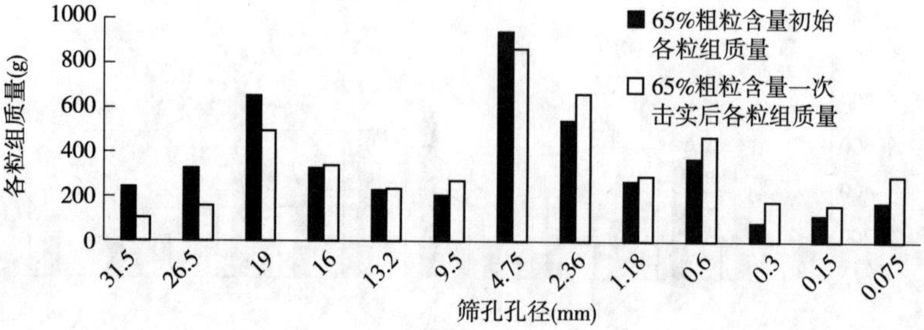

b)C_2组

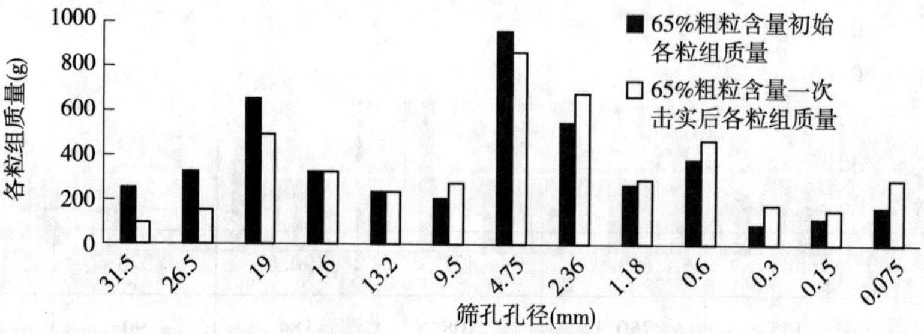

c)C_3组

图 3.5　65%粗粒含量千枚岩填料一次击实前后各粒组质量变化

通过对比击实前后不同粗粒含量下的粒组质量变化，发现相同条件下测试数据的差异性不大。在一次击实作用下 C 组填料受影响的粒组范围最大，其次为 A 组，最小的为 B 组。C 组粗粒含量高，细粒料不能充分填充于粗颗粒之间，在击实功的影响下粗颗粒相互挤压发生破碎。A 组中 16～31.5mm、2.36～4.75mm 粒径之间的填料质量减少，9.5～13.2mm、0.15～0.6mm 粒径之间的填料质量增加。B 组中质量明显减小的粒组为 16～31.5mm、2.36～4.75mm，质量显著增加的粒组有 13.2～16mm、0.3～0.6mm、0.071～0.15mm。C 组与 A、B 两组的粒组质量变化有明显区别，质量显著减少的粒组为：19～37.5mm、4.75～9.5mm，质量增加显著的粒组为：9.5～13.2mm、2.36～4.75mm、0.075～1.18mm。总体来看，粒径在1.18～2.36mm之间的填料对击实作用最不敏感。

鉴于平行试验结果的一致性，取粒组质量的平均值作为代表值进行研究，见表3.7，级配曲线如图3.6所示。

不同粗料含量下千枚岩填料击实前后各粒组质量变化（单位：g） 表3.7

粒径(mm)	45%		55%		65%	
	$\overline{A_0}$	$\overline{A}$	$\overline{B_0}$	$\overline{B}$	$\overline{C_0}$	$\overline{C}$
37.5	0	0	0	0	0	0
31.5	179.7	145.5	205.8	191.1	244.9	97.6
26.5	225.4	114.8	272.9	152.1	324.5	154.2
19	448.7	321	550	445.2	651.3	486.8
16	220	146.4	273.6	161.9	325	329.8
13.2	162	205.4	202.5	362.4	229.5	235.7
9.5	139.7	227.4	171.1	233.6	207.1	274.1
4.75	648	659.9	796.5	804.8	944.9	862.9
2.36	882	787	684	611.3	544.5	668.1
1.18	423	472	342	314.8	270	293.4
0.6	585	600.9	477	490.6	378	467.2
0.3	135	260.1	108	184	90	178.2
0.15	175.5	240.3	144	175.6	117	159.5
0.075	274.5	318.3	270	368.1	175.5	294
合计	4498.5	4499	4497.4	44495.5	4502.2	4501.5

根据表3.7可知，击实前粗粒含量为45%、55%、65%，一次击实后粗粒含量变化为40.46%、52.30%、54.23%。从级配变化情况看，65%粗粒含量的级配变化最大，其次为45%粗粒含量的千枚岩填料，级配变化最小的是55%粗粒含量的千枚岩填料。这说明55%粗粒含量的千枚岩填料的级配相对于45%与65%粗粒含量的千枚岩填料级配较为稳定，在击实作用下级配变化较小。

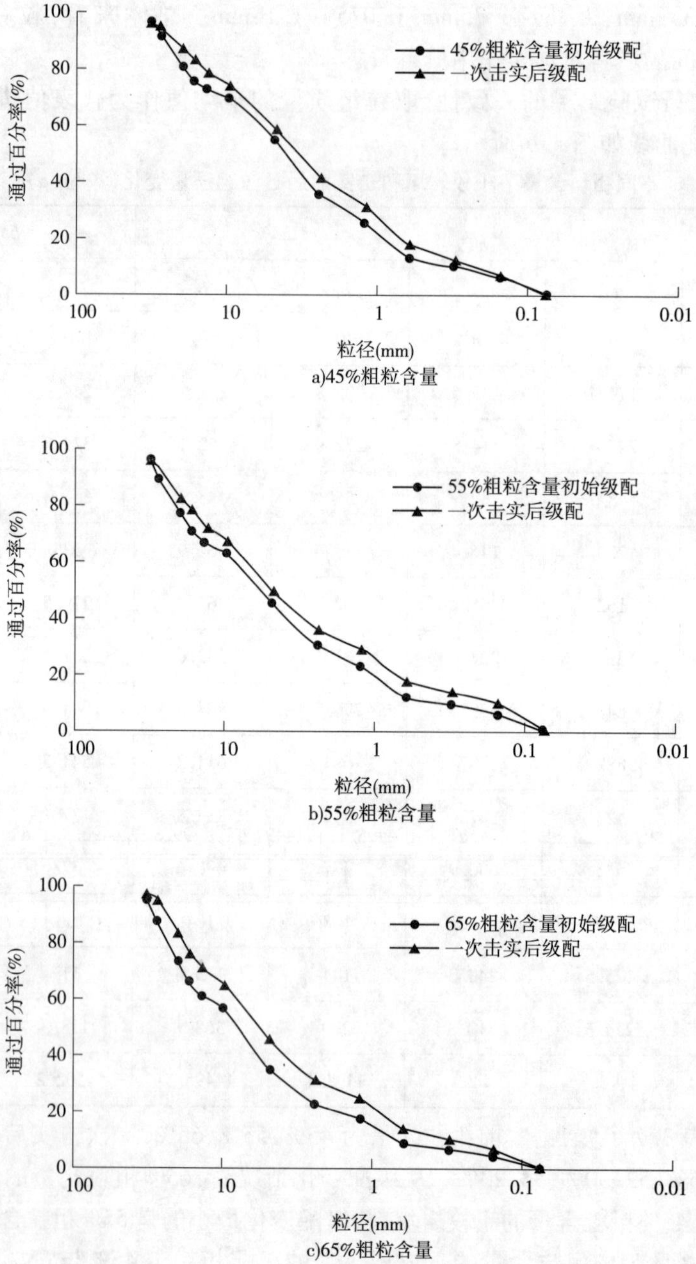

图 3.6　不同粗粒含量击实前后级配曲线

(2)二次击实试验

二次击实试验所用千枚岩填料各粒组质量见表3.8。

不同粗粒含量的千枚岩填料各粒组质量(单位:g)　　表3.8

粒径(mm)	A组(45%)						B组(55%)		
	A_1	A_2	A_3	A_4	A_5	A_6	B_1	B_2	B_3
37.5	0	0	0	0	0	0	0	0	0
31.5	179.6	181.5	176.5	177.3	180.2	179.1	206.4	205.1	206.2
26.5	224.5	225.6	227.8	225.4	224.7	226.2	271.6	273.5	271.4
19	447.5	445.8	449.2	449.1	446.3	446.9	551.2	550.4	549.7
16	221.4	220.5	222.1	221.6	220.8	221.3	272.4	273.8	274.1
13.2	161.8	163.2	162.5	161.5	162.3	162.7	202.6	201.9	203.4
9.5	139.8	140.1	140.3	140.2	139.7	140.1	171.1	171.2	171.1
4.75	648	648	648	648	648	648	796.5	796.5	796.5
2.36	882	882	882	882	882	882	684	684	684
1.18	423	423	423	423	423	423	342	342	342
0.6	585	585	585	585	585	585	477	477	477
0.3	135	135	135	135	135	135	108	108	108
0.15	175.5	175.5	175.5	175.5	175.5	175.5	144	144	144
0.075	274.5	274.5	274.5	274.5	274.5	274.5	270	270	270
合计	4497.6	4499.7	4501.4	4498.1	4497	4499.3	4496.8	4497.4	4497.4

粒径(mm)	B组(55%)			C组(65%)					
	B_4	B_5	B_6	C_1	C_2	C_3	C_4	C_5	C_6
37.5	0	0	0	0	0	0	0	0	0
31.5	207.1	204.5	206.4	244.6	245.2	243.9	245.2	244.7	245.5
26.5	272.5	272.8	271.2	325.8	323.5	324.5	325.4	325.6	325.2
19	552	551.6	550	652.5	651.8	653.4	652.7	651.5	652.6
16	272.8	273.7	272.6	325.4	324.8	326.1	324.5	326.8	325.2
13.2	202.4	201.8	202.7	229.4	228.6	230.4	229.5	231.1	228.5
9.5	171.3	171.1	171.1	207.1	207.3	207	207.2	207.1	207.2
4.75	796.5	796.5	796.5	944.9	944.9	944.9	944.9	944.9	944.9

续上表

粒径(mm)	B组(55%)			C组(65%)					
	B_4	B_5	B_6	C_1	C_2	C_3	C_4	C_5	C_6
2.36	684	684	684	544.5	544.5	544.5	544.5	544.5	544.5
1.18	342	342	342	270	270	270	270	270	270
0.6	477	477	477	378	378	378	378	378	378
0.3	108	108	108	90	90	90	90	90	90
0.15	144	144	144	117	117	117	117	117	117
0.075	270	270	270	175.5	175.5	175.5	175.5	175.5	175.5
合计	4499.6	4497	4495.5	4504.7	4501.1	4505.2	4504.4	4506.7	4504.1

根据试验方案进行二次(风干)击实试验与二次连续击实试验。试验结果见表3.9与表3.10。

二次击实(风干)试验结果(单位:g) 表3.9

粒径(mm)	A组(45%)			B组(55%)			C组(65%)		
	A_1	A_2	A_3	B_1	B_2	B_3	C_1	C_2	C_3
37.5	0	0	0	0	0	0	0	0	0
31.5	116.3	120.2	119.5	90.5	88.4	95.8	78.7	79.5	81.2
26.5	93.3	95.4	97.1	106.7	105.9	103.6	64	67	65.2
19	260.6	257.5	263.1	379	381.5	379.7	353.8	354.1	356.3
16	165.5	167.2	165.8	192.2	196.5	194.2	238.4	237.4	235.6
13.2	127.3	128.5	126.6	233.8	231.9	234.7	197.6	196.5	195.5
9.5	204.6	203.7	203.8	260.7	265.3	266.4	259.1	257.6	258.7
4.75	603.6	607.9	605.2	718.8	716.5	715.5	821	823.4	822.3
2.36	599.2	598.4	594.2	603.9	607.6	605.8	634	635.2	632.8
1.18	418.4	418.5	421.4	354.5	355.2	356.1	295	293.4	292.6
0.6	569.3	568.2	568.7	539.7	537.4	538.2	479	481.2	482.2
0.3	270.9	270.4	270.8	246.8	246.4	244.5	229	227.3	231.4
0.15	308.5	306.4	308.1	175	173.7	173.3	172.9	170.5	171.3
0.075	758	754.2	753.4	590.1	587.1	587.9	679	676.1	678.7
合计	4495.5	4596.5	4497.7	4491.7	4493.4	4495.7	4501.5	4499.2	4503.8

二次击实(连续)试验结果(单位:g) 表 3.10

粒径(mm)	A 组(45%)			B 组(55%)			C 组(65%)		
	A_4	A_5	A_6	B_4	B_5	B_6	C_4	C_5	C_6
37.5	0	0	0	0	0	0	0	0	0
31.5	129.7	122.7	134.2	130.3	128.8	132.5	40.8	45.4	46.1
26.5	130.8	135.7	131.2	48.7	54.3	50.4	181.5	179.6	180.4
19	274.9	270.6	276.7	319.5	321.1	318.4	348.4	346.3	349.7
16	158.8	163.6	157.4	223.9	225.3	226.2	252.6	253.7	250.6
13.2	173.6	175.4	174.2	135.3	133.6	132.8	205.2	207.4	203.8
9.5	167.9	169.4	168.1	242	245.7	246.5	290.6	293.5	288.2
4.75	632.8	633.3	634.6	807.7	805.2	804.6	785.7	784.5	783.6
2.36	635.7	632.8	634.5	648.5	647.4	648.7	628.3	627.7	629.3
1.18	429.9	431.2	427.7	337.4	338.1	337.6	328.1	326.1	326.7
0.6	656.5	658.6	654.8	527.8	527.4	524.7	579.4	578.6	579.8
0.3	326.5	328.4	327.6	221.7	220.3	218.6	275.5	275.8	274.3
0.15	209.8	207.1	208.7	259.6	258.4	258.9	174.2	174.2	176.8
0.075	568.6	569.3	565.5	589.9	587.5	591.1	413.2	412.5	411.9
合计	4495.5	4498.1	4495.2	4492.3	4493.1	4491	4503.5	4505.3	4501.2

按照一次击实试验数据的处理方式,取平均值进行分析,处理结果见表 3.11。

二次击实试验结果处理(单位:g) 表 3.11

粒径(mm)	A 组(45%)				B 组(55%)			
	$\overline{A_{01}}$	$\overline{A_1}$	$\overline{A_{02}}$	$\overline{A_2}$	$\overline{B_{01}}$	$\overline{B_1}$	$\overline{B_{02}}$	$\overline{B_2}$
37.5	0	0	0	0	0	0	0	0
31.5	179.2	118.7	178.9	128.9	205.9	91.6	206	130.5
26.5	226	95.3	225.4	132.6	272.2	105.4	272.2	51.1
19	447.5	260.4	447.4	274.1	550.4	380.1	551.2	319.7
16	221.3	166.2	221.2	160	273.4	194.3	273	225.1
13.2	162.5	127.5	162.2	174.4	202.6	233.5	202.3	133.9
9.5	141	204	140	168.5	171.1	264.1	171.2	244.7
4.75	648	605.6	648	633.6	796.5	716.9	796.5	805.8

续上表

粒径(mm)	A 组(45%)				B 组(55%)			
	$\overline{A_{01}}$	$\overline{A_1}$	$\overline{A_{02}}$	$\overline{A_2}$	$\overline{B_{01}}$	$\overline{B_1}$	$\overline{B_{02}}$	$\overline{B_2}$
2.36	882	597.3	882	634.3	684	605.8	684	648.2
1.18	423	419.4	423	429.6	342	355.3	342	337.7
0.6	585	568.7	585	656.6	477	538.4	477	526.6
0.3	135	270.7	135	327.5	108	245.9	108	220.2
0.15	175.5	307.7	175.5	208.5	144	174	144	259
0.075	274.5	755.2	274.5	567.8	270	588.4	270	589.5
合计	4500.5	4496.7	4498.1	4496.4	4497.1	4493.7	4497.4	4492

粒径(mm)	C 组(65%)			
	$\overline{C_{01}}$	$\overline{C_1}$	$\overline{C_{02}}$	$\overline{C_2}$
37.5	0	0	0	0
31.5	244.6	79.8	245.1	44.1
26.5	324.6	65.4	325.4	180.5
19	652.6	354.7	652.3	348.1
16	325.4	237.1	325.5	252.3
13.2	229.5	196.5	229.7	205.5
9.5	207.1	258.5	207.2	290.8
4.75	944.9	822.2	944.9	784.6
2.36	544.5	634	544.5	628.4
1.18	270	293.7	270	327
0.6	378	480.8	378	579.3
0.3	90	229.2	90	275.2
0.15	117	171.6	117	175.1
0.075	175.5	678	175.5	412.5
合计	4503.7	4501.5	4505.1	4503.4

其中,$\overline{A_{01}}$、$\overline{A_{02}}$分别表示初始状态下 $A_1 \sim A_3$、$A_4 \sim A_6$ 的平均值;$\overline{A_1}$表示一次击实风干后二次击实数据的平均值;$\overline{A_2}$表示连续二次击实数据的平均值,B、C 组同理。

因为$\overline{A_{01}}$与$\overline{A_{02}}$相差不大（$\overline{B_{01}}$与$\overline{B_{02}}$、$\overline{C_{01}}$与$\overline{C_{02}}$同理），考虑时取两者平均值，绘制的级配曲线如图 3.7 所示。

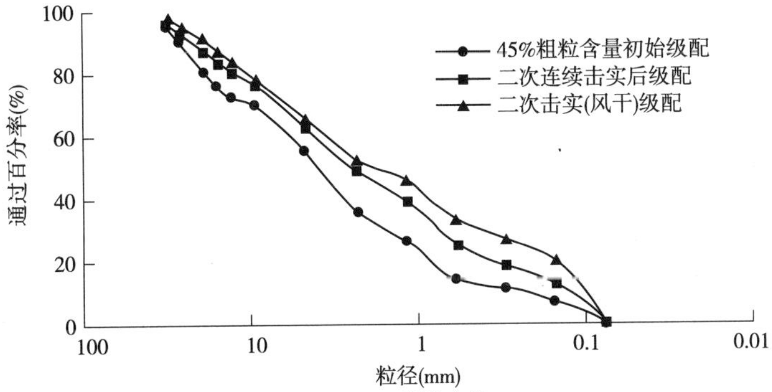

a)45%粗粒含量

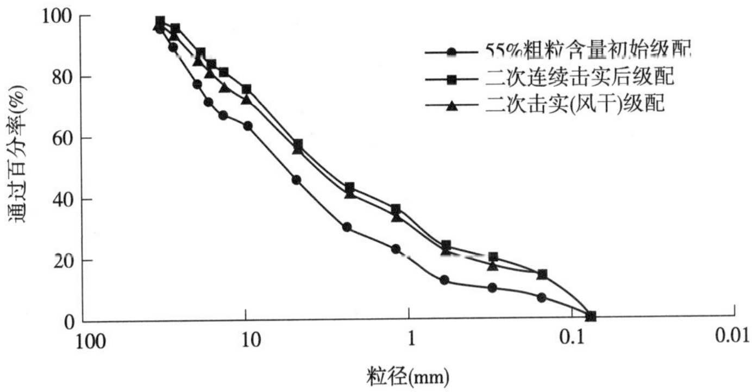

b)55%粗粒含量

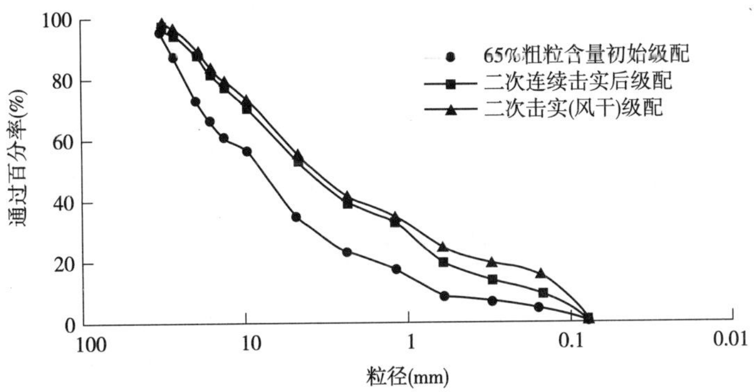

c)65%粗粒含量

图 3.7 不同粗粒含量初始级配及击实后级配曲线

从粗粒组成上进行分析，初始粗粒含量分别为45%、55%、65%，二次击实(风干)后粗粒含量变为35.09%、44.19%、44.75%，连续二次击实后粗粒含量为37.19%、42.54%、46.76%。从数据上看二次击实(风干)与连续击实后粗粒含量有所差异，说明在二次击实过程中水分会影响粗粒的破碎，但是粗粒含量变化不大，说明在含水率较低的情况下荷载作用主导填料的级配变化。由图3.7可知，受水分影响明显的主要是较细填料。根据图3.7可知级配变化最大的仍为65%粗粒含量的千枚岩填料，级配变化较小的为45%粗粒含量与55%粗粒含量的千枚岩填料。二次击实(风干)与连续二次击实后55%粗粒含量的千枚岩粗粒含量变化较小。

通过表3.12综合对比千枚岩的初始、一次击实后及二次击实后粗料变化。虽然初始配料不能使得千枚岩粗粒含量达到45%、55%、65%，但误差很小，为便于分析，表格中采取上述值代替。从表中可以看出65%粗粒含量在荷载作用下大粒径的千枚岩发生破碎较多，级配变化明显，45%与55%粗粒含量的千枚岩填料粗粒含量相对变化较小，说明粒径较大的填料颗粒在荷载作用下更容易发生破碎。三组不同粗粒含量填料的二次击实(风干)与连续二次击实试验结果相差不大，说明在含水率较低的情况下，荷载作用主导千枚岩填料的破碎特征。55%粗粒含量千枚岩与45%、65%粗粒含量千枚岩填料变化情况相反，说明千枚岩填料的破碎情况是由荷载、级配、水分等因素综合决定的。

击实前后千枚岩粗粒含量变化对比(单位:%)　　表3.12

击实方法	初始粗集料含量		
	45	55	65
一次击实	40.46	52.30	54.23
二次击实(风干)	35.09	44.19	44.75
连续二次击实	37.19	42.54	46.76

对比一次击实试验与二次击实试验数据可得，当击实功超过一定界限，千枚岩填料在击实作用下级配会发生较大变化，增加击实功对其破碎影响显著。

3.3.2　循环加载作用下千枚岩填料的破碎特性

1)循环加载试验方案

千枚岩填料路基填筑后，在后期行车荷载作用下有可能会发生二次破碎导致路基病害，从而引发路面的沉陷、裂缝等。在铺筑路基之前需要进行试验模拟，对其破碎状况进行研究。已通过试验比较得出55%粗料含量的千枚岩填料作为路基填料是相对合适的，因此循环加载试验采用55%粗料含量的千枚岩填料。

试验设计：为了更好地模拟千枚岩路基在行车荷载作用下的级配变化，循环加载试验在千枚岩一次击实试验的基础上进行。千枚岩填料取4.5kg，按照表3.3中55%粗料含量的各粒组百分含量进行配料，加水的质量为0.33kg，闷料一昼夜后进行一次击实试验，试验步骤与前文相同，不再赘述。一次击实完成后尽量将填料表面处理平整，将直径比击实筒内径稍小的圆形钢板放在填料表面，然后将试件放入万能压力机操作台，编辑程序按照0kPa～600kPa～0kPa进行循环加卸载，循环加载次数分别为100次、200次、300次，定为A、B、C三组，每组做三组平行试验。循环加载结束后通过脱模器将千枚岩填料从击实筒取出，用毛刷将残留在击实筒壁上的千枚岩擦净，将千枚岩填料试件轻轻碾散后晾晒、筛分。

车辆荷载通过路面传至路基内部，确定行车荷载对路基内部应力的影响对研究路基填料的破碎具有重要意义。长安大学牛玺荣等人分析了荷载作用下路基内部与基底处的应力分布，标准均布荷载0.7MPa的作用力通过75cm的路面结构层后，扩散到路基顶面的交通荷载为0.5925MPa。本书以此为参考确定万能压力机施加的最大压应力为600kPa[4]，采用万能压力机施加荷载。

2）试验结果分析

不同加载次数前后千枚岩填料各粒组质量见表3.13～表3.15。

100次循环加载前后各粒组质量（单位：g） 表3.13

粒径(mm)	100次循环					
	A_{01}	A_1	A_{02}	A_2	A_{03}	A_3
37.5	0	0	0	0	0	0
31.5	205.3	172.5	206.5	175.4	204.3	173.6
26.5	271.5	165.8	273.4	163.5	270.9	165.8
19	550.7	435.6	550.6	438.5	552.8	436.7
16	275.4	176.9	274.8	169.6	273.6	173.9
13.2	203.5	370.6	203.3	372.8	204.2	371.3
9.5	172.1	261.9	171	260.9	172	259.7
4.75	796.5	654.9	796.5	653.7	796.5	653.9
2.36	684	651.8	684	652.5	684	654.7

续上表

粒径(mm)	100 次循环					
	A_{01}	A_1	A_{02}	A_2	A_{03}	A_3
1.18	342	315.8	342	312.3	342	313.7
0.6	477	468.5	477	469.7	477	468.8
0.3	108	172.5	108	174.6	108	178.8
0.15	144	168.6	144	170.8	144	165.6
0.075	270	478.6	270	480.5	270	476.3
合计	4500	4494	4501.1	4494.8	4499.3	4492.8

200 次循环加载前后各粒组质量(单位:g) 表 3.14

粒径(mm)	200 次循环					
	B_{01}	B_1	B_{02}	B_2	B_{03}	B_3
37.5	0	0	0	0	0	0
31.5	203.9	120.6	202.9	121.8	203.5	119.8
26.5	273.1	175.7	273.7	171.6	274.5	176.5
19	549.3	428.3	549.2	432.3	548.7	434.6
16	275.4	166.5	273.5	168.4	275.1	167.3
13.2	202.5	378.7	202.6	380.6	202.4	382.5
9.5	171	244.9	171	242.8	171	249.3
4.75	796.5	644.4	796.5	643.5	796.5	641.7
2.36	684	647	684	645.8	684	643.4
1.18	342	316.6	342	315.7	342	313.8
0.6	477	503.8	477	504.2	477	499.5
0.3	108	192.6	108	191.8	108	193.6
0.15	144	181.6	144	180.7	144	183.2
0.075	270	490.3	270	490.2	270	489.1
合计	4496.7	4491	4494.4	4489.4	4496.7	4494.3

300 次循环加载前后各粒组质量(单位:g)　　表 3.15

粒径(mm)	300 次循环					
	C_{01}	C_1	C_{02}	C_2	C_{03}	C_3
37.5	0	0	0	0	0	0
31.5	202	96.6	202.5	94.9	203.3	100.4
26.5	278.3	190.8	275.2	193.7	276.6	198.5
19	547.1	427.5	548.4	434.7	549	430.9
16	275.3	163.9	275.3	164.8	274.8	167.2
13.2	202.5	379	203.2	376.6	202.4	374.5
9.5	171	239.8	171	240.9	171	243.3
4.75	796.5	632.7	796.5	628.8	796.5	625.6
2.36	684	640.8	684	638.8	684	641.4
1.18	342	329.9	342	326.4	342	322.1
0.6	477	513.6	477	512.5	477	512.3
0.3	108	194.9	108	196.7	108	195.8
0.15	144	187.7	144	187.4	144	186.5
0.075	270	494.9	270	495.5	270	494.2
合计	4497.7	4492.1	4497.1	4491.7	4498.6	4492.7

其中:A_{01}、A_{02}、A_{03}分别表示 55%粗粒的配料组成;A_1、A_2、A_3 表示对应的 100 次循环加载后的粒径组成;B、C 组分别对应 200 次、300 次循环加载。

取三组平行试验数据平均值进行分析,见表 3.16。为了更清晰地反映各组粒径变化,通过柱状图表示,如图 3.8 所示。

循环加载试验结果分析(单位:g)　　表 3.16

粒径(mm)	A(100 次循环加载)		B(200 次循环加载)		C(300 次循环加载)	
	$\overline{A_0}$	$\overline{A}$	$\overline{B_0}$	$\overline{B}$	$\overline{C_0}$	$\overline{C}$
37.5	0	0	0	0	0	0
31.5	205.4	173.8	203.4	120.7	202.6	97.3
26.5	271.9	165	273.8	174.6	276.7	194.3
19	551.4	436.9	549.1	431.7	548.2	431
16	274.6	173.5	274.7	167.4	275.1	165.3

续上表

粒径(mm)	A(100 次循环加载)		B(200 次循环加载)		C(300 次循环加载)	
	$\overline{A_0}$	$\overline{A}$	$\overline{B_0}$	$\overline{B}$	$\overline{C_0}$	$\overline{C}$
13.2	203.7	371.6	202.5	380.6	202.7	376.7
9.5	171.7	260.8	171	245.7	171	241.3
4.75	796.5	654.2	796.5	643.2	796.5	629
2.36	684	653	684	645.4	684	640.3
1.18	342	313.9	342	315.4	342	326.1
0.6	477	469	477	502.5	477	512.8
0.3	108	175.3	108	192.7	108	195.8
0.15	144	168.3	144	181.8	144	187.2
0.075	270	478.5	270	489.9	270	494.9

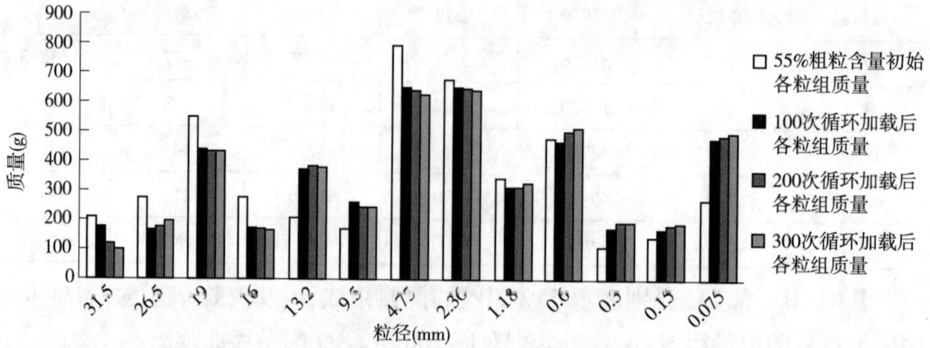

图 3.8　循环加载后各粒组质量变化汇总表

根据图 3.8 可知,与一次击实后相比,经过 100 次循环加载后,千枚岩填料各粒组的质量发生了变化：16～31.5mm、1.18～4.75mm 粒组的质量呈减小趋势；相反,9.5～13.2mm、0.075～0.6mm 粒组的质量呈增大趋势。可见,在循环荷载的作用下,较大粒径的千枚岩颗粒发生破碎,从而使得较大粒径的千枚岩填料质量减小,较小粒径的千枚岩填料质量增加。此外,各粒组的质量变化幅度差别较大,与一次击实后相比,粒径为 26.5mm、19mm 及 4.75mm 的千枚岩的质量分别下降了 39.46%、20.77%、36.82%；而粒径为 13.2mm、9.5mm、0.3mm、0.075mm 的千枚岩的质量分别增加了 82.43%、51.89%、62.31%、77.22%；其余粒组的质量变化幅度较小,可以忽略不计。随着循环加载次数的增加,各粒组的千枚岩质量进一步发生变化。经过 200 次及 300 次循环加载后,千枚岩填料各粒组的质量变化趋势与经过 100 次循环加载后的相似,但是各千枚岩填料粒组的质量变化幅度特别小,说明当循环加载次数大于 100 时,千枚岩填料发生进一步破碎的幅度特别小,即经过 100 次循环加载后,千枚岩填料已基本达到稳定。

3.3　水与温度作用下千枚岩填料的崩解—粉化分析

土与岩石的崩解性有着明显不同:土的崩解性是指黏性土在静水作用下,土粒之间的联结破坏导致土体产生崩散的特性,也称之为土的湿化性;岩石的崩解性指在水—岩交互作用下,岩石矿物黏结力下降,最终成为松散粒料的性质。从其定义可知,水是影响岩土崩解的重要因素。隧道千枚岩弃渣崩解粉化机制的研究对路基工程的稳定性具有重要的实用价值。本章通过千枚岩填料的浸水风干试验、干湿循环试验、冻融循环试验分析水分及温度作用下千枚岩填料的崩解特性与机制。

3.3.1　千枚岩填料浸水风干试验

1)试验方案

通过干湿循环试验探究千枚岩填料在水分作用下的崩解粉化机制。从千枚岩填料堆中随机取料拌和均匀,分三份放入试验用的瓷盆中,记为 A、B、C 三组。对千枚岩填料进行筛分,粒径 26.5mm 以上填料不再进行区分,记录下填料的初始粒径组成。将千枚岩填料放入瓷盆中,然后加水浸润,水量不必过大,保证千枚岩填料全部被浸润即可,放在室内自然风干,风干后进行筛分试验并记录。风干循环试验重复 5 次。

2)试验结果分析

风干循环试验过程中各粒组质量变化见表 3.17~表 3.19。为方便比较,采用柱状图分析,如图 3.9 所示。

A 组千枚岩填料 5 次风干循环各粒组质量(单位:g)　　　表 3.17

粒径(mm)	风干次数(次)					
	0	1	2	3	4	5
26.5	893.72	890.68	885.8	884.52	876.36	872.86
19	391.52	387.76	380.16	379.56	375.52	372.3

续上表

粒径(mm)	风干次数(次)					
	0	1	2	3	4	5
16	149.2	154.08	163.96	160.52	173.04	171.1
13.2	146.76	124.44	115.24	110.96	103	101.81
9.5	105	114.6	119.92	126.76	128.44	122.45
4.75	475.36	476.72	482.96	484.08	487.76	485.87
2.36	516.48	496.52	489.92	487.72	489.04	484.53
1.18	274.96	262.8	251.24	251.6	252.44	254.43
0.6	363.48	357.84	354.56	351.16	350.2	356.56
0.3	99.68	96.56	98.6	105.4	106.12	107.53
0.15	88.8	78.76	75.16	72.28	67.48	67.71
0.075	234.64	295.32	318.32	321.08	325.72	331.62

B 组千枚岩填料 5 次风干循环各粒组质量(单位:g) 表 3.18

粒径(mm)	风干次数(次)					
	0	1	2	3	4	5
26.5	944.96	941.8	938.56	937.92	935.4	934.52
19	298.68	297.6	273.84	271.28	266.28	261.45
16	202.08	199.16	184.52	181.68	172.08	170.74
13.2	153.28	143.08	148.48	153.56	164.6	162.6
9.5	105.84	113.32	115.8	117.48	122.6	120.43
4.75	523.88	500.6	517.88	506.28	502.8	500.38
2.36	543.8	480.68	486.12	483.16	483.64	484.76
1.18	260.84	259.08	259.6	266	270.08	271.52
0.6	368.64	366.64	348.16	345.8	342.88	343.38
0.3	111.76	109.6	102.24	105.52	106.16	107.74
0.15	86.56	88.16	78.04	77.96	75.28	73.58
0.075	223.28	323.6	367.4	371.16	374.76	378.43

C组千枚岩填料5次风干循环各粒组质量(单位:g)　　表3.19

粒径(mm)	风干次数(次)					
	0	1	2	3	4	5
26.5	949.6	946.28	944.64	942.12	941.68	940.76
19	341.88	339.6	337.08	334.56	331.48	330.25
16	160.32	159.12	161.24	162.28	166.56	165.46
13.2	126.2	129.44	130.48	132.64	132.8	131.74
9.5	127.08	126.68	124.16	124.4	126.84	125.47
4.75	508.4	485.72	486.96	485.36	482.92	481.85
2.36	538.84	510.16	502.68	503.12	487.12	485.43
1.18	268.08	252.28	249.44	243.28	249.72	250.86
0.6	340.12	336.64	329.76	326.52	325.68	324.56
0.3	95.44	104.84	105.24	106.76	110.88	112.52
0.15	78.48	76.44	75.6	76.08	75.84	74.18
0.075	235.08	302.16	321.64	329.88	334.36	336.42

从图3.9可以看出,经过5次风干循环试验千枚岩填料并没有发生明显的崩解破碎,相对来说细料粒组质量变化较大。细粒组千枚岩填料由于粒径较小,浸水过程中能够被完全浸透,水分弱化了矿物之间的黏结力,加上千枚岩填料表层出现拉应力,小粒径千枚岩受影响较大。但总体来说经过5次风干循环试验,千枚岩填料粒径组成并没有发生显著变化。《公路工程岩石试验规程》(JTG E41—2005)[5]中要求崩解试验试样为浑圆状,这对千枚岩填料具有很大局限性,所以本次试验并没有严格按照规程取料。根据长安大学郑小忠的研究,目前尚无明确的指标对岩石的耐崩解性进行评价,耐崩解性试验仅是分析岩石在干湿循环下的稳定性;用作路基填料的岩石发生崩解会导致路基变形,对于部分岩石经过很少次干湿循环后就达到崩解完全的状态,进行预崩解后可用于路基的填筑[6]。虽然千枚岩填料经过5次风干循环后并没有发生明显崩解,但是要作为路基填料,仍需对其进行多次干湿循环试验。

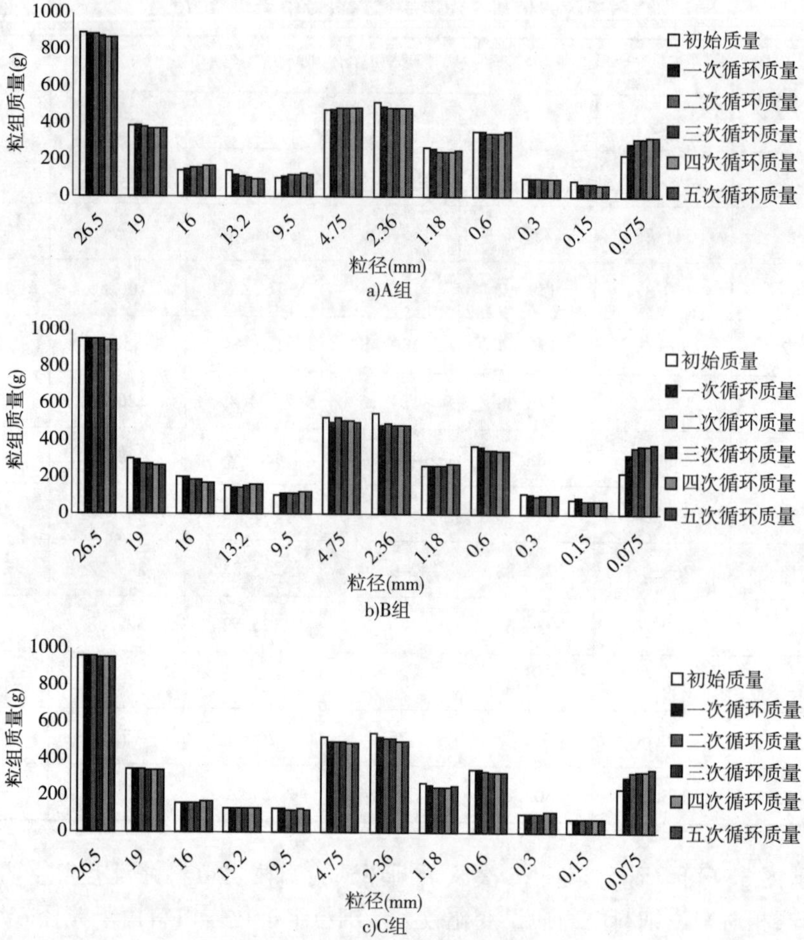

图 3.9　千枚岩风干循环后质量变化图

3.3.2　千枚岩填料干湿循环试验

关于岩石粉化目前并没有明确的定义,为了方便研究,将在干湿循环过程中产生的粒径小于 0.3mm 的岩土称为粉化粉末。在上述风干试验的基础上考虑多次干湿循环对千枚岩填料崩解粉化的影响,进行试验设计。

1)试验设计

主要仪器设备:烘箱、方孔筛、台秤、摇筛机、瓷盘、毛刷等。

试验方案:将千枚岩填料进行筛分,按粒径 53 ~ 37.5mm、37.5 ~ 31.5mm、

31.5~26.5mm、26.5~19mm、19~16mm、16~13.2mm、13.2~9.5mm、9.5~4.75mm、4.75~2.36mm、2.36~1.18mm、1.18~0.63mm、0.63~0.3mm进行分组。

首先设置烘箱(图3.10)温度,将千枚岩填料在105℃烘干至恒重,取出填料置于干燥器内进行冷却,到达室温后用毛刷仔细将岩石表面的粉末清除(针对大粒径的千枚岩填料)。每组级配分别取1kg进行干湿循环试验。将千枚岩填料放入瓷盘,清水中浸泡24h(图3.11),然后倒出水,将试样烘干至恒重,取出填料冷却至室温,用毛刷清除大颗粒千枚岩表面的粉末后称重,此为1次循环。注意倒水时过0.3mm筛,防止将细料倒出。各组经过10次、20次、30次、40次、50次干湿循环进行筛分。

图3.10　实验室用烘箱

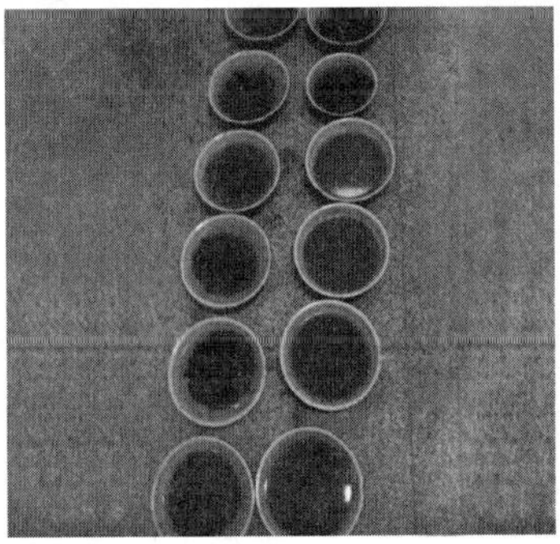

图3.11　浸泡的千枚岩填料

2)试验结果分析

从表3.20干湿循环试验结果中可以看出,经过多次干湿循环试验后大粒径的千枚岩填料并没有发生显著的破碎。对于53~4.75mm之间的千枚岩,岩块上脱落的碎屑由于所占比重很小,不再进行区分,只将粒径小于0.3mm的千枚岩粉末除去。对于4.75~0.6mm之间的千枚岩进行精确筛分,结果见表3.21~表3.23。

干湿循环试验后各粒组质量(单位:g)　　表3.20

循环次数(次)	粒径(mm)										
	37.5	31.5	26.5	16	13.2	9.5	4.75	2.36	1.18	0.6	0.3
0	997.17	1001.74	1001.71	999.17	999.18	999.93	999.97	999.98	1000.03	1000.15	1000.02
10	993.96	999.48	998.3	994.91	993.99	993.91	991.57	947.76	865.78	821	714.92
20	993.17	999.16	998.16	994.7	993.71	993.48	990.5	944.42	863.16	797.13	677.59
30	992.57	999.09	998.06	994.43	993.34	993.18	990.1	938.5	813.39	769.82	654.36
40	991.86	999.01	997.87	994.1	993.22	993.05	989	905.77	810.28	768.04	640.68
50	991.12	998.92	997.65	993.75	992.95	992.79	988.13	887.65	799.3	765.12	598.49

4.75~2.36mm 粒组干湿循环后质量(单位:g) 表 3.21

粒径(mm)	循环次数(次)				
	10	20	30	40	50
1.18	10.75	9.39	13.03	39.62	37.53
0.6	4.13	6.14	7.2	4.78	6.78
0.3	12.74	11.08	9.06	1.46	5.56

2.36~1.18mm 粒组干湿循环后质量(单位:g) 表 3.22

粒径(mm)	循环次数(次)				
	10	20	30	40	50
0.6	51.8	41.23	78.78	81.56	92.64
0.3	9.96	8.44	9.46	8.88	7.92

1.18~0.6mm 粒组干湿循环后质量(单位:g) 表 3.23

粒径(mm)	循环次数(次)				
	10	20	30	40	50
0.3	46.9	57.79	74.43	68.33	64.71

综合表 3.21~表 3.23 的数据计算各粒组千枚岩填料的粉化率。干湿循环试验后各组粒径粉化率见表 3.24。

干湿循环试验后各组粒径粉化率(单位:%) 表 3.24

循环次数(次)	粒径(mm)											
	37.5	31.5	26.5	19	16	13.2	9.5	4.75	2.36	1.18	0.6	0.3
10	0.32	0.23	0.34	0.19	0.43	0.52	0.60	0.84	2.46	7.25	13.22	28.51
20	0.40	0.26	0.35	0.21	0.45	0.55	0.65	0.95	2.90	8.72	14.52	32.24
30	0.46	0.26	0.36	0.22	0.47	0.58	0.68	0.99	3.22	9.84	15.59	32.82
40	0.53	0.27	0.38	0.24	0.51	0.60	0.69	1.10	4.84	9.93	16.38	35.93
50	0.61	0.28	0.41	0.26	0.54	0.62	0.71	1.18	6.25	10.02	17.03	38.15

由表 3.24 可知,在水的单一作用下大粒径的千枚岩填料经过多次干湿循环后并没有发生明显的崩解粉化,而对于粒径较小的千枚岩颗粒则出现较强烈的粉化现象。粒径处于 19~53.5mm 的千枚岩填料的粉化率与粒径大小无明显关系,而粒径小于 19mm 的填料颗粒随着粒径减小粉化率增大。随干湿循环次数的增加,千枚岩填料的粉化率一直在增加并没有稳定的趋势,即粉化在干湿循环条件下一直

在发生。

在干湿循环条件下,较小粒径的千枚岩处于浸水饱和状态,其受水影响显著,在水的影响下千枚岩内部的胶结状态发生变化,烘干后千枚岩表面粉化严重,经振动筛分后质量损失较大。

对于大粒径的千枚岩虽然在前几组干湿循环条件下只是少量的碎屑脱落,但与天然状态的千枚岩进行对比,发现平行于片理面胶结状况发生改变。随着干湿循环次数增加,大粒径千枚岩填料表面粉化明显(图3.12),部分千枚岩填料沿片理整片脱落,产生薄片状的千枚岩(图3.13),稍微施加力的作用就会导致其破碎。考虑到这种情况,对于大粒径的千枚岩岩块只用毛刷将粉化粉末刷去,没有采用振动筛分。

图3.12 表面粉化的大粒径千枚岩

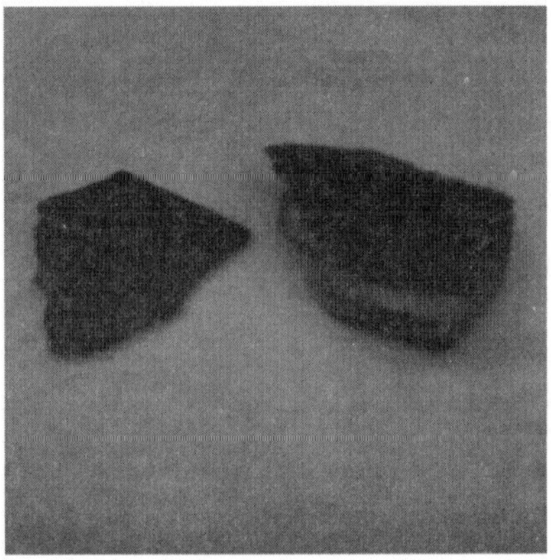

图3.13 脱落的千枚岩碎片

研究水分对千枚岩填料崩解软化的影响,首先应了解水在千枚岩中的几种基本状态。水在千枚岩孔隙中的存在形式有结合水、毛细水、重力水。千枚岩在浸水前的岩石中的水分主要由强结合水、弱结合水与毛细水组成,泡水过程中结合水的含量不会改变,薄膜水(弱结合水)与毛细水含量增加,其中变化最大的为毛细水含量。随着浸泡时间的增加,千枚岩中毛细水由天然状态下含量极低到完全饱和状态。因此在干湿循环试验过程中千枚岩矿物之间的胶结力与毛细水压力也会随之变化。

由X衍射试验与能谱结果分析可知,十天高速公路安康东段千枚岩填料的主要矿物为石英、白云母、绢云母、绿泥石、斜长石及少量金属矿物。绿泥石、绢云母等黏土矿物一般呈片状,片状结构以一定方式排列形成层理,矿物之间起胶结作用的为绿泥石、石英与长石等。千枚岩原岩的膨胀性测试结果表明千枚岩原岩的膨胀性并不强烈,但是千枚岩填料中的绿泥石、绢云母等遇水膨胀,产生的膨胀压力对于小粒径的千枚岩填料影响不容忽略。根据表3.24可知粒径越小填料的粉化率越高,也说明粒径越小的千枚岩填料在干湿循环条件下颗粒更容易变得松散,在膨胀压力作用下由最初相对比较致密、强度较高的粒状结构变为结构疏松的团絮状颗粒,以致稍加振动荷载千枚岩填料就会崩解粉化。

在干湿循环试验过程中注意到大粒径千枚岩填料随着循环次数增加千枚岩填料片理构造越来越明显,有的甚至直接沿片理面脱落,这种现象表明在水的影响下千枚岩片理间的胶结状态发生改变。一方面,水主要是沿千枚岩填料片理面之间的裂缝与孔隙渗入岩石内部,导致细小岩粒的薄膜水膜增厚产生水压力;另一方面,千枚岩含有较多的绿泥石也会引起岩石产生膨胀,根据朱效嘉等人的研究,矿物排列的方向上产生的膨胀力远比平行方向上的大,水压力与膨胀力两者共同作用使得千枚岩片理间胶结力变小,且云母、绢云母片状矿物遇水后处于游离状态,容易沿片理面发生滑动[7]。在干湿循环条件下千枚岩内部毛细水压力与膨胀应力不断变化,减弱了片理间胶结力,导致大粒径千枚岩填料沿片理脱落。

3.3.3 千枚岩填料冻融循环试验

1)冻融循环试验设计

在干湿循环试验中侧重研究水对千枚岩崩解风化的影响,本节将在已经研究水分对千枚岩的影响的基础上考虑冻融循环对千枚岩填料崩解的影响设计试验。

试验方案:采用冻融循环试验机对千枚岩填料进行冻融循环试验。一般道路使用年限为10~15年,由此推断路基可能经历的冻融循环次数至多为40次,所以试验设计40次为上限。温度上限设定为18℃,下限设定为-10℃。冻融循环次数分组:10次、20次、30次、40次。冻融循环试验所需的千枚岩填料根据粗粒含量的不同分为45%、55%、65%三组,循环组数为四组,共12个小组,每个小组的千枚岩填料质量为6kg。试验方案见表3.25。

千枚岩填料冻融循环试验方案　　表3.25

粗粒含量(%)	冻融循环次数(次)			
	10	20	30	40
45	A1	A2	A3	A4
55	B1	B2	B3	B4
65	C1	C2	C3	C4

将不同粗粒含量的千枚岩填料拌和均匀倒入试槽内，向试槽中注入适量的水，进行冻融循环试验。12组千枚岩填料同时放入冻融循环试验机，10次冻融循环结束后取出 A_1、B_1、C_1 三组填料，将水倒出，用0.075mm筛过滤，然后放入烘箱烘干，烘干后待千枚岩填料冷却至室温后进行筛分试验。需要注意的是，当一组冻融循环试验结束取出填料后应当迅速开启冻融循环试验机，进入下一组冻融循环试验。

首先根据表3.2确定不同粗粒含量的不同粒组填料的质量，见表3.26。

千枚岩填料初始质量(单位:g)　　表3.26

粒径(mm)	粗料含量(%)		
	45	55	65
53	306	372	444
37.5	186	222	258
31.5	192	228	264
26.5	246	300	354
19	492	600	714
16	240	300	354
13.2	180	222	252
9.5	150	186	222
4.75	708	870	1038
2.36	1176	912	726
1.18	564	456	360
0.6	780	636	504
0.3	180	144	120
0.15	234	192	156
0.075	366	360	234

虽然大粒径的千枚岩填料在取料过程中会有所偏差，但是误差很小，可以忽略，故采用表3.26的数据进行对比。冻融循环试验机见图3.14，冻结状态的千枚岩填料见图3.15。

图 3.14　冻融循环试验机

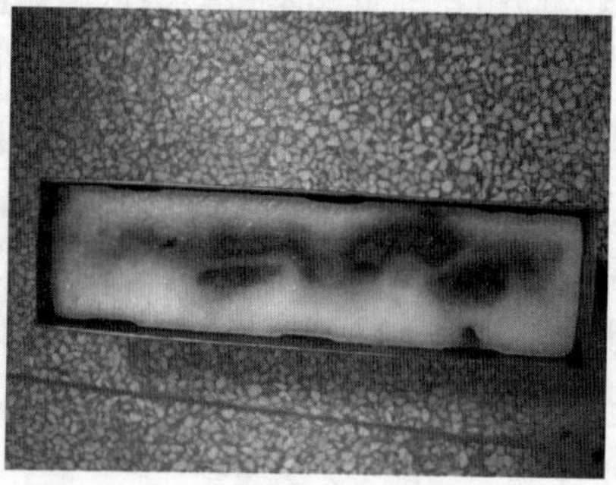

图 3.15　冻结状态的千枚岩填料

2)冻融循环试验结果分析

冻融循环试验结果见表 3.27~表 3.29 与图 3.16。

A 组填料(粗粒含量 45%)冻融循环试验后各粒组质量(单位:g)　　表 3.27

粒径(mm)	冻融循环次数(次)			
	10	20	30	40
53	277.95	280.28	307.5	278
37.5	170.06	160.9	178.63	185.6
31.5	169.36	196.4	188.92	196.69
26.5	217.29	266.53	283.86	260.25
19	488.76	441.02	431.45	457.71
16	237.57	228.03	224.34	220.35
13.2	184.6	187.8	199.53	185.1
9.5	184.05	157.76	154.34	148.69
4.75	717.8	751.7	718.22	707.8
2.36	1154.33	1054.65	1060.1	1048.64
1.18	552.54	497.51	507.18	497.88
0.6	762.8	718.9	728.62	692.94
0.3	210.4	247.68	253.25	228.8
0.15	145.64	172.87	105.01	91.27
0.075	518.5	610.8	661.8	791.65

B 组填料(粗粒含量 55%)冻融循环试验后各粒组质量(单位:g)　　表 3.28

粒径(mm)	冻融循环次数(次)			
	10	20	30	40
53	311.07	365.84	370.41	364.26
37.5	205.97	209.14	218.6	212.44
31.5	192.15	217.52	209.51	216.58
26.5	286.85	280.17	268.81	253.93
19	583.35	576.34	588.05	556.76
16	285.32	233.25	201.41	198.52
13.2	286.87	293.19	311.42	288.83
9.5	205.86	208.52	224.81	237.77
4.75	861.46	843.88	858.09	856.02
2.36	876.76	854.9	843.34	828.02
1.18	392.53	341.86	350.31	354.61
0.6	576.72	531.68	533.94	539.31
0.3	198.68	208.57	210.07	229.48
0.15	156.89	197.21	184.05	179.89
0.075	573.84	615.5	633.5	668.1

C 组填料(粗粒含量 65%)冻融循环试验后各粒组质量(单位:g)　　表 3.29

粒径(mm)	冻融循环次数(次)			
	10	20	30	40
53	442.91	414.58	410.16	429.76
37.5	201.56	232.93	227.79	249.38
31.5	278.69	271.92	274.4	258.64
26.5	361.78	367.28	362.56	368.57
19	743.14	749.29	702.51	676.4
16	365.17	363.6	338.36	283.5
13.2	247.99	239.2	240.42	246.52
9.5	225.77	231.17	237.69	247.38

续上表

粒径(mm)	冻融循环次数(次)			
	10	20	30	40
4.75	1009.28	986.62	973.88	935.54
2.36	612.69	582.44	574.85	607.64
1.18	312.73	286.53	298.37	318.81
0.6	448.77	438.38	436.58	429.65
0.3	156.02	164.4	178.45	184.3
0.15	115.14	139.41	129.87	117.27
0.075	472.1	541.6	603.6	635.32

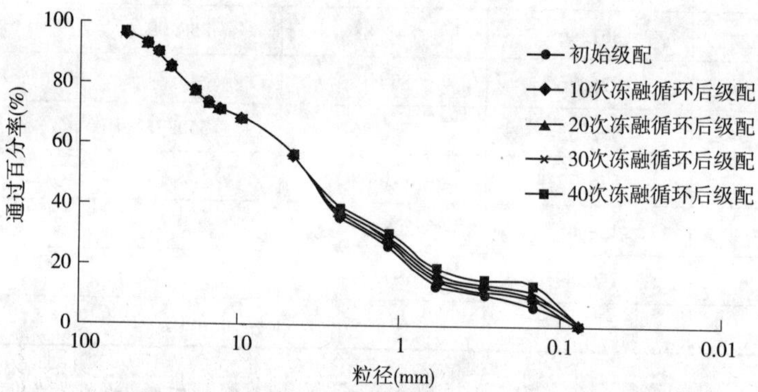

a)粗粒含量45%

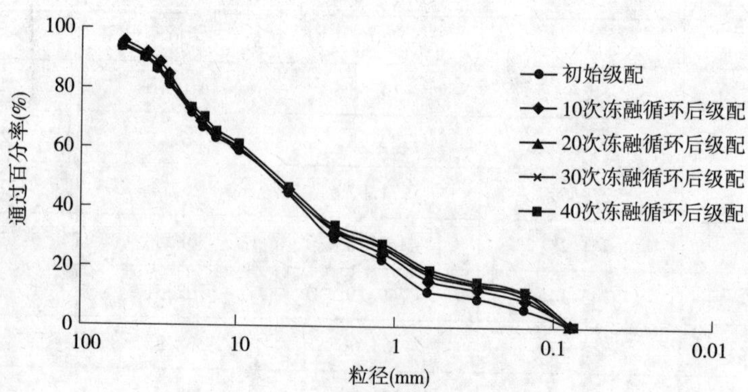

b)粗粒含量55%

图 3.16

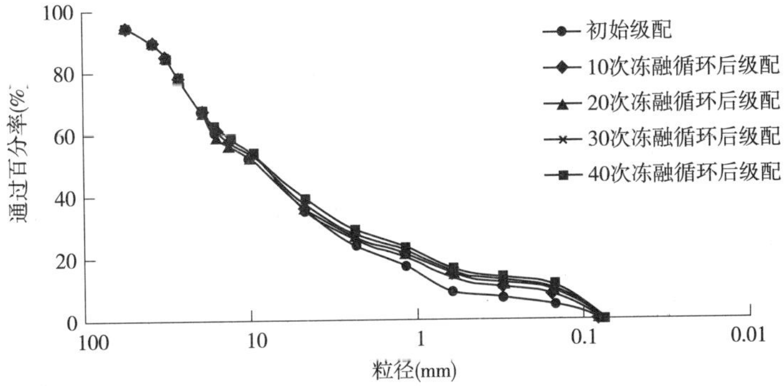

c)粗粒含量65%

图 3.16　不同粗粒含量的千枚岩填料冻融后级配曲线

从图 3.16 中的级配曲线可以看出,经过多次冻融循环千枚岩粒径变化较大的范围主要集中在细粒组,并且粗粒含量越高级配曲线变化越明显。从干湿循环试验大粒径破裂可知,仅仅关注千枚岩的粒径组成过于局限。对冻融循环后的千枚岩填料进行筛分试验,注意到较大粒径的千枚岩填料粒径在冻融循环作用下没有发生显著变化,但是较多的千枚岩填料沿层理方向脱落,导致填料针片含量显著上升,如图 3.17 所示。

a)冻融循环前筛分的千枚岩填料　　b)冻融循环后筛分的千枚岩填料

图 3.17　冻融循环前后的千枚岩填料

随着温度变化导致的热胀冷缩作用的影响，千枚岩填料内部出现温度应力。在冻融循环作用下岩体表面与内部产生温差引发温度应力，由于冻融循环试验是通过水循环系统与温控系统实现的，水又进一步弱化了千枚岩填料层理之间的黏结力，导致千枚岩填料沿着较薄弱面脱落。对比千枚岩填料的干湿循环试验，冻融循环后千枚岩出现的针片状现象更加明显且发生变化的千枚岩粒径范围更大。

岩石是热的不良导体，随着温度的变化，岩石表层与内部受热不均产生膨胀与收缩，由此引发的温度应力通常会施加在外层，容易导致岩石外层以薄片状态剥落，岩石中水的存在也会加强热膨胀效果。在冻融循环试验中试验的温度变化与烘干过程中的温度变化都会为温度应力的产生提供条件。在冻融循环试验中，试槽中千枚岩填料中的水分随温度变化不断冻融交替，冰冻时体积膨胀，容易导致千枚岩填料沿着片理薄弱面崩解脱落。另一方面在千枚岩填料冻结过程中，填料的细孔会因为吸收邻近的液态水而不断增大，冰晶的增长已经导致岩石弱化，再加上水对孔隙裂缝的挤压，最终导致千枚岩的破坏。千枚岩填料的烘干过程中水分与温度共同作用还会加剧填料的化学风化，这也是导致填料崩解破碎的重要因素。

3.4 基于破碎率与分形理论的千枚岩崩解破碎特性研究

千枚岩填料的矿物成分、颗粒级配及颗粒形状与填料的崩解破碎特性密切相关。千枚岩填料的千枚状结构导致其在小应力作用下就会破碎，因此千枚岩粒径级配在碾压前后也会发生较大变化，影响千枚岩路基的变形特性。虽然前文以千枚岩填料的级配曲线的变化与单一粒组的质量变化分析了千枚岩的崩解破碎特征，但是并没有对千枚岩填料颗粒的分布规律进行精确地定量描述。路基填料的不均匀系数、曲率系数等指标都是采取级配曲线上单个粒组的级配变化进行分析，所以不能全面整体地反映级配状况的变化。采用破碎率与分形理论对千枚岩填料在荷载、水分、温度下的崩解破碎情况进行定量分析，在前文试验的基础上结合破碎率与分形理论计算结果，对千枚岩填料的崩解破碎机制进行了分析。

3.4.1 岩石破碎率的概念

通过级配曲线并不能全面反映千枚岩颗粒粒径改变，采用有效的指标定量分析千枚岩崩解破碎情况很有必要。目前对岩石破碎定量研究方法主要有两种：一种是以岩石破碎后单位体积颗粒表面积增量对破碎情况定量分析；另一种是根据颗粒破碎前后其粒度分布，对颗粒破碎进行量化[8]。由于颗粒表面积难以测定，因此大多采用第二种方法。

国内常以破碎率 B_5 来评价填料的破碎情况。

$$B_5=\frac{\Delta p_5}{p_5}\times 100\% \tag{3.3}$$

式中：Δp_5——粗粒含量的变化量；

p_5——试验前级配中粗粒含量；

B_5——试验后级配曲线上特征点的含量改变量与原含量的比值，其并不能全面反映出填料的破碎情况。

R. J. Marsal[9] 以试验前后每个粒组的质量变化量为基础，提出用破碎率 B_g 表示在外部荷载作用下颗粒破碎程度，B_g 为试验前后颗粒粒组的质量百分数差值中的正值的加和，见式(3.4)：

$$B_g=\sum \Delta w_k \tag{3.4}$$

式中，$\Delta w_k=w_{ki}-w_{kf}$；w_{ki} 为试验前某一粒组的质量百分数；w_{kf} 为试验后对应粒组的质量百分数。

Hardin[10] 根据试验前后级配曲线的变化，提出破碎势概念。Hardin 认为岩石颗粒的破碎与其粒径尺寸有显著的相关性，大粒径颗粒会在较大应力下破碎成粉粒（尺寸在 0.074mm 以内），而粉粒不会继续破碎，因此定义颗粒级配曲线与 $d=0.074$mm 竖线所围面积为破碎势 B_p，试验前后的级配曲线围成的面积为总破碎量 B_t，B_t 与破碎势 B_p 的比值定义为相对破碎量 B_r。计算式见式(3.5)~式(3.8)：

$$b_p=\lg\left[\frac{D}{0.074}\right] \tag{3.5}$$

$$B_p=\int_0^1 b_p \mathrm{d}f \tag{3.6}$$

$$B_t=\int_0^1 (b_{pi}-b_{pf})\,\mathrm{d}f \tag{3.7}$$

$$B_r=\frac{B_t}{B_p} \tag{3.8}$$

式中：D——颗粒粒径(mm)，当 $D<0.074$mm 时，$\mathrm{d}f=0$；

$\mathrm{d}f$——为 b_p 相应粒径的通过率，以微分表示；

b_{pi}——试验前的 b_p；

b_{pf}——试验后的 b_p。

Hardin 提出的相对破碎量 B_r 分析了各粒组颗粒的破碎趋势，但是积分公式计算比较麻烦。从处理方法来看，Marsal 提出的破碎率 B_g 能全面反映整个粒组的级配变化情况，且计算简便，所以本书采用破碎率 B_g 对千枚岩的破碎崩解进行衡量。

3.4.2　千枚岩填料的破碎率

1）荷载作用下千枚岩填料的破碎率

（1）一次击实后千枚岩填料破碎率计算

根据表 3.5 与表 3.6 计算千枚岩填料一次击实后的破碎情况，计算结果见表 3.30。

千枚岩填料一次击实后破碎率　　表 3.30

组别	A 组(45%)			B 组(55%)			C 组(65%)		
	A_1	A_2	A_3	B_1	B_2	B_3	C_1	C_2	C_3
B_g	0.0979	0.0985	0.0988	0.1005	0.1004	0.1000	0.1248	0.1256	0.1257
平均值	0.0984			0.1003			0.1254		

（2）二次击实后千枚岩破碎率计算

根据表 3.8～表 3.10 计算千枚岩填料二次击实后的破碎率，计算结果见表 3.31、表 3.32。

二次（风干）击实后千枚岩的破碎率　　表 3.31

组别	A 组(45%)			B 组(55%)			C 组(65%)		
	A_1	A_2	A_3	B_1	B_2	B_3	C_1	C_2	C_3
B_g	0.1819	0.1802	0.1804	0.1531	0.1523	0.1526	0.2149	0.2133	0.2145
平均值	0.1808			0.1527			0.2142		

二次（连续）击实后千枚岩的破碎率　　表 3.32

组别	A 组(45%)			B 组(55%)			C 组(65%)		
	A_4	A_5	A_6	B_4	B_5	B_6	C_4	C_5	C_6
B_g	0.1422	0.1432	0.1407	0.1525	0.1513	0.1514	0.2015	0.2013	0.2013
平均值	0.1420			0.1517			0.2014		

2）循环加载作用下千枚岩填料的破碎率计算

根据表 3.13～表 3.15 计算千枚岩填料在循环荷载作用下的千枚岩填料破碎率，见表 3.33。

循环加载后千枚岩填料的破碎率　　表 3.33

组别	100 次循环加载			200 次循环加载			300 次循环加载		
	A_1	A_2	A_3	B_1	B_2	B_3	C_1	C_2	C_3
B_g	0.1237	0.1256	0.1235	0.1383	0.1379	0.1392	0.1423	0.1421	0.1416
平均值	0.1243			0.1385			0.1420		

从表 3.30 与表 3.32 可知，随粗粒含量的升高，一次击实与二次（连续）击实后破碎率增大，且破碎率的差值越来越大，击实功的增加对千枚岩填料的破碎影响很大。二次（风干）击实试验与二次（连续）击实试验之间相差一次填料的干湿循环，对比表 3.31 与表 3.32 可知，对于 55%和 65%粗粒含量的填料破碎率影响不大，但是对于细粒较多的 A 组影响显著，说明细粒在水的作用下加载后更容易破碎。从表 3.33 可知，随着循环加载次数的增加，千枚岩填料的破碎率增大，但增量在减小。

（1）干湿循环作用下千枚岩填料的破碎率

通过千枚岩浸水风干试验的结果分析水分对千枚岩填料级配的影响。因为千枚岩干湿循环试验研究的是单一粒组的填料，不能通过破碎率进行衡量。根据表 3.17～表 3.19 进行水分作用下千枚岩的破碎率计算，计算结果见表 3.34。

浸水风干后千枚岩填料的破碎率　　表 3.34

浸水风干次数（次）		1	2	3	4	5
B_g	A 组	0.0207	0.0326	0.0362	0.0424	0.0423
	B 组	0.0286	0.0404	0.0435	0.0498	0.0505
	C 组	0.0212	0.0270	0.0305	0.0340	0.0348
平均值		0.0235	0.0333	0.0367	0.0421	0.0425

在上述的分析中，认为单一的水分在短期内对千枚岩填料的破碎影响很小。通过表 3.34 可知，随着风干次数的增加破碎率增加，但是变化量在减小。

（2）冻融循环作用下千枚岩填料的破碎率

根据冻融循环对千枚岩填料的崩解粉化的影响所得的数据（表 3.17～表 3.19）计算千枚岩填料的破碎率，计算结果见表 3.35。

冻融循环作用下千枚岩填料的破碎率　　表 3.35

冻融循环次数（次）	10	20	30	40
B_g	45%粗粒含量	0.0390	0.0679	0.0736
	55%粗粒含量	0.0591	0.0708	0.0778
	65%粗粒含量	0.0572	0.0705	0.0776
平均值	0.0518	0.0697	0.0763	0.0844

由表3.35可知,随着冻融循环次数增加千枚岩填料的破碎率增量减小,说明填料趋于稳定,另外千枚岩粗粒的含量与冻融循环下破碎情况关系不显著。对比表3.34与表3.35的数据可知,水热耦合作用比单一水分对千枚岩破碎的影响显著。

3.4.3 千枚岩填料的分形函数

如今分形理论不仅仅应用在数学领域,其应用范围已经延伸到化学、生物学、天文学等不同学科。在岩土工程中的应用有:岩石断裂研究,边坡的稳定性分析,土的粒度分布等。岩体结构的孔隙模型与土体模型在分形研究方面较为相似,但孔隙模型更侧重岩体中的节理裂隙分布、粗糙度及破碎后粒径分布特征等。无论是切割、爆破或是风化导致的岩石破碎都表现出显著的分形特征。

千枚岩填料在击实作用下发生破碎,在温度与水分作用下发生崩解导致千枚岩填料的级配发生变化,过去认为这是一类无规则的现象,评价其级配的变化也是通过级配曲线上的个别点的变化进行的,无法全面反映级配状况的变化程度并给出定量的指标,分形理论的应用使定量分析千枚岩填料的颗粒级配变化成为可能。

千枚岩填料块体包含大量的孔隙和微裂纹,其结构与海绵体相似,可以采用分形模型法将其结构简化抽象为Menger海绵模型进而定量分析其级配变化。谢和平教授在分析大量研究资料的基础上,把实际应用分形几何的方法分为分形模型法、试验测定法、维象法[11]。目前具体求解分形维数的方法概括起来主要有测度关系法、改变粗视化程度法、关联函数法、分布函数法和波谱法。根据研究内容本书采用分布函数法求解千枚岩分形维数。

1)Menger海绵模型

Menger海绵体的一般构造方法:以一个正六面体为初始元,将它的6个面均作9等分,然后去掉立方体中心与各面中心处的立方体。继续重复上述步骤直至无穷,得到Menger海绵模型。

Menger海面模型可用于模拟千枚岩填料的级配特性。模型构建思想:将边长为R的立方体空间作为初始元,将其分成m^3个大小相等的立方体,按照一定规则除去一定数量的小立方体,将余下的小立方体$N_1(m)$个,重复上述操作。操作K次后,余下的小立方体边长为$R_K=\dfrac{R}{m^K}$,其总量为$N_K=\left(\dfrac{R_K}{R}\right)^{-D}$个,其中$D=\dfrac{\lg N}{\lg m}$为填料级配的分形维数值。当构造规则确定时,则$N_1$和$m$确定,颗粒级配的分形维数也就确定。

2)千枚岩填料的粒径分布分形函数

(1)颗粒数量—粒径分布分形函数

Turcotte[12]建立了颗粒数量—粒径的分形模型为:

$$N(r>R)\propto R^{-D} \tag{3.9}$$

式中：$N(r>R)$——粒径大于 R 的颗粒数量；

D——颗粒数量—粒径分布分形维数。

与式(3.9)相似但又进一步发展的另外两种模型可表示为：

$$N(r>R)=CR^{-D} \tag{3.10}$$

$$N(r\geqslant R)=CR^{-D} \tag{3.11}$$

式中，$C=(3-D)/(DK_V L_2^{-D})$ 为常数；K_V 为颗粒体积形状因子；L_2 为岩土体的总尺度；D 为颗粒数量—粒径分布分形维数。

需要指出的是，上述两式成立的条件是 $R_{max}\gg R$，R_{max} 为颗粒最大粒径。通过上述三种分形模型可求解颗粒数量—粒径分布分形维数。但求解前提是实测数据，然后才能利用其分形模型求解其分形维数。然而颗粒数量的测量比较困难，所以在千枚岩破碎分析中不采用这种模型。

(2)颗粒质量—粒径分布分形函数

因为颗粒数量模型的数据难以测得，Tyler 等人[13]假设不同颗粒粒级具有相同密度，在此基础上建立了颗粒质量—粒径分布分形模型，并提出质量与粒径关系的标准化方程。

千枚岩填料是具有开放的自组织系统，粒度分布描述了系统中物质的空间结构。在三维空间中，大于某粒度 d_i 的千枚岩颗粒体积为 V，见式(3.12)：

$$V=C_v\left[1-\left(\frac{d_i}{\lambda_v}\right)^{3-D}\right] \tag{3.12}$$

式中：D——颗粒体积—粒径分布分形维数；

C_v、λ_v——常数，与千枚岩颗粒的大小、形状有关。

设用孔径为 r 的筛子对千枚岩填料进行筛分，筛下的填料质量记为 $M_1(r)$，留筛填料质量记为 $M_2(r)$，填料总质量记为 M_t，见式(3.13)：

$$M_t=M_1(r)+M_2(r) \tag{3.13}$$

依据 Tyler 的假定，千枚岩各粒级的颗粒具有相同的密度，则大于某一粒径的填料质量见式(3.14)：

$$M_2(d_i)=\rho C_v\left[1-\left(\frac{d_i}{\lambda_v}\right)^{3-D}\right] \tag{3.14}$$

令 $d_i=0$，则 $M_2(d_i)$ 即为全部颗粒的质量 M_t：

$$M_t=\rho\cdot C_v \tag{3.15}$$

若填料的最大粒径为 d_{max}，则有 $M_2(d_{max})=0$，代入式(3.14)可得：

$$\lambda_v = d_{max} \tag{3.16}$$

根据式(3.13)~式(3.16),可以推导出千枚岩颗粒质量与颗粒粒径的分形关系:

$$\frac{M_1(d_i)}{M_t} = 1 - \frac{M_2(d_i)}{M_t} = \left(\frac{d_i}{d_{max}}\right)^{3-D} \tag{3.17}$$

$M_1(d_i)/M_t$ 即为千枚岩填料的通过率,通过式(3.17)可以将千枚岩填料的筛分试验数据引入分析,D 为分形维数。对上式两边取对数可得:

$$\lg\left[\frac{M(d_i)}{M_t}\right] = (3-D)\lg\left(\frac{d_i}{d_{max}}\right) \tag{3.18}$$

式中,$\frac{M(d_i)}{M_t}$即为千枚岩填料的 d_i 筛孔对应的通过率,由式(3.18)可知,如果千枚岩填料的通过百分率与粒径尺寸在双对数坐标下呈线性相关,则千枚岩填料满足分形特性。以 $\lg[M(d_i)/M_t]$ 为 y 轴,$\lg(d_i/d_{max})$ 为 x 轴建立坐标系,对数据进行线形拟合,求得直线斜率为 $K=3-D$,反算分形维数 D。

3.4.4 基于分形维数的千枚岩填料破碎特性研究

1)不同击实条件下千枚岩填料的分形维数

依据颗粒质量—粒径分布分形模型式(3.17)和式(3.18),以 $\lg(d_i/d_{max})$ 为横坐标,$\lg[M(d_i)/M_t]$ 为纵坐标建立坐标系,对不同粗料含量千枚岩填料击实前后的数据进行线形拟合,拟合后的关系图见图3.18。

从图3.18的拟合曲线可以看出,试验数据具有良好的线性相关性,且相关系数均高于0.96,证明千枚岩填料击实破碎后粒度分布具有分形特性,通过式(3.18)计算得到不同粗料含量千枚岩填料的分形维数,如表3.36所示。

不同粗粒含量下千枚岩填料的分形维数　　表3.36

状　态	粗粒含量		
	45%	55%	65%
初始	2.4984	2.4871	2.4110
一次重型击实	2.5394	2.5457	2.5022
二次连续重型击实	2.6301	2.6319	2.5665

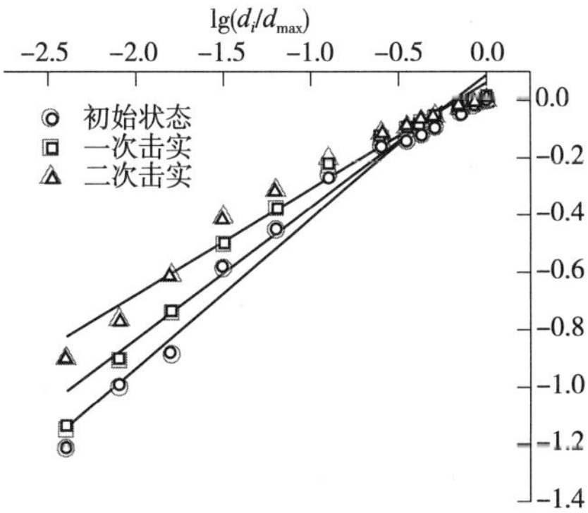

a)45%粗粒含量

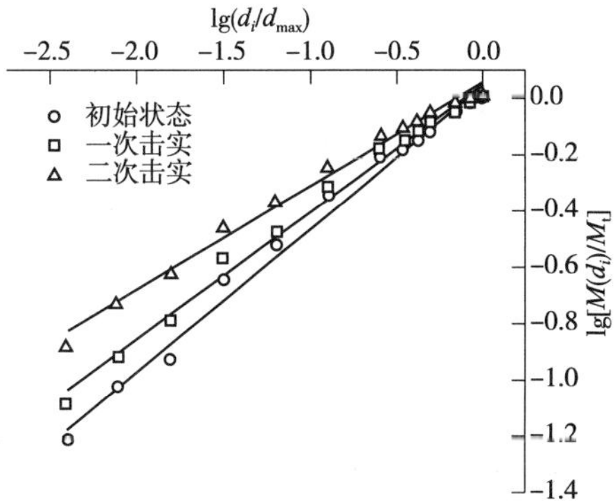

b)55%粗粒含量

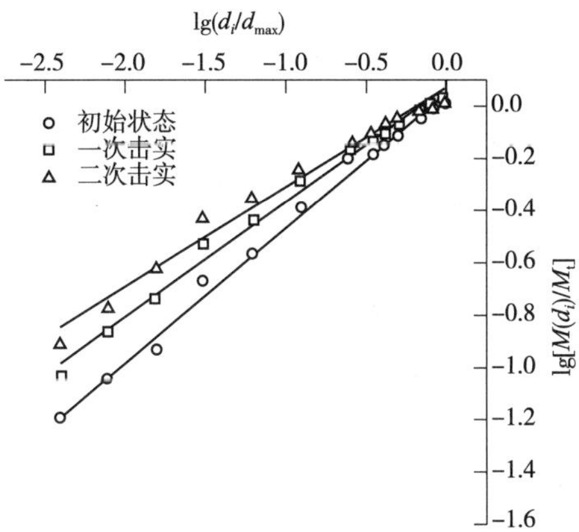

c)65%粗粒含量

图 3.18　不同粗粒击实前后 lg(d_i/d_{max}) 和 lg[$M(d_i)/M_t$] 拟合曲线

如表 3.36 所示，分形维数不仅与千枚岩填料的初始级配粗粒含量有关，还受击实功影响。初始级配状态下，分形维数随着粗粒含量的增加而减小，利用破碎势理论，千枚岩填料中粒径越大，具有的破碎势越大，分形维数越小。随着击实次数增加，不同粗粒含量的分形维数随之增大，结合表 3.36 可知随着击实功增大，破碎率增大。说明分形维数可以很好地表征千枚岩填料的破碎程度。即破碎率越大，分形维数越大。比较不同击实方式可得，一次击实后，不同粗粒含量千枚岩填料的分形维数也随之增大，且增幅与粗粒含量的增加正相关，击实作用下，颗粒破碎的数量增多，而粗粒对于一次击实更敏感。二次连续击实后，45%粗粒含量和 55%粗粒含量的分形维数增大基本稳定在 2.63；而 65%粗粒含量的分形维数增幅较小，依然有继续增加的趋势。

2)干湿循环作用下千枚岩填料的分形维数

从表3.37可以看出,第一次风干循环对千枚岩分形维数影响最大,经过两次风干循环后,各组的分形维数趋向稳定,大致在2.56附近。说明水分对千枚岩填料崩解破碎多在于前两次,原因是黏土矿物的黏结性在浸水条件下迅速衰减,发生结构性破坏且具有不可逆性,而随着循环次数增加,黏土矿物的崩散解体趋于平稳。

水分作用下千枚岩填料的分形维数　表3.37

组　别	干湿循环次数					
	0	1	2	3	4	5
A组	2.5071	2.5436	2.5558	2.5571	2.5579	2.5618
B组	2.4929	2.5588	2.5760	2.5784	2.5791	2.5809
C组	2.5002	2.5460	2.5569	2.5618	2.5650	2.5662
平均值	2.5000	2.5495	2.5629	2.5658	2.5673	2.5696

3)冻融循环条件下千枚岩填料的分形维数

从表3.38可以看出,初始状态时(未经过冻融循环),粗粒含量越少则分形维数越大,表明颗粒越细;随着粗粒含量的增加,分形维数有递减趋势。随着冻融循环次数的增加,不同粗粒含量的千枚岩填料分形维数初始时均呈现增大趋势;但当冻融循环次数达到一定值时,分形维数将趋于稳定。千枚岩填料的分形维数稳定值在2.6~2.63之间。粗粒含量越少,分形维数达到稳定时,所需的冻融循环次数越少;反之,随着粗粒含量的增多,所需冻融次数增大。如对于45%粗粒含量,分形维数达到稳定状态2.6时,仅需要20次冻融循环;对于55%、65%含量的粗粒,则分别需要30次、40次冻融循环。试验结果表明,当千枚岩填料的分形维数达到2.6左右时,填料的崩解破碎基本停止,由于崩解破碎而引起的路基沉降变形的概率较小。

千枚岩填料在冻融循环作用下的分形维数　表3.38

组　别	冻融循环次数(次)				
	0	10	20	30	40
粗粒含量45%	2.5302	2.5674	2.6018	2.6067	2.6337
粗粒含量55%	2.5203	2.5865	2.6071	2.6089	2.6187
粗粒含量65%	2.4492	2.5511	2.5788	2.5968	2.6048

3.4.5 千枚岩填料的崩解破碎机制分析

关于崩解目前并没有统一的定义,岩石与土料的崩解定义也不同。千枚岩填料的崩解指在水分与温度作用下千枚岩内部应力状态改变导致颗粒破碎。大粒径千枚岩填料崩解产生片状或小块,而小粒径的千枚岩崩解后多为粉末状,将这种崩解定义为千枚岩的粉化。千枚岩填料破碎侧重荷载的作用,而崩解主要是指水热的影响。

1)千枚岩填料破碎形式与影响因素

(1)千枚岩填料破碎形式

千枚岩属于软岩,在荷载作用下容易发生破碎。用 Guyon 的分类方法分析,在击实试验过程中大粒径千枚岩填料含量改变较大,主要为填料的破裂与破碎;经循环加载作用后千枚岩填料破坏形式主要是破碎与研磨;在干湿循环条件下千枚岩填料主要发生研磨破坏。

(2)填料破碎的影响因素

影响千枚岩填料破碎的主要因素有:矿物组成、微观结构、颗粒形状、粒径等内在因素,级配、含水率、中间粒径、作用力大小与持续时间等外在因素。

矿物组成对颗粒破碎的程度有很大影响。矿物的硬度越高其抗破坏性能越好;反之则容易在较低应力下产生破坏。千枚岩中绿泥石与绢云母含量较高,硬度较低,受到荷载影响易出现沿片理面的剪切破坏。千枚岩中的绿泥石、绢云母、白云母等遇水力学性质发生改变,强度下降易导致破碎。

填料的级配也是影响破碎的重要因素。通过不同粗粒含量千枚岩填料击实后的破碎率与分形维数可知:在荷载作用下填料级配越良好,填料颗粒越不容易发生破碎。当填料级配良好时,细粒料填充在粗粒空隙间,填料相对密实,施加荷载后受力均匀,颗粒不易发生破碎;级配不良时,在外力作用下破碎的细粒料不能有效填充空隙,导致破碎持续发生。

填料颗粒形状的因素。填料颗粒的形状也会影响其抗破碎的能力,在相同荷载下圆形填料颗粒比片状填料的破碎程度要小很多。千枚岩填料针片状明显,形状不规则,施加荷载后受力不均匀,容易发生折断破坏。当荷载较大时大粒径填料在弯矩的影响下容易产生折断与劈裂。冻融循环后千枚岩填料的针片状含量显著升高,在荷载作用下更容易破碎。

对比击实试验与循环加载后千枚岩填料的破碎率与分形维数变化可知,荷载的作用方式会影响千枚岩填料的破碎特性。击实试验的冲击荷载比循环加载试验的缓慢加载对千枚岩填料造成的破碎要大。

2)千枚岩填料的崩解机制研究

(1)影响千枚岩填料崩解的因素

千枚岩填料的崩解是内外因共同作用的结果,内部因素包括矿物成分与结构构造,外部因素主要指温度和水分的作用。

千枚岩填料的主要矿物成分有绿泥石、绢云母、石英、白云母及少量的方解石,其中绿泥石、绢云母和白云母的硬度较低,致使其产生崩解破碎。千枚岩填料的片理状构造使得千枚岩填料中针片状含量的数量增多。

水分可以从多方面影响千枚岩的崩解。水分进入孔隙后,水的表面张力会导致孔隙处出现拉应力,当其超过孔隙处的强度后就会导致千枚岩崩解破坏。裂隙内的薄膜水压力也会使千枚岩内部微小裂隙向两侧扩张。千枚岩吸水失水不同步会在岩体内部产生不均匀应力,导致千枚岩裂隙扩大。千枚岩填料在浸水过程中内部胶结物质的胶结作用减弱,容易导致崩解的产生。

温度变化会导致千枚岩内部出现应力。当温度应力超过千枚岩强度时,千枚岩内部被破坏,使裂隙扩大产生崩解。另一方面,温度会影响千枚岩表面水分蒸发量,从而影响岩石的表层吸力,表层吸力会促进裂隙的发展,引发岩体破坏。在冻融循环条件下千枚岩填料的破碎率与分形维数改变较水分作用下的改变大得多,说明水热条件越复杂越容易引发千枚岩填料的崩解。

千枚岩的崩解破碎是一个与时间相关的过程。通过水热作用下千枚岩填料的分形维数改变可知,初期填料崩解明显,其后随着时间增长崩解趋于稳定。

(2)千枚岩填料的崩解过程分析

本书中千枚岩填料是由十天高速公路隧道爆破开挖产生的,因此千枚岩中存在细小微裂隙。在荷载作用下千枚岩填料裂隙扩大部分发生破碎,部分在水热作用下发生崩解。水和温度是千枚岩崩解的关键因素,荷载作用加速了千枚岩的崩解。

千枚岩填料在崩解过程中裂隙的发展主要有三个阶段。初期千枚岩填料颗粒表面出现走向较直或弯曲的裂隙,裂隙深度较浅。微裂隙产生后,经过干湿循环与冻融循环的影响,较直微裂隙进一步发育,成为深切裂隙,同时弯曲裂隙发育为网状裂隙或树枝状裂隙。在此过程中千枚岩填料颗粒内部裂隙扩张,边缘出现平行片理结构的裂隙。在崩解后期,深切裂隙与平行裂隙导致千枚岩出现鳞片状或层片状剥落,网状裂隙和树枝状裂隙引发千枚岩碎片状或碎屑状脱落,脱落的小粒径千枚岩填料在水热作用下更容易发生粉化。

从能量的角度分析，千枚岩填料的崩解是外界向千枚岩传递能量和能量消散的过程，是一个复杂的能量转换过程。在水分与温度等外界条件的影响下，能量传递到千枚岩中，当超过一定限度，千枚岩发生崩解耗散外界输入的能量，这种能量的吸收与耗散存在着动态平衡。从千枚岩在水热作用下的分形维数来看，经过一段时间的崩解破碎后分形维数会稳定在一定界限，千枚岩的崩解过程也就是其分形维数增加直至稳定的过程，从试验结果来看，其分形维数在 2.6 左右，基本趋于稳定。

本章参考文献

[1] 中华人民共和国行业标准.JTG D30—2015 公路路基设计规范[S].北京：人民交通出版社股份有限公司，2015.

[2] 中华人民共和国行业标准.JTG E40—2007 公路土工试验规程[S].北京：人民交通出版社，2007.

[3] 曹宏波.十天高速公路安康西段变质软岩填料压缩特性研究[D].西安：长安大学，2011.

[4] 牛玺荣，韩萍，张晓燕.车轮荷载下路基和基底竖向应力计算[J].长安大学学报（自然科学版），2010（10）：100-104.

[5] 中华人民共和国行业标准.JTG E41—2005 公路工程岩石试验规程[S].北京：人民交通出版社，2005.

[6] 郑小忠.风化千枚岩填筑路基湿化变形特性研究[D].西安：长安大学，2012.

[7] 朱效嘉.软岩的水理性质[J].矿业科学技术，1996，24（03）：46-50.

[8] 袁伦，张季如.侧限压缩下粒状土颗粒破碎的试验研究[OL].中国科技论文在线，http://www.paper.edu.cn/html/releasepaper/2010/05/117.

[9] Marsal R J.Mechanical properties of rockfill embankment dam engineering [M].New York：John Wiley and Sons Inc.1973.

[10] Hardin B O.Crushing of soil particles [J].Journal of Geotechnical Engineering，1985，111（10）：1177-1192.

[11] 谢和平.分形几何及其在岩土力学中的应用[J].岩土工程学报，1992，14（01）：14-24.

[12] Turcotte D L. Fractals and fragmentation [J]. Journal of Geophysical Research：Solid Earth（1978—2012），1986，91（B2）：1921-1926.

[13] Tyler S W，Wheatcraft S W.Fractal scaling of soil particle-size distributions：analysis and limitations [J].Soil Science Society of America Journal，1992，56（02）：362-369.

第4章 千枚岩填料蠕变变形特性研究

蠕变变形是引起路基变形的重要因素,在实际工程中研究千枚岩路基填料的蠕变特性对于控制路基的长期变形具有特别重要的意义。本章通过室内试验研究强风化千枚岩作为路基填料在不同含水率、不同应力水平下的蠕变特性,为控制路基的长期变形提供理论依据。

4.1 蠕变特性室内试验设计

目前,蠕变的研究主要通过实际工程的现场监测和室内试验进行,本节通过室内试验从微观和宏观两方面对强风化千枚岩作为路基填料的蠕变特性进行研究。蠕变变形特性是引起千枚岩填筑路基长期变形的重要因素,其中不同含水率和不同应力对蠕变有着重要的影响,故本节应用杠杆仪在不同含水率、不同应力水平下进行单轴蠕变变形试验,分析风化千枚岩填筑路基的蠕变变形特性,建立蠕变特性的应力—应变模型。

图4.1 杠杆仪

4.1.1 蠕变特性试验设计

1)试验设备

采用杠杆仪(图4.1)进行试验。试验时利用杠杆原理对试件进行单轴压缩,通过改变杠杆仪施加的砝码质量改变试件的应力水平。注意杠杆仪底部保持水平状态。杠杆仪的变形量读数仪表为千分表,分度值为0.001mm。

2)试验方案

(1)加载方式

在研究蠕变的试验中荷载加载常见的主要方式有单级加载、应力水平逐级加载和等应力比加载等[1-3]。单级加载简而言之就是每个试件只测定一个应力水平下的蠕变，也就是按照试验要求施加一定的应力，待蠕变达到稳定后，重新制备试验，进行下一级应力水平的蠕变试验。不同加载方式下的蠕变曲线见图 4.2。

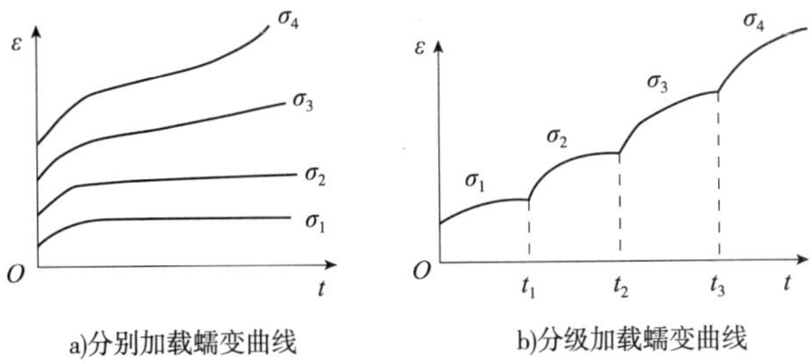

图 4.2　不同加载方式下的蠕变曲线

根据沈珠江等[4]的研究，每级荷载维持 7d 就可以达到稳定的蠕变，即应变速率不大于 0.01mm/d 时剪切蠕变进入稳定状态。应变变形包含弹塑性变形和蠕变变形，很多学者将 1h 的变形作为两种变形的分界点，故在加载 1h 后开始读数并记录数据作为初始蠕变。

(2)试验方案

采用单轴固结方法，将试件按照含水率分为三组，含水率分别为 7%、9% 和 11%。采用单级加载的方式，将加载应力从 50kPa 增加到 200kPa，每级增加 50kPa，每级加载时间不固定。根据监测数据，当日变形量小于 0.01mm/d 时认为蠕变变形达到稳定，试验结束，然后进行下一应力试验。具体试验方案见表 4.1。

蠕变试验方案　　表 4.1

含水率(%)	施加应力水平(kPa)			
7	50	100	150	200
9	50	100	150	200
11	50	100	150	200

4.1.2　蠕变试验试件的制备

1)缩尺试验

由于强风化千枚岩填料原始级配颗粒差别较大，超过了试验仪器所能允许的最大粒径尺寸，很难用于室内试验的研究，为了使试验结果更加精确，需对原始级配进行缩制。《公路土工试验规程》(JTG E40—2007)[5]对颗粒粒径过大的试验用料级配设计提出采用剔除法、等量替代法、相似级配法和混合法。

以上每一种方法均有不足之处。剔除法是将粒径过大的用料剔除,会使细颗粒的密度相对增大,改变试验用料的工程性质,不适合单独采用;等量替代法虽保持了用料中粗细比的相对固定,但会使粗颗粒含量出现平均化的现象,同时也会改变土样的孔隙率,进而影响材料的工程性质,也不适合单独使用;在相似级配法中,原始级配和缩尺后的级配保持了一致,因而曲率系数 C_c 和不均匀系数 C_u 也均保持不变,但是同样也会改变材料的工程性质。试验方法应根据材料具体情况而定。大量试验研究表明:用相似级配法缩制的试样,试验结果比较接近原级配堆石料,工程性质更为相似和接近。

采用相似级配的方法进行缩尺试验。缩尺试验的原理是根据相似理论,采用相似级配法处理大粒径颗粒进行试件级配缩尺设计。相似级配法可以最大限度地接近和模拟堆石料的工程性质,另外这种方法可以保证试验用料与原料几何尺寸的相似性,使试验级配具有与原始级配相同的不均匀系数和曲率系数。

相似级配法计算见式(4.1)。

$$P_{dn}=\frac{p_{do}}{n} \tag{4.1}$$

式中:P_{dn}——缩小 n 倍后小于某粒径的比例(%);

P_{do}——原级配相应的小于某粒径的比例(%);

n——粒径的缩小倍数。

缩尺效应会给试验结果带来一定的影响,为了减小缩尺效应对试验结果的影响,国内外很多学者做了大量关于缩尺范围的研究。缩尺的范围与用料的工程性质紧密相关。Holtz W G 和 Gibbs H J[6] 等人的研究表明,试样的最小尺寸不应小于最大粒径直径尺寸的 6 倍。例如,国内科研单位长江科学院等通过大量的试验研究得出结论:缩尺后的最大颗粒粒径尺寸和试样直径尺寸的比值不应超过 0.2。因此在本试验中,根据前人研究结果,所取最大颗粒粒径为 20mm。

通过图 4.3 粒径改变前后级配曲线对比,缩尺后的相似级配和原始级配曲线一致,也就保证了缩尺前后的不均匀系数 C_u 和曲率系数 Q_c 相同。

2)试件制备

通过击实试验得到千枚岩填料干密度随含水率的变化如图 4.4 所示。由图 4.4 可知,通过击实试验得出缩尺后的千枚岩填料的最佳含水率为 9%。故在本蠕变试验中分别配置含水率为 7%、9%、11%的千枚岩填料。为了使水分均匀,在相应的含水率下拌和填料,闷料 24h 后备用。应用重型击实法成型试件。试件的直径为 15.2cm,高为 12cm。击实时,试件分三层填筑,每层击实 98 下。

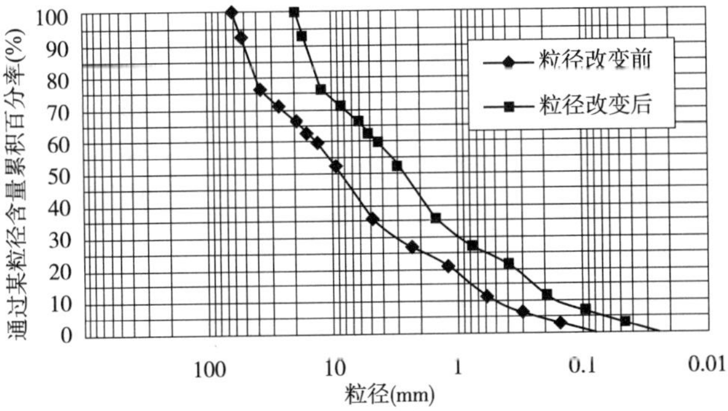

图 4.3　粒径改变前后级配

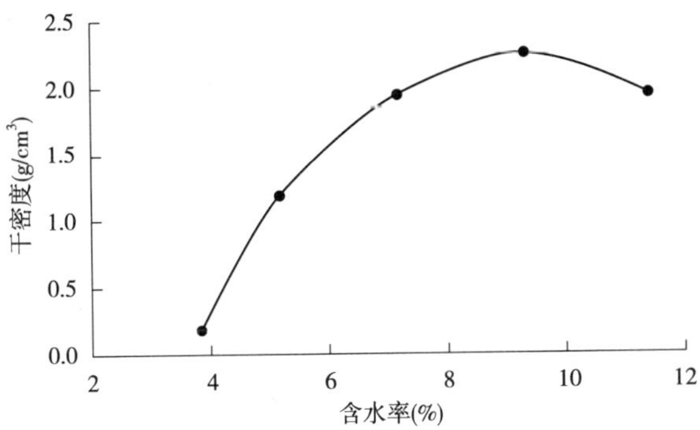

图 4.4　最佳含水率

4.2　不同含水率对千枚岩填料应力应变的影响

1)含水率对应变的影响分析

图 4.5 为试件在不同应力水平下蠕变随时间变化的关系。由图 4.5 可以看出,在相同的应力水平下蠕变随着含水率的增大不断增大,且蠕变达到一定值后都趋于稳定。含水率的变化对于蠕变的影响是十分明显的,试件含水率越大蠕变量就越大。当含水率低于最佳含水率时蠕变现象接近最佳含水率的蠕变;含水率大于最佳含水率时蠕变会出现大幅的增长。含水率越小达到试件蠕变稳定状态所需时间也就越短。由曲线变化可以看出前 2d 为蠕变敏感期,2d 到 4d 蠕变速率衰减,6d 以后基本趋于稳定。

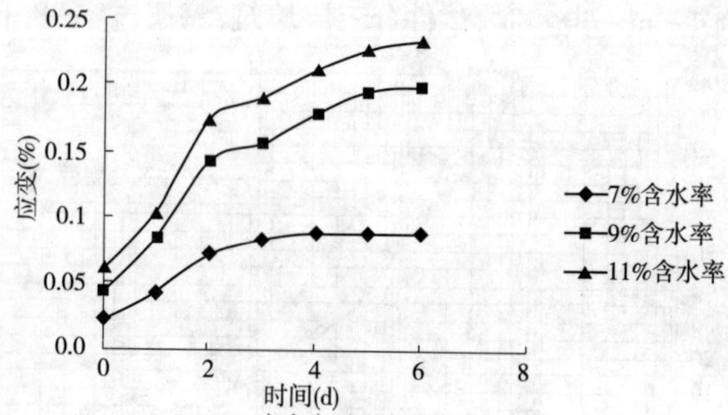

a)50kPa应力水平下应变曲线

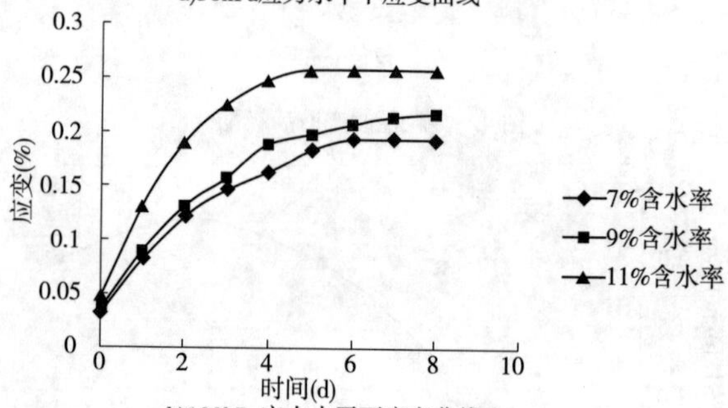

b)100kPa应力水平下应变曲线

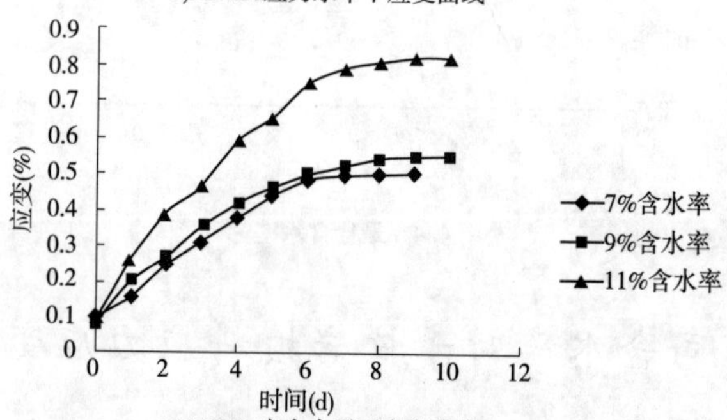

c)150kPa应力水平下应变曲线

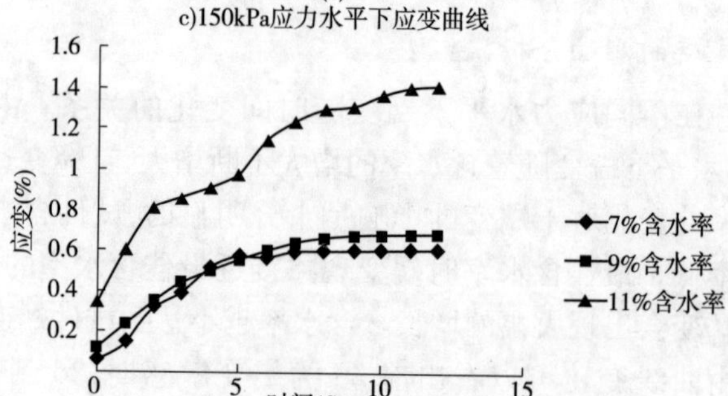

d)200kPa应力水平下应变曲线

图 4.5　不同应力水平下的应变曲线

2)一定含水率条件下应力应变

图4.6为含水率一定的情况下,在不同应力水平下的蠕变曲线。由图4.6可以看出,含水率相同时施加的应力水平越大蠕变趋于稳定的时间就越长,蠕变量也就越大。50kPa时蠕变2d就基本趋于稳定,而200kPa时蠕变需要6d的时间才能稳定。加载的初期蠕变量增加迅速,蠕变量的增加速率也较快,随时间的推移蠕变速率不断减小,变化量几乎保持不变,最终基本趋于稳定状态。

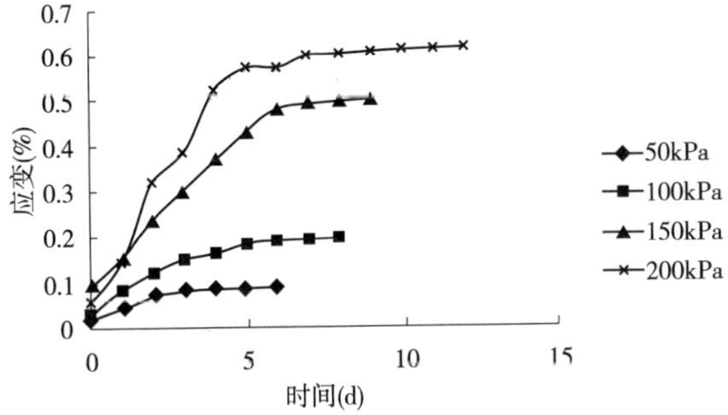

a) 7%含水率

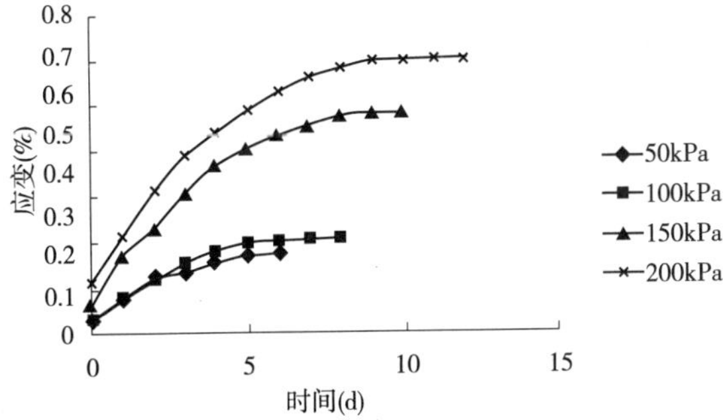

b)9%含水率

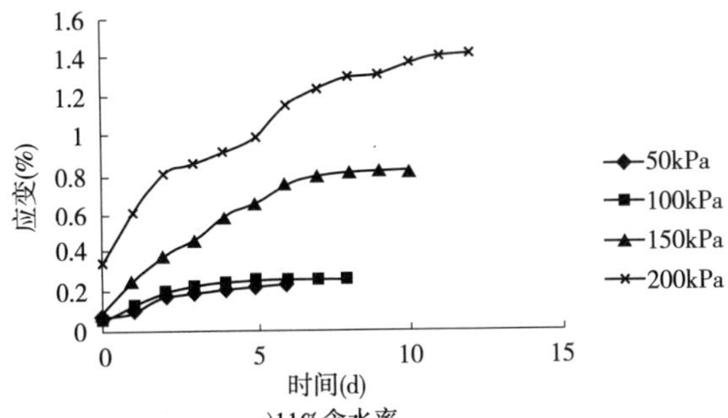

c)11%含水率

图4.6　不同含水率下应力应变曲线

图4.7为在不同含水率下的试验达到稳定状态时的应力—应变曲线，由图可以看出含水率对应变的影响十分显著，低于最佳含水率时应变较小。当大于最佳含水率时，应变急剧增大。含水率为11%的试件最大应变约为最佳含水率(9%)应变的1.75倍，可见含水率对应变的影响还是很明显的。另外，随着应力水平的增大，应变不断增大。在低于100kPa时应变变化不是很明显，当应力水平大于100kPa时，应变呈线性增加，含水率为11%时最大应变达到1.4%。应力较小时蠕变也较小，是由于施加的应力还不能导致颗粒破坏。应力较大时，风化后的千枚岩强度降低，会发生崩解，从而导致蠕变也比较大。

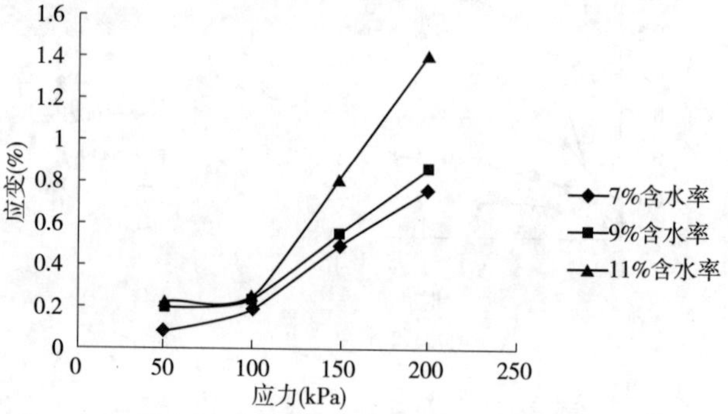

图4.7　在不同含水率下应力—应变曲线

3)变形量随时间的变化

变形量与加载时间以及应力水平有关，如图4.8所示，以最佳含水率9%为例进行分析，随着时间的推移，在每一应力水平下变形量都逐渐减小，开始一周的变形量减小比较大，约占总蠕变量的95%。随后蠕变趋于稳定，小于0.01mm/d，达到稳定状态。施加的应力水平越大蠕变的变形量也就越大，前24h内50kPa应力水平下的变形量约为200kPa应力水平下的60%。

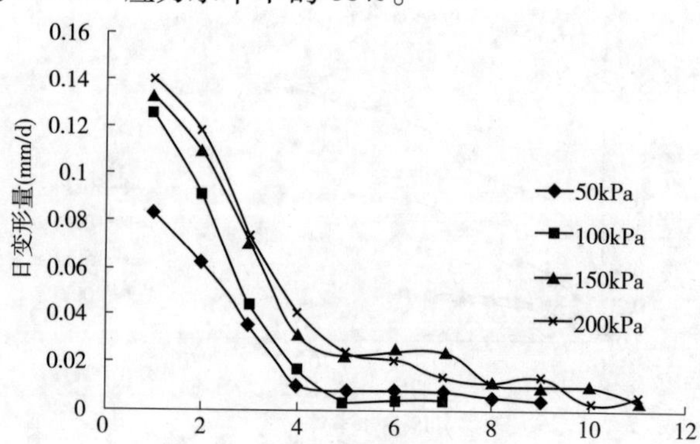

图4.8　变形量随时间变化图

4.3　蠕 变 模 型

4.3.1　模型的经验本构关系

材料的蠕变特性也是材料与时间相关的特性，对于其本构关系式，一般是通过在大量流变试验的基础上，根据流变的试验数据，做出试验曲线，然后再对试验所得到的曲线进行拟合，直接得到应力、应变（或者应变速率）与时间的函数关系式。该种方法操作简单，在实际工程中常用的经验本构关系式有以下三种：

1）时间对数曲线

$$\varepsilon(t)=c\lg\left(\frac{t}{t_1}\right) \tag{4.2}$$

2）指数衰减曲线

$$\varepsilon(t)=a(1-\mathrm{e}^{-ct}) \tag{4.3}$$

3）双曲线型曲线

$$\varepsilon(t)=\frac{t}{a+bt} \tag{4.4}$$

上述式中：t——时间；

t_1——轴向蠕变发生的初始时间；

a、b、c——试验常数。

4.3.2　蠕变模型理论本构关系

1）基本元件

蠕变模型的基本蠕变元件主要有三种，如图 4.9 所示，分别为圣维南刚塑体、虎克弹簧和牛顿黏壶，通过这些基本元件的串并联可以得到研究强风化千枚岩填料的蠕变变形特性的基本模型。

（1）弹性（Hooke）体

弹性体的模型可以用弹簧来表示。它反映材料的弹性性质，其应力应变关系的变化与时间无关，符合虎克定律，即：

$$\sigma = E\varepsilon \tag{4.5}$$

式中：σ——应力，对于土体为骨架应力（kPa）；

ε——应变；

E——虎克弹簧常数（kPa）。

由上式可知 σ 与 ε 成正比，ε 增大，σ 也随之增大，反之亦然。

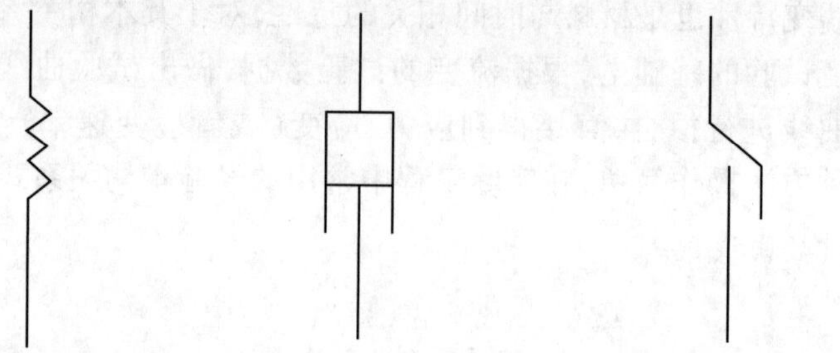

a)虎克弹簧　　b)牛顿黏壶　　c)圣维南刚塑体

图 4.9　蠕变模型基本元件

（2）线性黏滞（Newton）体

牛顿黏壶是由装满牛顿液体的圆筒和可以移动的穿孔活塞组成的。

$$\sigma = K\varepsilon \tag{4.6}$$

式中：K——黏滞系数；

其余变量含义同上。

在式（4.6）中假设时间 $t=0$ 时，黏性元件保持静止，$t>0$ 时受到持续不变的应力 σ_0 的作用，对式（4.6）进行积分，可以得到式（4.7）。

$$\varepsilon = \frac{\sigma_0}{k}t + c \tag{4.7}$$

由式（4.7）可知，对于黏性体 σ 和 ε 与时间 t 有关，在应力作用下，黏性元件不产生瞬时应变，应变随时间增长而持续增长，即使撤去荷载，应变也不会恢复，会留下永久变形。

（3）圣维南体

当荷载大于或等于极限应力时，达到屈服状态，试件破坏，引起变形无限增大。由此可知塑性变形由应力控制，应变只有可能是 0 和任意值，与时间无关。

$$\sigma = \sigma_s \tag{4.8}$$

式中：σ_s——屈服应力。

2）组合模型

基本力学元件可以代表物体的某些性质，比如物体的黏性、缩性和弹性性质。

利用上述三种基本元件可以分别描述不同的物理现象。通过这些元件串并联，可以得到常用的蠕变模型。常见的蠕变模型有麦克斯韦模型、开尔文模型、伯格斯模型、宾汉姆模型等，这些模型可用来解释不同的蠕变现象。其中用于软岩的蠕变模型如下。

(1)伯格斯 Burgers 模型

伯格模型是由开尔文体模型和麦克斯韦模型串联组成的，开尔文体就相当于一个线性硬化黏壶，而麦克斯韦体相当于一个线性软化效应的弹性体，这就使该模型具有了硬化软化的性质，用来描述强风化千枚岩作为路基填料的蠕变模型具有合理性，因此该模型也被广泛用于描述软岩蠕变的现象。

假设麦克斯韦模型应变为 ε_1，开尔文模型应变分别为 ε_2，串联后的伯格斯体应变则为两个应变之和。$\varepsilon=\varepsilon_1+\varepsilon_2$，$\sigma=\sigma_1=\sigma_2$，将方程式中 ε_1、ε_2 消去，由此即可得到伯格斯蠕变模型的本构关系：

$$\sigma+\left(\frac{\eta_1}{E_1}+\frac{\eta_1+\eta_2}{E_2}\right)\dot{\sigma}+\frac{\eta_1\eta_2}{E_1E_2}\ddot{\sigma}=\eta_1\dot{\varepsilon}+\frac{\eta_1\eta_2}{E_2}\ddot{\varepsilon} \tag{4.9}$$

或

$$\sigma+p_1\dot{\sigma}+p_2\ddot{\sigma}=q_1\dot{\varepsilon}+q_2\ddot{\varepsilon} \tag{4.10}$$

式中，$p_1=\frac{\eta_1}{E_1}+\frac{\eta_1+\eta_2}{E_2}$；$p_2=\frac{\eta_1\eta_2}{E_1E_2}$；$q_1=\eta_1$；$q_2=\frac{\eta_1\eta_2}{E_2}$；$\eta_1$、$\eta_2$ 为麦克斯韦体和开尔文体的黏滞系数；E_1、E_2 为麦克斯韦体和开尔文体的弹性系数；σ_1、σ_2 为麦克斯韦体和开尔文体所受应力。

(2)麦克斯韦 Maxwell 模型

牛顿黏滞体是可以反映出应变率同应力呈正比例的蠕变模型。本模型通常是有牛顿黏壶元件和虎克弹簧元件串联而成，麦克斯韦模型就适用于这种类型的材料。

总应变表达式可表述为：

$$\varepsilon=\varepsilon_H+\varepsilon_N \tag{4.11}$$

式中：ε——总应变；

ε_H——弹性固体应变；

ε_N——黏滞性固体应变。

又因：

$$\sigma=\sigma_H=\sigma_N \tag{4.12}$$

$$\sigma_H=E\varepsilon_H \tag{4.13}$$

$$\sigma_{\mathrm{N}}=\eta\sigma_{\mathrm{N}} \tag{4.14}$$

式中：σ——总应力；

σ_{H}——弹性固体应力；

σ_{N}——黏滞性固体应力；

E——弹性系数；

η——黏滞系数。

将式(4.12)~式(4.14)代入式(4.11)中可得麦克斯韦的本构方程，见式(4.15)。

$$\varepsilon=\frac{\sigma}{E}+\frac{\sigma}{\eta} \tag{4.15}$$

(3)开尔文(Kelvin)模型

开尔文模型又称沃尔特模型，该模型由牛顿体和虎克体通过并联的方式组成，可以较好地反映材料的弹性后效特点。该模型的本构方程为：

$$\sigma=\sigma_{\mathrm{H}}+\sigma_{\mathrm{N}}=E\varepsilon_{\mathrm{H}}+\eta\dot{\varepsilon}_{\mathrm{N}} \tag{4.16}$$

其中，$\sigma_{\mathrm{H}}=E\varepsilon_{\mathrm{H}}$；$\sigma_{\mathrm{N}}=\eta\dot{\varepsilon}_{\mathrm{N}}$。

式中：σ——总应力；

σ_{H}——虎克体的应力；

ε_{H}——虎克体的应变，其中 E_{H} 为虎克弹性元件弹性模量；

$\dot{\varepsilon}_{\mathrm{N}}$——牛顿体的应变；

E——虎克体的弹性模量；

η——牛顿体的黏滞系数。

对式(4.16)求解，可得总应变 ε：

$$\varepsilon=\frac{\sigma}{E}\left[1-\exp\left(-\frac{E}{\eta}t\right)\right] \tag{4.17}$$

式中：t——加载时间。

在加载初期模型的应变等于零，所受荷载均有牛顿体承担，虎克弹簧受力为零。随着时间的推移，牛顿体发生应变，导致虎克弹簧受力。在保持应力不变的情况下，牛顿体的受力减小，应变率开始减小，随着牛顿体变形的增大，弹簧受力也就越大，牛顿体趋于硬化状态，应变率也趋于不变。

(4)西原模型

西原模型(宾厄姆—沃格特模型)为在模拟岩石材料的蠕变时采用的五元件模型。该模型由胡克体、开尔文体和宾汉姆体串联组成。由模型的串联关系可得，该模型的总应变等于两个组合模型各自的应变之和。每个组成部分相加得到的总应力等于组合模型的应力。模型的本构方程见下式。

$$\varepsilon=\left\{\frac{1}{E_1}+\frac{1}{E_2}\left[1-\exp\left(-\frac{E_2}{\eta_2}t\right)\right]\right\}\sigma_0 \qquad \sigma_0\leqslant\sigma_s \tag{4.18}$$

$$\varepsilon=\left\{\frac{1}{E_1}+\frac{1}{E_2}\left[1-\exp\left(-\frac{E_1}{\eta_1}t\right)\right]\right\}\sigma_0+\frac{\sigma_0-\sigma_s}{\eta_2} \qquad \sigma_0>\sigma_s \tag{4.19}$$

式中:ε——应变;

σ_0——初始应力;

σ_s——圣维南体应力;

E_1——开尔文体的弹性模量;

η_1——开尔文体的黏滞系数;

η_2——宾汉姆体的黏滞系数;

t——时间。

模型所受荷载小于屈服应力时,西原模型的应变曲线和开尔文体应变曲线一致,施加荷载的过程中有瞬时弹性变形。随着时间的推移,黏滞性的应变也不断增大,总应变也不断增大,最终趋于某一稳定值,属于稳定蠕变阶段。

4.3.3　指数衰减蠕变模型的建立

由于材料性质不同以及施加荷载大小不同,试验得到的蠕变曲线也会不同。当施加荷载也就是应力水平不同时,典型的蠕变曲线一般如图4.10a)所示,图中各曲线为应力一定时,应变随时间的变化曲线,且应力水平越大,曲线越靠上。如图4.10b)、图4.10c)所示受材料性质和施加应力水平的影响,也会出现衰减型和非衰减型蠕变曲线。

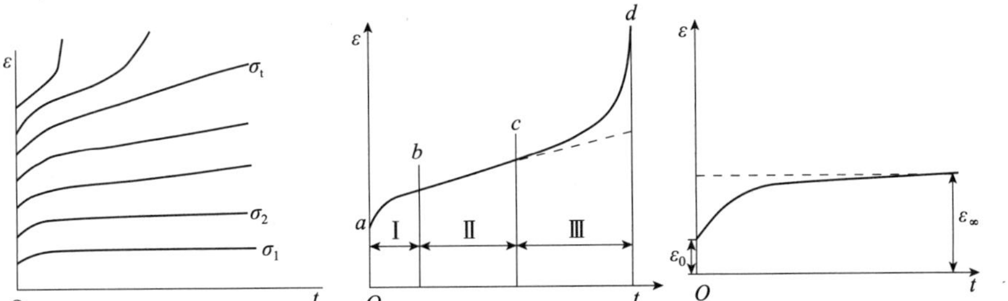

a)不同应力下的蠕变曲线　b)非衰减蠕变　c)衰减蠕变

图4.10　常见的岩石蠕变曲线

由试验结果可以看出,该试验蠕变的本构关系与指数衰减曲线更加吻合,根据前人的研究可知,用指数衰减曲线预测路基的长期变形,还可以避免设计的浪费,所以用指数衰减曲线模拟蠕变更能被接受。

指数衰减曲线见下式:

$$\varepsilon(t)=a(1-\mathrm{e}^{-ct}) \tag{4.20}$$

根据试验数据,用指数衰减曲线拟合蠕变表达式,以最佳含水率(9%)一组为例,用得到的试验数据对不同应力水平下的蠕变曲线进行拟合,如图 4.11 所示,拟合参数如表 4.2 所示。

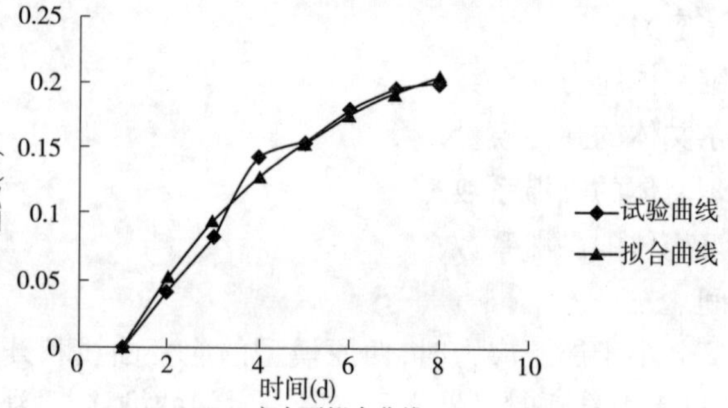

a)50kPa应力下拟合曲线

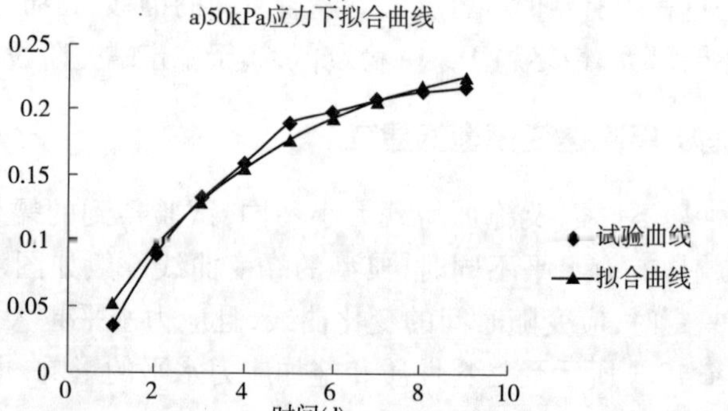

b)100kPa应力下拟合曲线

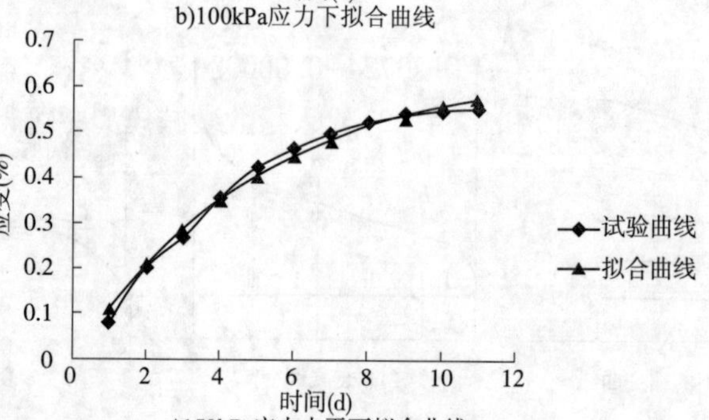

c)150kPa应力水平下拟合曲线

图 4.11

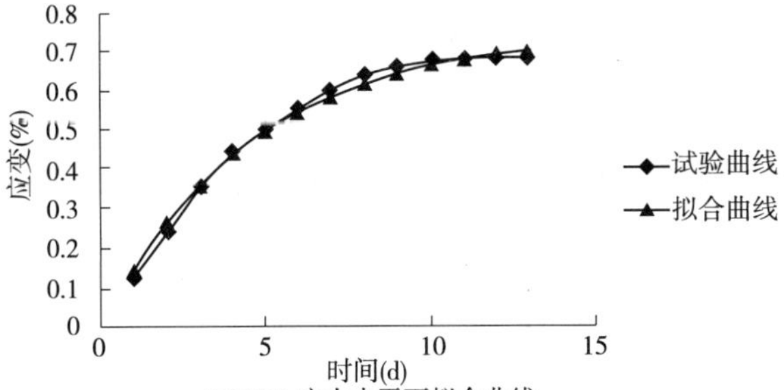

d)200kPa应力水平下拟合曲线

图 4.11　不同应力水平下的应变拟合曲线

不同应力下的 a 与 c 值　　　　表 4.2

应力(kPa)	系数		相关性系数
	a	c	
50	0.25737	0.23196	0.97252
100	0.25922	0.23052	0.97637
150	0.65387	0.19108	0.98526
200	0.7486	0.21996	0.99229

为了预测在不同应力水平下土体的蠕变,在此建立以应力为自变量的表达式,分别将表达式中的系数与应力水平拟合,均转化为应力水平的函数。其拟合公式如下。

a 与应力水平 σ 的拟合关系:

$$a=0.01268+0.00374\sigma \tag{4.21}$$

c 与应力水平 σ 的拟合关系:

$$c=0.23724-0.000084\sigma \tag{4.22}$$

将式(4.20)、式(4.21)和式(4.22)代入指数衰减模型中可得:

$$\varepsilon=(0.01268+0.00374\sigma)\left[1-e^{-(0.23724-0.000084\sigma)t}\right] \tag{4.23}$$

式中:ε——应变;

t——时间(d);

σ——应力水平(kPa)。

由式(4.23)可以得出在一定含水率条件下,在不同时刻、不同应力水平下的蠕变大小。

4.3.4 伯格斯模型蠕变方程的建立

通过室内试验曲线(图4.12)可以看出,风化千枚岩填料的蠕变可以分为三个阶段:初始瞬时弹性应变、衰减蠕变阶段以及稳态蠕变阶段,伯格斯模型能够很好地体现这三个阶段。为了建立伯格斯蠕变方程,首先需确定模型中开尔文体和麦克斯韦体的参数 G_k、G_M 和 η_k、η_M,具体求解方法如下。

本节以最佳含水率9%一组为例建立蠕变方程。四参数伯格斯模型的蠕变方程见式(4.24),G_k、G_M 和 η_k、η_M 分别为开尔文和麦克斯韦模型的弹性模量参数和黏滞系数:

$$E(t)=\frac{2\sigma_0}{9K}+\frac{\sigma_0}{3G_k}\left[1-\exp\left(-\frac{G_k}{\eta_k}t\right)\right]+\frac{\sigma_0}{3G_M}+\frac{\sigma_0}{3\eta_M}t \tag{4.24}$$

式中:t——时间(h);

K——体积模量(Pa);

σ_0——恒定应力(Pa)。

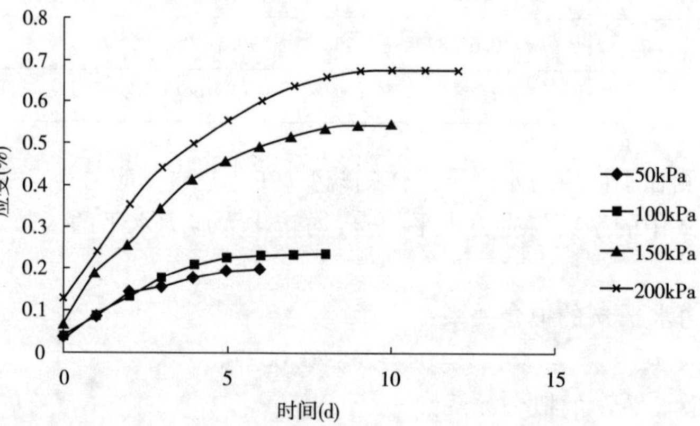

图4.12 9%含水率在不同应力下的应变

假设图4.12中各曲线均满足式(4.24)。在施加荷载的初始时刻,也就是曲线在 y 轴上的截距即为瞬时弹性应变 X_e,见式(4.25)。

$$X_e=\left(\frac{2}{9K}+\frac{1}{3G_M}\right)e_1 \tag{4.25}$$

假定加载时间无限长时,蠕变试验曲线接近于一条直线,并且直线具有一定的斜率。直线的延长线在 y 轴上的截距为 X_a,见式(4.26):

$$X_e=\left(\frac{2}{9K}+\frac{1}{3G_M}+\frac{1}{3G_K}\right)e_1 \tag{4.26}$$

该直线的斜率为 m_a，如式(4.27)所示。

$$m_a=\frac{e_1}{3\eta_M} \tag{4.27}$$

通过以上各式可以求得麦克斯韦体的黏滞系数 η_M。

荷载不是瞬间就可以施加在试件上的，完全作用于试件上需要一定的时间。实际应用时还需要按以下方法求得瞬时弹性应变 X_o，在此假设：

$$q(t)=\frac{e_1}{3G_K}\exp\left(-\frac{G_K}{\eta_k}t\right) \tag{4.28}$$

$q(t)$ 为试验所得蠕变曲线和拟合直线延长线之间的垂直距离。将式(4.28)两边取对数：

$$\ln q(t)=\ln\frac{e_1}{3G_K}-\frac{G_K}{\eta_k}t \tag{4.29}$$

由式(4.29)可以看出 $\ln q(t)$ 与加载时间 t 的关系为线性关系。该直线在 y 轴的截距为 X_q，斜率为 m_q，见式(4.30)、式(4.31)。

$$X_q=\ln\frac{e_1}{3G_K} \tag{4.30}$$

$$m_q=-\frac{G_K}{\eta_k} \tag{4.31}$$

由上式可以确定参数 G_K 和 η_k。

体积模量 K 可以根据泊松比、轴向应变以及侧向应变求得。在该试验中没有测取侧向应变，所以根据泊松比求得。

$$K=\frac{e_1}{3(1-2\upsilon)X_1} \tag{4.32}$$

$$\frac{e_1}{3G_M}=X_e-\frac{2}{9K}e_1 \tag{4.33}$$

麦克斯韦体的剪切模量 G_M 可以由式(4.33)求得。由此可以求解，得到伯格斯蠕变模型方程的表达式。

不同应力水平下经计算所得参数取值结果见表 4.3。

不同应力下参数取值　　表 4.3

应力(kPa)	参数			
	G_K(MPa)	η_k(MPa·s)	η_M(MPa)	G_M(MPa·s)
200	105.2	276.1	33333.3	11.55
150	88.2	449.7	10000	10.4
100	56.2	1060	11111.1	22.5
50	27.6	906.1	4166.7	15.2

现将 200kPa 应力下的参数代入蠕变方程可得伯格斯蠕变曲线，如图 4.13 所示。从图中可以看出，四参数伯格斯模型蠕变曲线蠕变值比实测值稍微偏大。

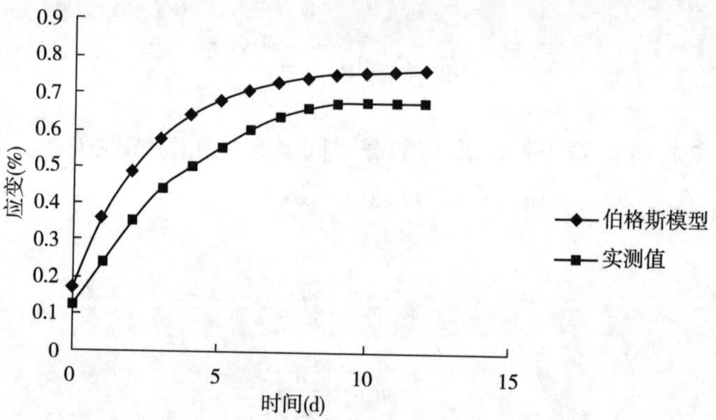

图 4.13　200kPa 应力下蠕变实测值曲线和伯格斯模型曲线

4.3.5　指数衰减模型与伯格斯模型对比

两种模型的蠕变变化趋势均可以描述和预测风化千枚岩填料路基的蠕变特性。由图 4.14 可以看出，伯格斯模型预测值要稍大于实测值和指数衰减模型预测值。通过对指数衰减型拟合蠕变曲线分析，可以看出指数衰减模型与实测值曲线基本吻合，所以用指数衰减模型描述风化千枚岩填料路基的蠕变特性较伯格斯模型有优势，一是可以避免在设计过程中的浪费，二是可以准确地预测路基在使用过程中的沉降变化。

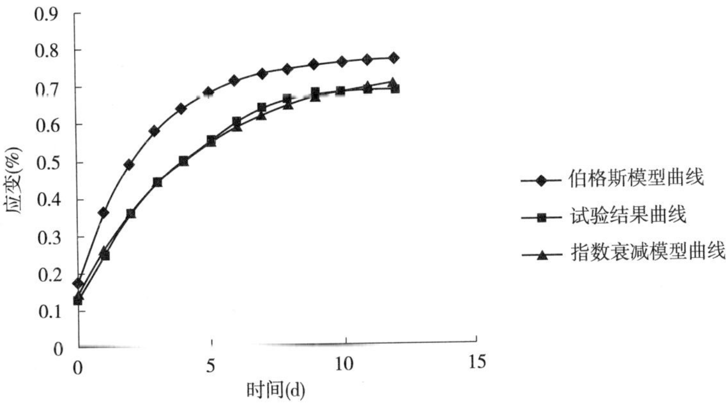

图 4.14 伯格斯模型与指数衰减模型曲线对比

本章参考文献

[1] 程博.堆石坝坝体堆石料蠕变特性试验研究[D].北京:北京工业大学,2012.

[2] 刘雄.岩石流变学概论[M].北京:地质出版社,1994.

[3] 孙钧.岩土材料流变及其工程应用[M].北京:中国建筑工业出版社,1999.

[4] 沈珠江,赵魁芝.堆石坝流变变形的反馈分析[J].水利学报,1998(06):2-7.

[5] 中华人民共和国行业标准.JTG E40—2007 公路土工试验规程[S].北京:人民交通出版社,2007.

[6] Holtz W G,Gibbs H J.Triaxial shear tests on pervious gravelly soils[J].American Society of Civil Engineers,1956,82(01):1-22.

第5章 风化千枚岩填料水分迁移特性研究

路基内部水分的改变是引起千枚岩填料路基变形的关键因素，水分可以改变路基原有的力学性能，使路基在荷载的作用下产生变形。对于千枚岩填料而言，由于存在长期崩解的特性，路基内部孔隙不断发生变化，所以水分迁移的路径与一般土体存在极大差别。本章通过在补水条件下进行水分迁移试验研究，动态实时监测土体内部含水率的变化，揭示风化千枚岩填料的水分迁移机理，确定水分运动参数。以“十天”高速公路典型路段为依托，埋设水分传感器，监测路基内部含水量的变化特性。

5.1 滤纸法测试千枚岩填料土体的土水特征曲线

道路工程中遇到的土体大多处于非饱和状态，非饱和土是由土颗粒和充填于颗粒骨架间的空气及水分组成的。当土颗粒和水相互作用时，土颗粒基质表现出对水分的亲和性，即对水分的吸持作用，其机理十分复杂，但可以概括为吸附作用和毛细作用。在土力学中将这种作用称为基质吸力，非饱和土中的水分都处在一定的吸力状态下，且随着含水率的变化，吸力也发生变化。

土中的基质吸力可以通过多种试验方法测定，它与土体的密实程度和含水率之间有一定的对应关系。土体的基质势或土体的吸力随土体含水率而变化，其关系曲线称为土体水分曲线或土体持水曲线，简称土水特征曲线。土体水分特征曲线表示土体水的能量和数量之间的关系，是研究土体水分的保持和运动所用到的反映土体水基本特性的曲线，是确定土体水分运动参数的基础。由于基质势是负的，通常用其相反数 s 即一个正值来表示其与含水率的关系，该正值定义为基质吸力，通常简称为吸力。

通过测定土水特征曲线，一是可以反映土体在不同含水率情况下的基质吸力大小，二是对于研究水分在土体中迁移运动机理具有重要意义。

5.1.1 土水特征曲线的测试原理

滤纸法[1]指通过测定在平衡状态下滤纸的含水率以及土体的含水率，根据滤纸的率定曲线就可以求出土体的吸力,从而得出土体水分特征曲线。本章中采用滤纸法测定风化千枚岩填料土体的土水特征曲线。

5.1.2 土水特征曲线试验设计

测定原理:假定在水分流动意义上滤纸能够同存在一定吸力的土体达到势值平衡,土体的吸力值大小与平衡后滤纸的含水率存在一一对应的关系,即滤纸的率定函数关系。在试验过程中通过测量滤纸平衡后的含水率,根据滤纸的率定函数曲线即可求得土体在一定函数率下相应的吸力值。滤纸测定土水特征曲线的原理:当滤纸直接接触土体时,经过一定的时间达到平衡状态,滤纸中平衡含水率即可反映出土中基质吸力[1,2],然后通过烘干法确定平衡后土体和滤纸的含水率。

1)滤纸的选择

试验所采用试件尺寸为5cm×5cm的圆柱形。为了使试验结果更精确,滤纸与试件完全接触,所以试验采用直径为47mm的Whatman No. 42型号滤纸。吸力大小率定曲线应用美国材料试验协会的研究结果,其推荐公式见式(5.1)。

$$\begin{cases}\lg s=5.327-0.0779\omega_{\mathrm{f}} & \text{当 } \omega_{\mathrm{f}}<45.3\%\text{时}\\ \lg s=2.412-0.0135\omega_{\mathrm{f}} & \text{当 } \omega_{\mathrm{f}}>45.3\%\text{时}\end{cases} \tag{5.1}$$

式中:s——土样的吸力(kPa);

ω_{f}——滤纸的重量含水率(%)。

2)试验用土

当土体粒径较大时,孔隙也会较大,水分迁移现象就会很微弱。由于风化千枚岩填筑的路基在水和荷载的共同作用下大粒径颗粒会不断崩解,导致路基填料的粒径组成不断发生变化,整个过程中细料不断增加。为了使研究更加贴合实际,试验中采用风化程度高,崩解比较严重且粒径小于5mm的强风化千枚岩作为试验用土,这也符合实际工程中风化千枚岩填筑路基经外界长期作用后的实际情况,试验所用土样的级配如图5.1所示。

3)试验方案

土柱的高度和直径分别为5cm,制件过程中要保证试件上下表面平整光滑。试件含水率分别为3%、5%、7%、9%、11%、13%、15%,共7组;每组3个试件。如图5.2所示,将滤纸完全重合的置于两个土柱中间,两个土柱中其中一个的上表面与另一个的下表面要完全重合。与上下试件接触的滤纸,主要是保护中间层的测试滤纸,防止被损坏。置放滤纸时要使其与土柱表面充分接触。将试件用保鲜膜密封,在恒温密封条件下放置7d,使滤纸的吸力与土体吸力达到平衡状态。

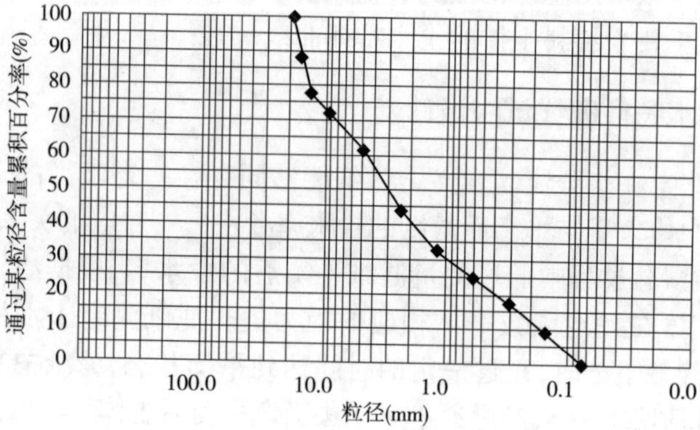

图 5.1 试验所用土样级配曲线

等滤纸的吸力与土体吸力达到平衡后，取开包裹试件的保鲜膜，快速准确地取出置于中间层的滤纸(图 5.3)，将滤纸放在干净并干燥的铝盒里称量，记录滤纸和铝盒湿重。然后将滤纸和铝盒放在恒温烘箱内烘干 8h 之后，再称量干滤纸和铝盒的质量。为保证此步骤试验结果的精确度和准确性，要求称量滤纸所用的电子天平精度为 0.0001g。称量滤纸湿重的操作要求在 5s 内完成，防止滤纸暴露在空气中的时间过长而影响试验精度。然后通过计算可得出达到平衡状态时滤纸的含水率，再结合滤纸的吸力率定函数曲线公式(5.1)即可以换算出千枚岩土体的基质吸力水柱高度值。

图 5.2 放有滤纸的土样试件

图 5.3 取滤纸操作图

对于平衡后的试件土样要进行恒温烘干测定含水率。试验结束后需将试件碾碎，取样品置于铝盒中称取铝盒和土样湿重；然后将样品和铝盒放在恒温烘箱内 8h 以上，再称取铝盒和干土样的质量。即可计算得出土样平衡后的含水率。通过以上步骤便可求得千枚岩填料土体的含水率与其基质吸力大小的关系。

5.1.3　千枚岩填料的土水特征曲线

试件在密封环境中保存7d，测定试件和滤纸平衡后的含水率，根据吸力率定函数曲线公式(5.1)换算土体的基质吸力，具体结果见表5.1。

土体基质吸力　　表5.1

滤纸含水率(%)	土体含水率(%)	基质吸力(kPa)	水柱高度(cm)
30.1	4.5	951.485	970.515
33.6	6.7	516.443	526.772
37.8	8.5	240.926	245.744
42.8	10.3	98.599	100.57
57.2	11.8	43.577	44.448
155.5	13.1	2.052	2.093
161.7	14.9	1.694	1.728

由表5.1可以看出，随着土体含水率的增大基质吸力不断减小，且在土体含水率低于13%时，其基质吸力衰减的速率比较明显，最大吸力值从951kPa衰减到43kPa左右。当土体含水率超过15%时，基质吸力十分微弱仅约为1.5kPa，也就是说风化千枚岩土体含水率较低时对水比较敏感，土体的吸水性也较强；当土体的含水率较大或者接近饱水状态时，其吸水性很微弱，几乎等于零。

在计算过程中，为了方便对比，反映基质势能的大小，将吸力值换算为水位高度，换算关系为1kPa=1.02cm水柱。为了更好地与试验测试结果对比，将质量含水率也转化为体积含水率。由此得到风化千枚岩填料基质吸力随体积及含水率变化的土水特征曲线，如图5.4所示。

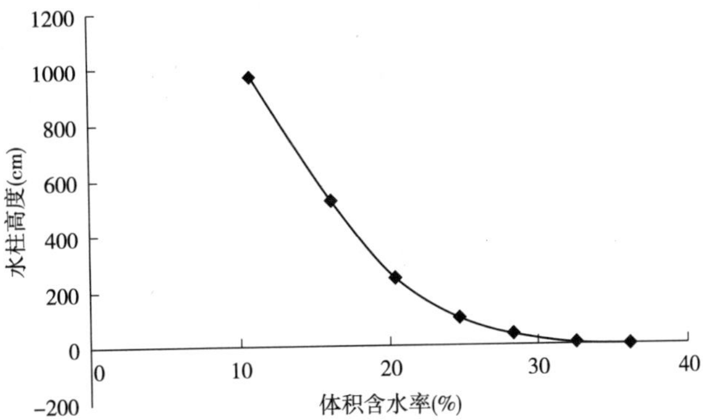

图5.4　土水特征曲线

由图 5.4 可以看出,整个变化曲线中吸力水柱高度值呈现不断下降趋势。在体积含水率小于 20%时,吸力水柱高度随着含水率增加急剧衰减,并且衰减速率快、幅度大。当体积含水率介于 20%到 35%之间时,水柱高度的衰减变缓。当土体体积含水率超过 35%时,吸力水柱高度基本趋于零,变化不明显。

为了得出吸力水柱高度与体积含水率的具体函数关系,现根据以上试验结果对土水特征曲线进行拟合(图 5.5),其拟合曲线表达式如下:

$$S = 4749.62e^{-0.14475\theta} \tag{5.2}$$

式中:S——基质吸力(cm 水柱);

θ——体积含水率(%)。

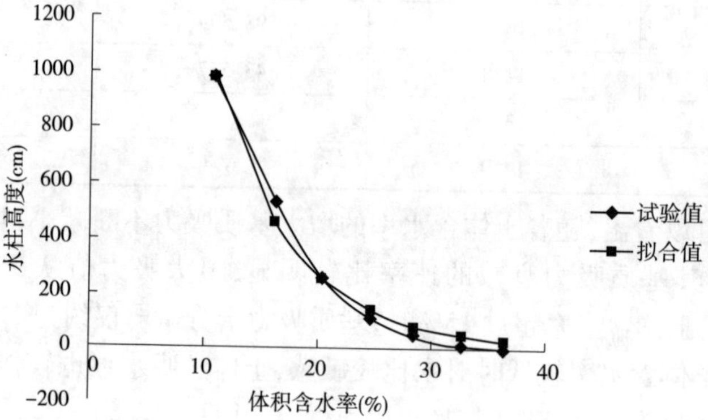

图 5.5　土水特征曲线拟合值与试验值对比曲线

风化千枚岩填料在不同含水率下的基质吸力大小拟合表达式的相关性系数 R^2 为 0.98465,相关性比较好。由表 5.2 可以看出,在含水率不同的情况下其基质吸力相差也很大。

土体基质吸力拟合值与实际值对比　　表 5.2

土体含水率(%)	基质吸力(kPa)	基质吸力拟合值(kPa)	水柱高度(cm)	水柱高度拟合值(cm)
4.5	951.485	992.0808057	970.515	1011.922422
6.7	516.443	456.7820191	526.772	465.9176595
8.5	240.926	248.0705875	245.744	253.0319992
10.3	98.599	134.5440785	100.57	137.23496
11.8	43.577	79.34746529	44.448	80.93441459
13.1	2.052	43.1648819	2.093	44.02817954
14.9	1.694	25.3749859	1.728	25.88248562

5.2　土体水分运动参数的测定

土体水分运动参数可以表征水分在土体中的活跃程度,可以较好地反映水分在土体中的迁移特性。主要包括导水率 $K(\theta)$、比水容量 $C(\theta)$ 以及扩散率 $D(\theta)$。

5.2.1　导水率

导水率是土水势梯度为1的情况下,单位时间内通过土体单位面积的水流量,其定义如下:

$$K(\theta)=\frac{q}{aT\dfrac{\Delta h}{L}} \tag{5.3}$$

式中:$K(\theta)$——导水率(cm/s);

q——试样出水流量(g/s);

a——试样过水断面积(cm^2);

T——时间(s);

Δh——水头损失或水头差(cm);

L——试样长度即渗透长度(cm)。

由式(5.3)可知,通过求得任意一点土体的出水流量 q 以及吸力梯度 $\frac{\partial s}{\partial z}$ 值,就可以计算出土体的导水率。要求出水流量 q 及吸力梯度 $\frac{\partial s}{\partial z}$,需先由试验获取土体剖面含水率(图5.6)和吸力值(图5.7)。

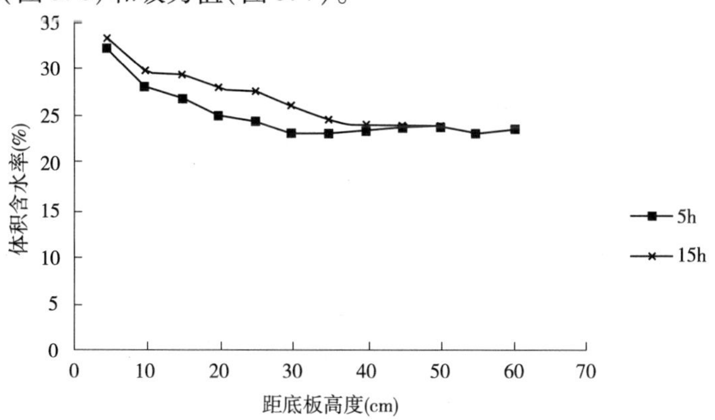

图5.6　不同时刻含水率分布曲线

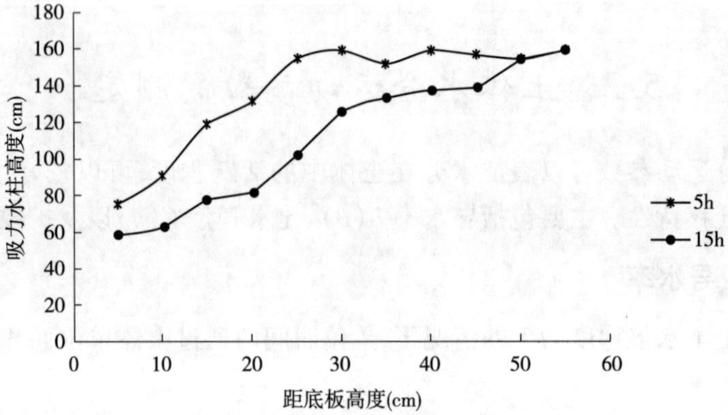

图 5.7　土体水吸力曲线

取任意两个 z 断面,应用体积含水率的变化曲线即可求出不同位置断面的出水流量 q;然后可以根据不同时刻土壤吸力曲线求出任意断面的吸力梯度;将求得的出水流量和吸力梯度代入式(5.3)中即可求出导水率 $K(\theta)$,得到风化千枚岩填料的导水率随含水率变化的公式。

$$K(\theta) = 0.09884e^{0.09512\theta} \tag{5.4}$$

5.2.2　比水容量

比水容量表示等温条件下土水势和体积含水率的定量关系,其定义为:

$$C(\theta) = \frac{\partial W}{\partial \varphi} \tag{5.5}$$

式中:$C(\theta)$——比水容量(cm);

W——体积含水率,以小数计;

φ——土水势的绝对值(kPa)。

由已测得的千枚岩填料水分特征曲线,根据比水容量的定义,计算土水特征曲线的斜率,即:

$$c(\theta) = \frac{d\theta}{d\varphi_m} \tag{5.6}$$

或者

$$c(\theta) = -\frac{\mathrm{d}\theta}{\mathrm{d}s} \tag{5.7}$$

由此方法可以求得千枚岩填料的比水容量,结果如下:

$$C(\theta) = 71100.66\mathrm{e}^{-14.7643\theta} \tag{5.8}$$

5.2.3 扩散率

导水率 $K(\theta)$ 与比水容量 $C(\theta)$ 的比值即为扩散率 $D(\theta)$ (单位为 cm^2/s),其表达式为:

$$D(\theta) = \frac{K(\theta)}{C(\theta)} \tag{5.9}$$

导水率、比水容量与扩散率的关系见式(5.10)。

$$D(\theta) = 1.4\times10^{-5}\mathrm{e}^{14.859420\theta} \tag{5.10}$$

5.3 风化千枚岩填料水分迁移试验研究

水分是影响路基稳定的重要因素,为了更好地研究路基内部水分的迁移路径,进行室内水分迁移试验,通过实时监测土体内含水率的变化,研究风化千枚岩填料的水分迁移特性。土体中水分迁移的动力主要有重力势、压力势、基质势、溶质势以及温度势。由于各种势能状态不统一,在土体中各种势能都有趋于平衡的趋势,势能之间不断的转化和转移。为了分析地下水或地表水对于千枚岩填料水稳定性的影响,在室内进行常温条件下的水分迁移试验。此时,风化千枚岩填料土体的水分迁移动力主要是基质势和重力势。

5.3.1 水分迁移试验设备的研发

试验中采用由长安大学自主研究开发设计的水分迁移测试系统进行测试。该测试系统主要由水分传感器、试模、补水装置、水分采集设备等组成,示意图如图 5.8所示。水分监测采集系统由 Soilmoisture Equipment Corp 生产的 tree system 水分测试仪和水分传感器组成。监测通道共有 60 路,测试精度可以达到 1%,最小水分采集周期 1min。

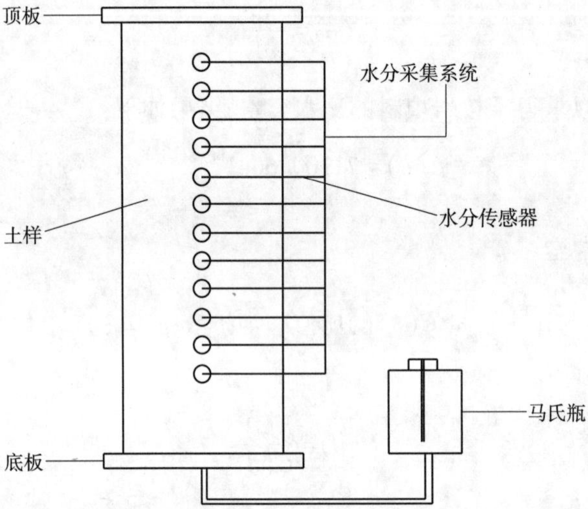

图 5.8　水分迁移试验系统

5.3.2　含水率的测试原理

1）水分测试原理

水分测试原理：将水分传感器埋入试模中的土体内，水分传感器就会实时测试被测土样中的含水率。水分采集系统主要由时域反射仪组成，型号为 6050X1 的 Trase System。水分采集系统对水分传感器反馈来的信号进行处理分析，最后计算得出被测土体内部的含水率。

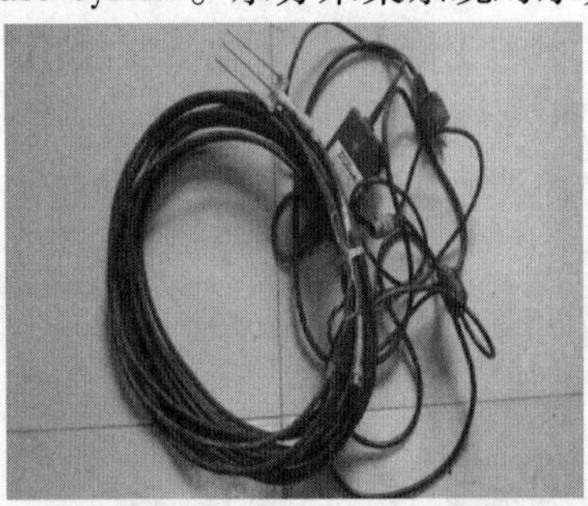

图 5.9　水分传感器及采集线

水分传感器及采集线如图 5.9 所示。传感器探头为平面三叉形，长度为 5cm。其数据测试原理为能量脉冲原理。能量脉冲的传递速度取决于组成物质的介电常数，当介电常数越大时，其能量脉冲的传递速率越小。饱和土体是由土骨架、水两项介质构成，而非饱和土体是由土骨架、水及空气三相介质构成。

土骨架、水及空气的介电常数一般范围见表 5.3。由于不同介质的介电常数均不相同，则能量脉冲在土体内部的传播速率也不相同。因此土体的介电常数可由式（5.11）计算。

$$Ka=\left(\frac{tc}{L}\right)^2 \tag{5.11}$$

式中：L——水分传感器探头的长度（cm）；

t——能量脉冲通过水分传感器探头的传递时间(1×10^{-9}s);

c——光速(1×10^{9}cm/s)。

土骨架、水及空气的介电常数　　表 5.3

介质	空气	土颗粒	水
介电常数	1	2~4	80

以精确的测量建立土体介电常数与已知体积含水率的土体之间关系,标定水分传感器,进而测试土体的含水率。土体体积含水率与质量含水率的关系为:

$$\theta_v = \theta_m \frac{\rho_d}{\rho_w} \tag{5.12}$$

式中:θ_v——体积含水率(%);

θ_m——质量含水率(%);

ρ_d——土体的干密度(g/cm^3);

ρ_w——水的密度(g/cm^3)。

2)补水原理

路基主要受地下水、地表水及大气降水的影响。模拟地下水影响时,应用补水瓶进行补水,补水瓶按照马氏瓶原理制成,可以控制补水水位与试件底板水平,从而模拟地下水的上升。补水瓶由上部开口的盛水瓶、瓶塞、玻璃管构成,如图 5.10 所示。用补水瓶模拟大气降水和地表水影响时,从试件顶部补水。

图 5.10　补水瓶

5.3.3　水分迁移试验方案

如图 5.11 所示,试模土柱的高度为 0.6m,直径为 0.2m。沿着土柱高度方向每隔 5cm 的高度埋设一支水分传感器,传感器的接触头要完全埋入土体内部,整个试模内共埋设 12 支。试验用料为风化程度较高的千枚岩填料,要求控制土样最大粒径小于 5mm。按照控制最大干密度法来制备试件。将一定质量的土样加水闷料 24h,充分拌匀使用料达到最佳含水率 9%。填筑试模时分层填筑、击实,使试模内土柱达到最大干密度。填筑完成后将上表面密封,然后开始补水,测试土柱内部含水率变化。

5.3.4　千枚岩填料水分迁移特性分析

(1)不同时刻含水率随高度的变化

由图 5.12 可以看出,在补水过程中,随着时间的推移,试件含水率由底部开始向上逐渐增大,随着试件高度的增加其含水率增加逐渐减小。由于基质吸力的作用,试件在初期水分迁移迅速,仅 10h 就上升了 40cm;50h 内水分已经迁移至试件的顶部;因为试件高度有限,在后续的时间内,含水率差异的不同导致其基质吸力差异造成水分进一步平衡。水分在迁移的过程中,同时也受到重力式的作用,因此试件终态含水率呈现上小下大趋势。

图 5.11　风化千枚岩土体水分迁移试验装置图

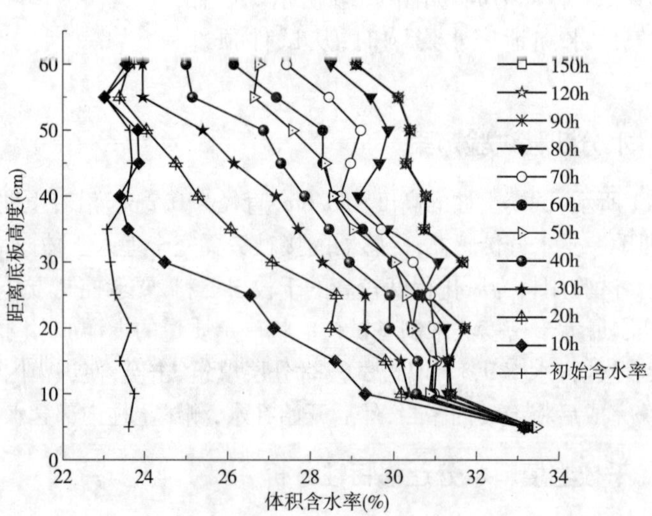

图 5.12　不同时刻体积含水率随高度变化曲线

(2)各层含水率随时间的变化

由图5.13含水率变化曲线图可以看出，在补水条件下，土柱中各层的含水率发生显著变化。其中距离底板5cm内的土体的含水率最先开始变化，在补水10h内呈现急剧增长趋势并达到饱和状态，随着补水时间的增长，含水率不再发生明显的变化，最终稳定在33%左右。而15~55cm范围内的土体含水率开始变化的时间均滞后于距离底部5cm内的土体，且高度越高，滞后时间越长。此外，15~55cm范围内土体含水率到稳定所需要的时间约为90h，是距离底板5cm内土体的9倍左右。随着补水时间的继续增长，即在90~150h内，15~55cm范围内土体的含水率几乎不发生变化，最终稳定在30%左右。

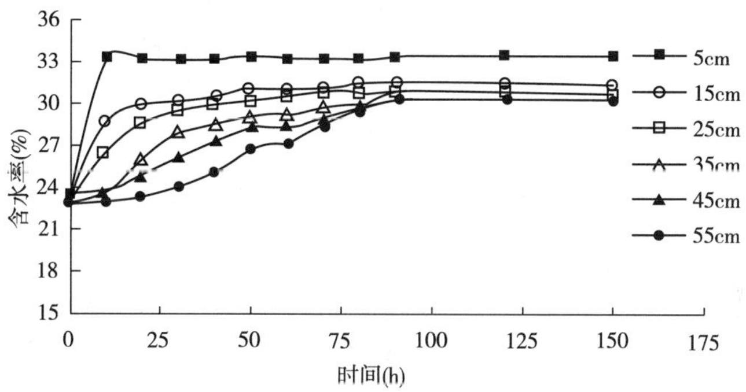

图5.13　土柱内部含水率随时间变化曲线

(3)千枚岩填料水分迁移机理分析

土体表面的弱结合水和自由水最容易发生迁移。弱结合水在强结合水以外，与土粒距离较大，它仍然受到土粒的电分子引力作用，和内层吸着水接触处的相互吸引力还是很大的。随着离开土粒表面越远，引力逐渐减小，远至不受引力作用时则过渡为自由水。因为引力降低，弱结合水的水分子排列不如强结合水紧密，可能从较厚水膜或浓度较低处缓慢地迁移到较薄的水膜或浓度较高处，亦可从土粒周围迁移到另一个土粒的周围[3]。

自由水处于颗粒电场以外，受颗粒电场影响较小，分为毛细水和重力水，毛细水受基质势控制，重力水受重力势控制。毛细水主要分布在土体颗粒内部间贯通的孔隙，毛细水上升高度与毛细管半径成反比，所以对于粒径较大的土体毛细水上升高度较小。在土样中，由于颗粒均较小，土体对水的敏感性高，因此基质势引起的毛细水上升是土体水分迁移的一个重要原因。不同土性与不同粒径，土中毛细水上升高度也会不一样。重力水是指自由水面以下、土体颗粒电分子引力以外，仅在重力作用下运动的水。

对于千枚岩填料而言,基质势和重力势是土体中水分发生迁移运动的主要动力,由风化千枚岩土体的土水特征曲线可知,当土体质量含水率低于12%时,土体基质势具有较强的吸力效果。风化千枚岩土体的含水率越小,其基质势就越大,即吸力水柱高度也就越大。试验中土体初始质量含水率为9%,此含水率状态下风化千枚岩土体对水敏感性较高,基质吸力也较大,主要表现在补水初期土柱含水率变化速率较快。随着水分不断进入土柱,水分上升得越高其重力势的作用就越显著,所以土体内部含水率呈现上小下大的趋势。在风化千枚岩填料土体的水分向上迁移过程中,土体的基质吸力是水分向上迁移的主要动力,向上迁移的过程中水需要克服重力做功,因此重力势在此过程中表现为阻力。因此可以说,千枚岩填料中水分迁移是重力势和基质势综合作用的结果。

5.4 风化千枚岩路基内部含水率监测

风化千枚岩填料的工程性质受水影响较大,十天高速公路安康东地区雨季较长,对路基路面的影响较大,为了研究路基内部的水分变化,及其路基受水的影响程度,在路基内部埋设水分传感器,并定期进行水分数据采集。

5.4.1 埋设断面的选取

充分考虑地下水位和地表水以及周围环境的影响,在十天高速公路33标段选取两个符合高填方、靠山、临河等情况的断面,埋设水分传感器进行长期现场观测。根据现场的具体情况,两个断面分别选在大金河大桥附近和ACD33标段第二预制场附近,桩号分别为K55+143和K56+876(图5.14、图5.15)。其中,K55+143处路基填筑时,对风化千枚岩填料进行3%水泥改良;K56+876处用未改良的风化千枚岩填料直接进行路基填筑。

5.4.2 埋设装置的布置方案

传感器布设在临河的半幅路基中,每个断面分三层埋设,每层之间间距1m,第一层距上路床顶面3m,每层埋设9根,埋设间距随着靠近临河挡墙逐渐加密(图5.16),主要原因是路基边坡处受大气降水的影响较大。

a)靠山侧　　　　　　　　　　b)临河侧高挡墙

图 5.14　K55+143 断面周围环境

a)靠山侧　　　　　　　　　　b)临河侧高挡墙

图 5.15　K56+876 断面周围环境

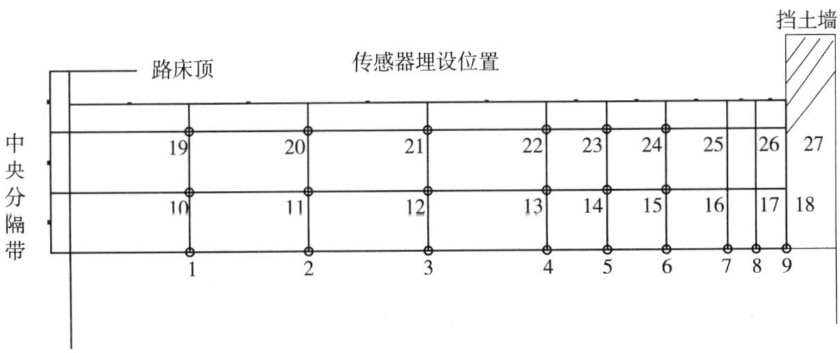

图 5.16　水分传感器布置示意图

注:图中标注单位为 cm;○表示传感器布设点

5.4.3　现场含水率监测

根据降水情况和道路受荷情况选取有代表性的月份进行数据采集,数据采集的月份可以不固定,可根据当年的具体情况而定,在道路施工阶段采集数据 4~5 次,用以判断施工阶段路基内部含水率的变化趋势。2011 年分别在 3 月 8 日(传感器埋设完毕)、6 月 20 日(雨季开始)、8 月 10 日(路面铺筑,经历一段大范围降雨过程)、11 月 23 日(一整年的降雨过程结束)进行监测。

5.4.4 试验路段含水率变化特性

1)路基内部相同层位含水率变化

由 K55+143 断面 3%水泥改良风化千枚岩路床顶面以下 1m 处含水率变化[图 5.17a)]可以看出,土体内部水分随时间的增加逐渐增大,雨季开始时路基内部水分增长较快,路面铺筑以后路基内部水分增长速率减慢,强降雨以后路基内部水分仍有增长,但增长幅度减小。

由 K56+876 断面路床顶面以下 1m 数据可以看出[图 5.17b)],未改良风化千枚岩路床顶面以下 1m 处的水分随时间的变化规律与 3%水泥改良路基相似,但在同一时段路基内部的含水率明显比 3%水泥改良的路基大。一个完整雨季结束后,路基内部的含水率仍在缓慢增加。

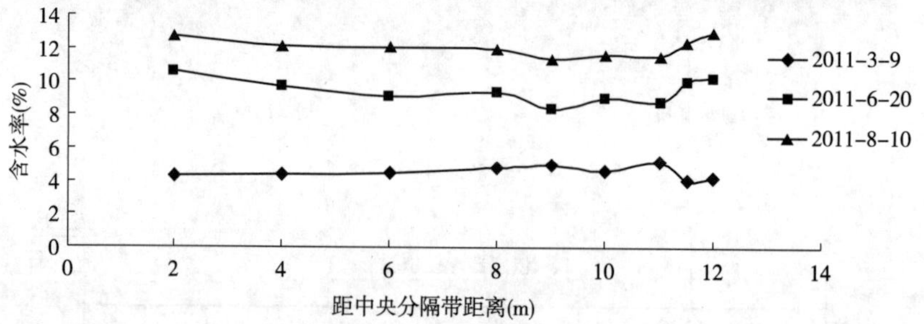

a)K55+143改良断面

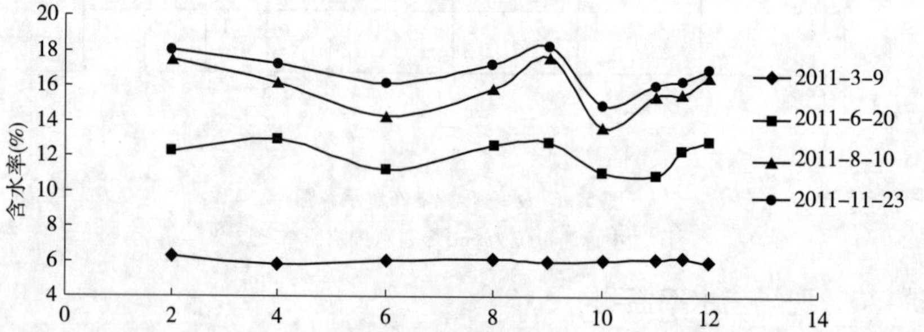

b)K56+876未改良断面

图 5.17 改良和未改良断面路床顶面以下 1m 内含水率的变化曲线

通过两测试断面的数据对比可知，改良路段路基内部水分随时间增加速度降低，路基内部含水率的增加主要发生在路基施工过程中，路面铺筑以后起到防水作用，进入路基内部的水分较少，进入路基的水分在竖向渗水较慢，在道路横向会发生渗水，进入路基排水系统或者通过挡墙的排水管排出。因此，改良路基较未改良路基的水稳定性好。

两断面的初始含水率分布较均匀，且含水率均小于最佳含水率，但是随着时间变化各点的含水率增大，这种差异在未改良路基中表现更明显。分析原因：未改良路基填料在施工过程中、后期运营中，受行车荷载及大气降水的作用，发生再次破碎，细粒增多。特别是施工车辆在路基上行驶时一般在靠近中央分隔带的左右 9m 范围内，此范围内路基填料受荷载较大，细粒料含量增多，含水率相对较大。相比之下，3%水泥改良风化千枚岩填筑路基在荷载作用下含水率变化较小，与路基土体强度增高、发生二次破碎的效应较小有关。这也进一步说明水泥改良路基能够提高路基的水稳定性。

由改良路基和未改良路基距中央分隔 2m 处路基内水分纵向变化的数据（图 5.18）可以看出：施工完成以后各高度处路基内部含水率均较小，小于最佳含

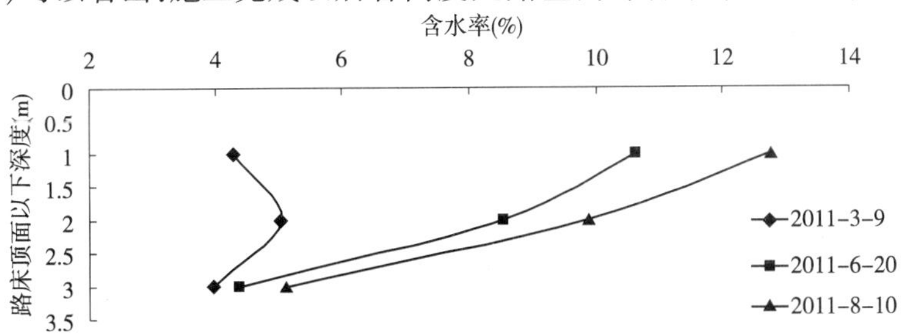

a)K55+143改良断面

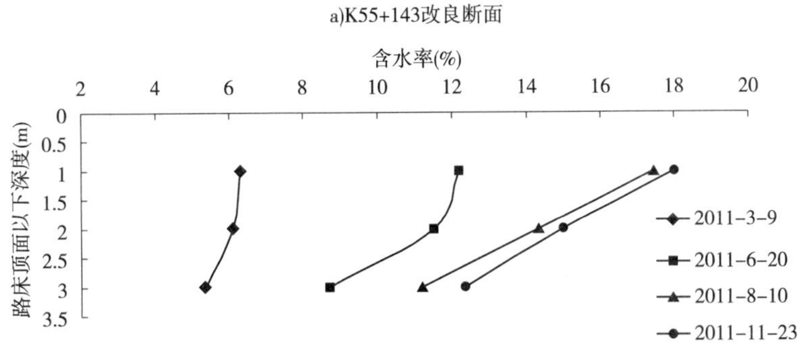

b)K56+876未改良断面

图 5.18　改良和未改良断面距中央分隔带 2m 处路基内水分变化

水率,且有一定差异,这是由于施工变异性造成的;随着时间的变化,大气降水进入路基,路基内水分变化呈现从上到下减小的规律;3%水泥改良路基和未改良路基水分在路基深度方向的变化规律相似,但未改良路基的含水率明显大于3%水泥改良路基路床以下相同高度处的含水率。

2)路基内部水分沿深度变化规律

由于水分传感器埋设在路床顶面以下3m范围内,风化千枚岩路基的土体孔隙率较大,毛细作用引起的地下水上升高度很小,很难到达此范围。因此,此范围路基内部水分的补给都来自大气降水,大气降水自上而下进入路基,路基内部的水分呈自上而下减小趋势。此外路基内部填料在荷载作用下会产生破碎,上层路基填料破碎后细粒含量增加的幅度比下层大也是路基内部含水率自上而下减小的原因。3%水泥改良后的路基,竖向渗水较未改良路基小,沿路基深度方向含水率减小幅度较大,水稳定性增强。

本章参考文献

[1] D.G费雷德隆德,H.拉哈尔佐.非饱和土土力学[M].陈仲颐,译.北京:中国建筑工业出版社,1993.

[2] 徐捷,王钊,李未显.非饱和土的吸力量测技术[J].岩石力学与工程学报,2000,19(S1):905-909.

[3] 赵成刚,等.土力学原理[M].北京:清华大学出版社,2004.

第6章 水分迁移变化对风化千枚岩填料力学性能的影响

大气降水和地下水的上升使得路基内部的水分逐年增大。大量现场调查资料表明,新建路基在竣工初期其含水率一般在10%~20%,但在运营一段时间后路基内部的含水率升至15%~35%,比竣工初期增长5%~10%。这也表明公路在运营状态下,路基内部的含水率较容易受到外界因素的影响,并有较大幅度的增长,成为影响路基强度及耐久性的关键因素。为了研究水分对千枚岩填料路基力学性能的影响,本章应用自行研发设备测试了不同含水率下土体的回弹模量;同时在现场选择典型路段,对比分析了水分迁移引起的路基湿化变形问题及其对路基承载能力的影响。

6.1 不同含水率条件下土体的回弹模量变化特性

6.1.1 室内小型承载板测试装置

风化千枚岩填料有遇水易崩解、软化,强度低,稳定性差等不良工程特性,表明水分是影响其力学性能的关键。为了研究风化千枚岩作为路基填料在不同条件(含水率、含石率、水分迁移等)下的回弹模量衰减变化规律,分析土体承载能力指标回弹模量的测试原理,研究人员设计了一套室内小型承载板测试装置。

该试验装置主要包括试筒模型、加载设备、变形测试装置3个主要部分,试验测试系统如图6.1、图6.2所示,具体介绍如下。

1)试筒模型

试筒模型主要由有机玻璃护筒、刚性底板、钢板护环以及6根刚性立柱组成。《岩土工程勘察规范》(GB 50021—2001)中规定:浅层平板载荷试验,试坑尺寸大小应是承载板直径的3倍。因在试验中采用直径20cm的刚性承载板,所以试筒直径为60cm,高度为65cm。刚性底板位于有机玻璃护筒下面,护筒底部支撑在刚性底板上;有机玻璃护筒的正上方设置有钢板护环,钢板护环的外径和所述刚性底板的直径均大于有机玻璃护筒的外径;钢板护环与刚性底板之间通过6根刚性立柱紧固连接为一个整体,且刚性立柱沿钢板护环圆周方向布设,且有机玻璃护筒通过上述6根刚性立柱紧紧固定在钢板护环与刚性底板之间;上述6根刚性立柱均可加长,加长杆上可以安装加载横梁,并且可以保证土体填筑后给安装千斤顶留下足够的空间。

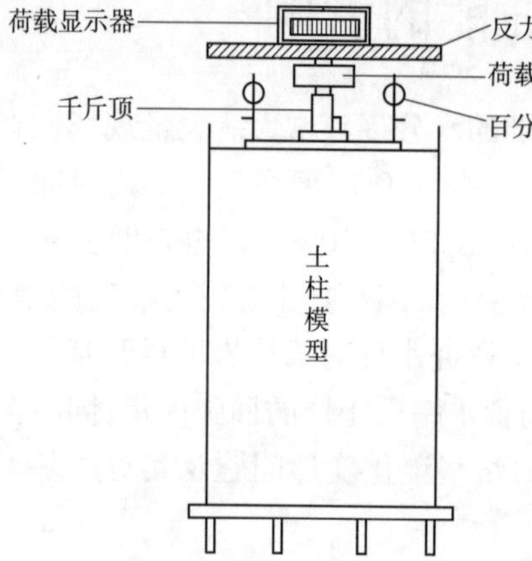

图6.1　试验测试系统示意图

图6.2　试验测试系统实体图

图6.3　加载及变形测试设备

2)加载装置

加载装置由反力横梁、千斤顶、TJH-4A荷载传感器、TY5D/A数字显示仪组成。加载装置如图6.3所示。加载时使承载板、千斤顶以及荷载传感器中心保持在同一直线上,且与反力横梁中心对齐,以此来保证受力均匀。

3)变形测试设备

变形采集装置主要由百分表和固定百分表的支架组成。百分表最大量程为10mm,精度为0.01mm。试验使用两个百分表,试验中应将百分表对称布设于刚性板上,以两者读数的平均值作为某一时刻的土体变形值。固定支架选用可吸附式的刚性支架,支架可以牢固地吸附在刚性护环上,百分表固定在支架末端。

6.1.2　回弹模量的试验方案

受千枚岩矿物成分及千枚状构造的影响,风化千枚岩填筑的路基对外界条件的变化极为敏感，外力荷载、填料的颗粒形状、温度变化都是影响路基强度及变形特性的关键因素。除此之外，粗颗粒路基填料的颗粒级配组合、含水率分布也是影响千枚岩路基强度及稳定性的关键因素。

为了研究路基填料的颗粒级配组合及含水率对路基回弹模量的影响，试验通过配制不同含水率、不同粗颗粒含量的土料，进行土基回弹模量测试。

1）试料选取

借鉴已有研究成果，可知粗颗粒含量55%为击实试验条件下的最佳级配组合，其中粒径大于4.75mm的为粗颗粒填料（或称之为石料），反之为细颗粒填料（或土料）。粗颗粒含量为55%时的最佳级配组合，曲率系数 C_c 为1.38，不均匀系数 C_u 为24.63，其中最大粒径不超过63mm，满足《公路路基施工技术规范》（JTG F10—2006）中最大粒径不超过100mm的要求，其颗粒级配曲线如图6.4所示。

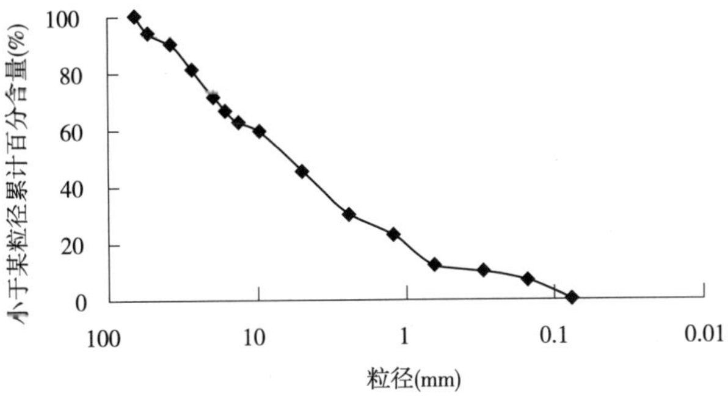

图6.4　粗颗粒含量为55%土料的级配曲线图

以粗颗粒含量55%的级配组合为基准，配制粗颗粒含量为25%、35%、45%、55%、65%、75%及无粗颗粒含量的细颗粒组共7个级配组合。每个级配组合中，筛孔尺寸为4.75~53mm的颗粒质量与筛孔尺寸为2.36~0.075mm的颗粒质量的换算公式分别见式(6.1)、式(6.2)。

$$m_{\geqslant 4.75\text{mm}}=\frac{p_5}{55\%}m_{总}\,a_i \tag{6.1}$$

$$m_{<4.75\text{mm}}=\frac{1-p_5}{1-55\%}m_{总}\,a_i \tag{6.2}$$

式中：$m_{\geqslant 4.75\text{mm}}$——每种级配筛孔尺寸为4.75~53mm所对应的颗粒的质量(kg)；

p_5——大于4.75mm粒径的粗粒料含量(%)；

$m_{总}$——每种级配土料总质量(kg)；

a_i——粗颗粒含量为55%时各颗粒粒径所对应的筛余率(%)，见表6.1；

$m_{<4.75mm}$——每种级配筛孔尺寸为 2.36~0.075mm 所对应的颗粒质量(kg)。

根据图 6.4、表 6.3 及式(6.1)、式(6.2)计算得到七种不同粗颗粒含量的级配组合,计算结果如表 6.1 所示。

千枚岩填料各级配组合颗粒组成(单位:kg) 表 6.1

含石量(%)	筛孔尺寸(mm)													
	53	37.5	26.5	19	16	13.2	9.5	4.75	2.36	1.18	0.63	0.3	0.15	0.075
75	25.03	14.96	35.55	40.39	20.19	14.96	12.54	58.56	25.03	12.49	17.43	3.95	5.28	9.88
65	21.81	12.99	30.94	35.15	17.60	12.99	10.91	50.96	35.15	17.60	24.54	5.55	7.39	13.88
55	19.53	11.65	27.72	31.50	15.75	11.65	9.76	45.67	47.87	23.94	33.39	7.56	10.08	18.90
45	14.85	8.89	21.11	23.99	11.97	8.89	7.43	34.79	54.48	27.22	37.97	8.60	11.48	21.50
35	11.14	6.63	15.80	17.96	8.98	6.63	5.55	26.05	61.92	30.98	43.21	9.78	13.02	24.45
25	7.90	4.72	11.22	12.75	6.37	4.72	3.95	18.49	71.06	35.53	49.55	11.22	14.96	28.05
细颗粒	0.00	0.00	0.00	0.00	0.00	0.00	0.00	0.00	94.34	47.17	65.79	14.90	19.86	37.24

2)模型的填筑

(1)试验设计

试验共 7 种颗粒级配,每种级配分别配制 6 种含水率,具体设计方案如表 6.2 所示。若随含水率增大,填料表面变得松软而难以测得有效回弹变形,则该组试验作无效处理。

试验方案设计 表 6.2

含石量(%)	含水率(%)					
	3	5	7	9	11	13
细颗粒	√	√	√	√	√	√
25	√	√	√	√	√	√
35	√	√	√	√	√	√
45	√	√	√	√	√	√
55	√	√	√	√	√	√
65	√	√	√	√	√	√
75	√	√	√	√	√	√

(2)分层填筑

填筑前先在底部铺上一层厚 3~4cm 的碎石,碎石粒径在 1cm 左右,用以保护护筒底补水口免受破坏。土柱模型按上路堤压实标准分四层填筑并分别击实,填筑过程中采用体积控制法，每层填筑质量按式(6.3)计算。为了满足压实质量要求，将计算质量的千枚岩填料压实到相应体积即可，具体填筑参数见表6.3。

$$M=\rho_{dmax}V\gamma \tag{6.3}$$

式中：M——各层所需千枚岩填料的质量；

ρ_{dmax}——击实试验得到的最大干密度，不同级配填料的最大干密度见表6.3；

V——填筑各层的体积；

γ——压实度，根据《公路路基施工技术规范》(JTG F10—2006)要求，上路堤压实度 $\gamma \geqslant 94\%$，此处选择 $\gamma = 94\%$。

配制非最佳含水率的填料时，以表6.3中最佳含水率条件下的填料质量为基准，不改变填料总质量，通过加水或者晾晒的方法，使之达到期望含水率，其压实效果也以该填料在最佳含水率条件下的击实次数为标准进行击实。

不同粗颗粒含量下土料的填筑参数　　表6.3

项　目	粗颗粒含量						
	细颗粒	25%	35%	45%	55%	65%	75%
最大干密度(g/cm³)	2.091	2.1	2.112	2.215	2.358	2.227	2.218
最佳含水率(%)	9.014	8.924	8.717	8.036	7.305	6.741	6.382
每层填筑质量(kg)	69.823	70.124	70.524	73.296	78.739	74.364	74.064
各种土料总质量(kg)	279.29	280.49	282.1	296.08	314.96	297.46	296.26

3)测试过程

(1)准备工作

将试验所需设备准备妥当，先安置承载板于试模的中心位置，并调整承载板使其处于水平状态，然后安装千斤顶使之位于承载板中间，逐次安装反力横梁、TJH-4A荷载传感器、TY5D/A数字显示仪，最后将两个百分表对称安置在承载板两侧，表针调整到合适的初始位置上。

(2)测试步骤

①用千斤顶预压至0.05MPa，稳压1min，使承载板与填料紧密接触，检查百分表工作状况是否正常，放松千斤顶油门卸载1min后，记录数据为初始值。

②测定土柱模型的荷载—回弹变形曲线。用千斤顶加载，采用逐级加载卸载法，用TJH-4A荷载传感器及TY5D/A数字显示仪控制加载量，荷载小于0.1MPa时，每级增加0.02MPa，以后每级增加0.04MPa左右。每次加载至预定荷载 p 后，稳定1min，立即读取两只百分表读数，然后慢慢松开千斤顶油门将荷载卸至零，待卸载稳定1min后，再次读数，每次卸载后百分表不再调整。当两只百分表读数之

差不超过平均值的30%时,取平均值;如果超过30%,则应重测。当回弹变形值超过0.5mm时,则停止加载。

③各级荷载的回弹变形和总变形按规范介绍的方法进行计算。

④回弹变形测试完成后,用烘干法测填料的含水率,并将填料取出。

(3)回弹模量值的计算

本试验回弹模量的计算不需考虑影响量 a_i,其计算公式见式(6.4)。

$$E_0=\frac{\pi D}{4}\cdot\frac{\sum p_i}{\sum L_i}(1-\mu_0^2) \tag{6.4}$$

式中:E_0——土基回弹模量(MPa);

D——承载板直径(cm);

p_i——对应于 L_i 的各级压力值(MPa);

L_i——结束试验前的各级实测回弹变形值(cm);

μ_0——土的泊松比,根据路面设计规范相关规定选用,此处取0.35。

4)数据处理

(1)回弹变形曲线的处理

①p-l 曲线类型

由于路基强度的非线性特性,现场承载板逐级加卸载得到的压强—回弹变形曲线 p-l 常为光滑的曲线,研究表明 p-l 曲线主要有5种类型[1],如图6.5所示。

根据承载板实测的 p-l 曲线,发现上述5种类型曲线可以用两种多项式进行拟合[2]:

二次抛物线,如图6.5b)、图6.5c)所示:

$$l=a_2p^2+a_1p+b \tag{6.5}$$

三次抛物线,中间有曲线转点,如图6.5d)、图6.5e)所示:

$$l=a_3p^3+a_2p^2+a_1p+b \tag{6.6}$$

上式中,a_1、a_2、a_3 及 b 为回归方程参数。

根据原点修正的规定,式(6.5)、式(6.6)中的常数 b 为原点修正值,也就是 $p=0$ 时的回弹变形值。使用上述多项式拟合的 p-l 曲线不仅可以满足曲线的光滑性要求,而且也便于使用计算机软件进行曲线绘制。根据散点图选择一个最佳拟合曲线多项式,其常数即为原点修正值。为了防止拟合回归过度或者修正过度,借鉴已有实践经验,回归多项式的最高次幂为3或3次以内最宜。

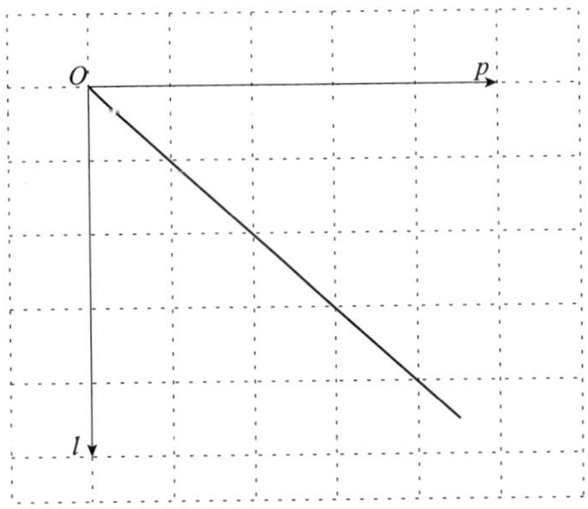

a)直线形

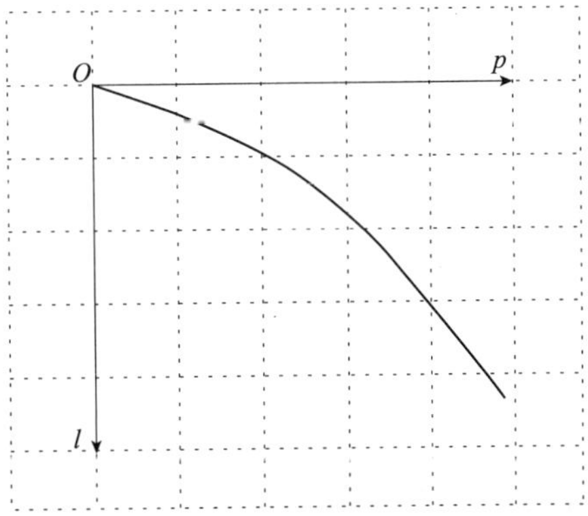

b)开口向下的抛物线形

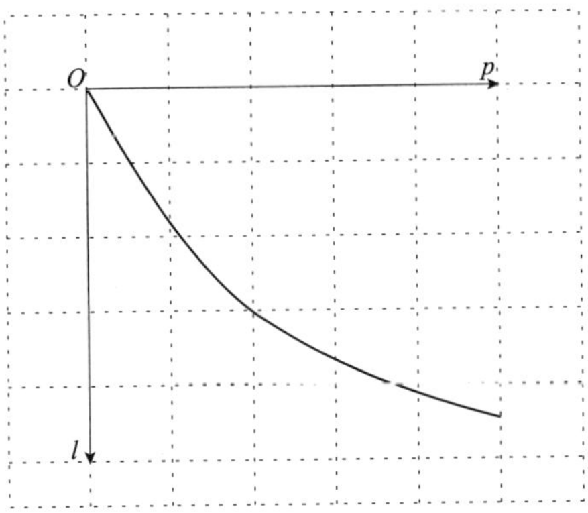

c)开口向上的抛物线形

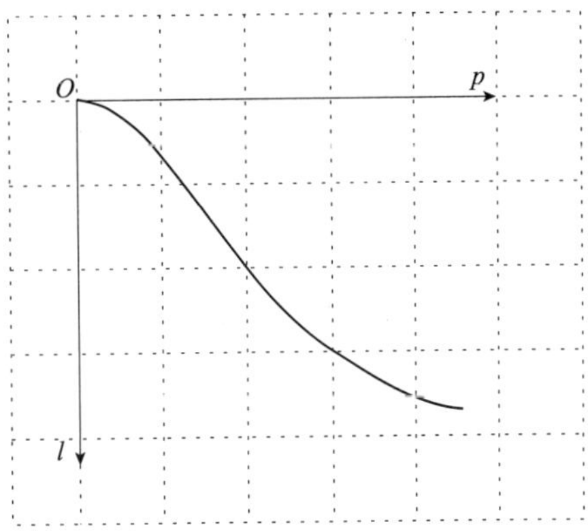

d)Z形曲线

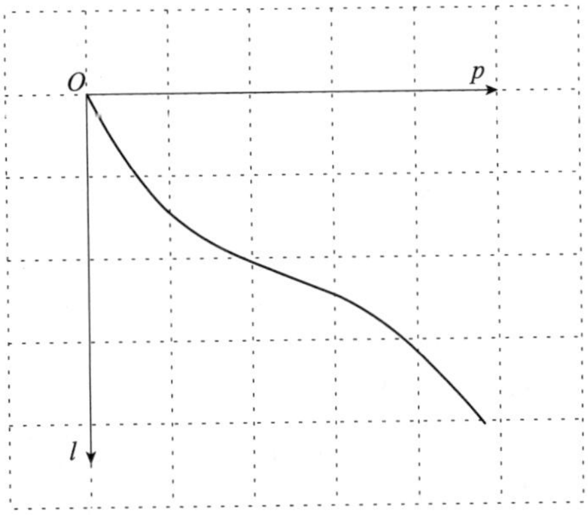

e)S形曲线

图 6.5 常见回弹变形曲线的类型

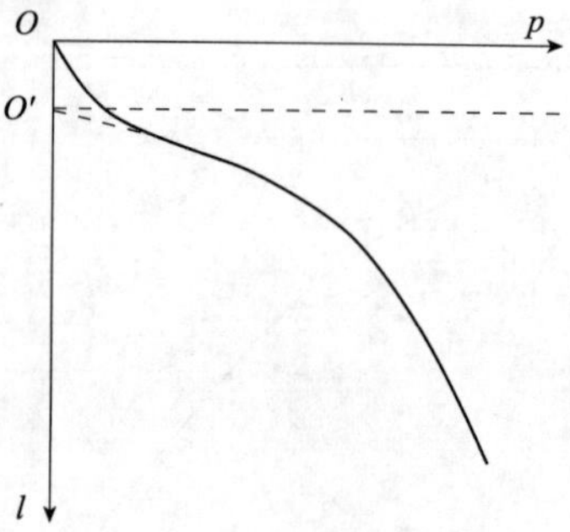

图 6.6　原点修正示意图

②p-l 曲线的修正

根据《公路路基路面现场测试规程》(JTG E60—2008)规定[3],将各级计算回弹变形值绘在标准计算纸上,排除显著偏离的异常点,然后绘制出顺滑的 p-l 曲线。若曲线起始部分出现反弯,则按图 6.6 进行原点修正,O'为 O 修正后的原点。

(2)回弹模量值的修正

该试验属于室内一维土柱路基模型,但采用的是现场回弹模量的测试方法,所以填料受到很大的模型筒底和筒壁的约束作用,当采用基于弹性半空间理论的公式计算路基回弹模量时,应进行试筒尺寸约束的修正。为此,将试筒约束视为刚性下卧层,推导具有刚性下卧层的弹性层应力、应变和位移的计算公式,并结合轴对称有限元分析和室内外承载板实测结果的对比验证,确定室内承载板法试筒尺寸的综合修正系数 λ。综合修正系数 λ 值与承载板直径大小有关,不同直径承载板的 λ 值可以采用以下经验公式进行确定[4]:

$$\lambda = 1.2381\times10^{-5}D^2 - 5.5838\times10^{-3}D + 1.0283 \quad (R^2 = 0.99996) \tag{6.7}$$

式中:λ——试筒尺寸约束综合修正系数;

D——承载板直径(mm),本试验中取 200mm。

根据计算所得的 λ 及试验测得的回弹模量值按式(6.8)进行修正:

$$E_{os} = \lambda E \tag{6.8}$$

式中:E_{os}——修正后的回弹模量(MPa);

λ——试筒尺寸约束综合修正系数,由式(6.7)计算得 $\lambda = 0.4$;

E——室内试验法回弹模量的实测值(MPa)。

6.1.3　模量变化特性分析

根据修正后的 p-l 曲线及式(6.4)计算的各组回弹模量值,用式(6.7)计算得到的 λ 值对回弹模量值进行修正,结果见表 6.4。

由表 6.4 计算结果可知,大多数回弹模量值均不能满足规范要求。规范规定土基回弹模量值应大于 30MPa,重交通、特重交通公路土基回弹模量值应大于 40MPa。随着含水率的增大,回弹模量值的衰减幅度尤为突出。在表 6.4 的基础上进行如下两种情况的对比分析,从而总结归纳出风化千枚岩作为路基填料的回弹模量衰减变化规律。

修正后的回弹模量值(单位:MPa)　　表6.4

粗颗粒含量	含水率					
	3%	5%	7%	9%	11%	13%
细颗粒	29.14	30.42	31.97	28.62	25.12	7.75
25%	34.93	36.63	33.22	29.36	24.65	—
35%	43.57	45.85	47.26	31.93	24.12	—
45%	43.27	47.18	41.66	32.55	21.54	—
55%	42.21	39.13	35.36	29.22	18.56	—
65%	30.93	42.55	28.49	15.33	—	—
75%	34.76	36.19	27.72	17.73	—	—

1)回弹模量随含水率的变化规律分析

土体回弹模量随着含水率的变化如图6.7所示。

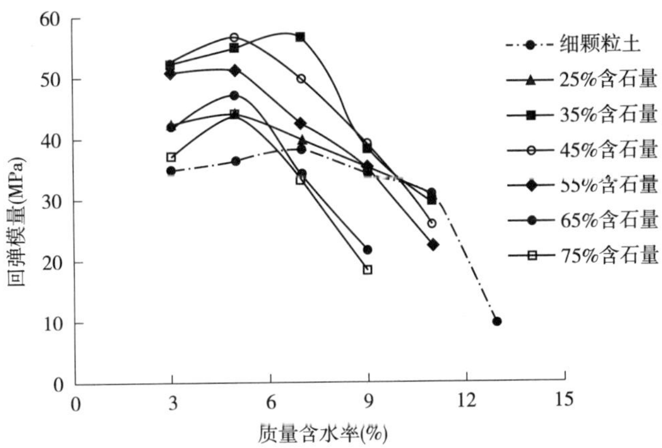

图6.7　回弹模量随含水率的衰减变化规律

由图6.7可知,同一含石量的土体,在不同的含水率情况下,回弹模量差异很大。其中含石量为35%的土体回弹模量明显大于其他粒组,且在含水率为7%的条件下,含石量为35%的土体回弹模量达到最大,为47.26MPa。不同含石率的粒组,回弹模量随着含水率的变化规律类似,均是呈现出先增大后减小的趋势。而回弹模量减小的速率明显大于回弹模量增加的速率,这与压实度中的最佳含水率有关。在压实过程中,当土体含水率小于最佳含水率时,水在土颗粒之间起着润滑作用,有利于土颗粒之间的挤密。随着含水率的增大,土颗粒进一步靠拢,从而土体强度增大,进而回弹模量随着含水率的增加而增大;当土体含水率大于最佳含水率时,随着含水率的增大,土颗粒表面的水膜变厚,水分会阻碍土颗粒的进一步靠拢,致使土体强度降低,导致回弹模量随之减小。特别是含水率增加到一定程度后,土体被浸泡,强度急剧衰减,从而使得回弹模量也急剧衰减。

此外,由《公路沥青路面设计规范》(JTG D50—2006)[4]可知,土基回弹模量值应大于30MPa,重交通、特重交通公路土基回弹模量值应大于40MPa,当含水率大于或等于7%时,65%和75%含石率的土体回弹模量已经不能满足规范的最低要求;而当含水率大于或等于11%时,所有粒组的土体回弹模量均不能满足规范的最低要求。综上,当含水率为5%左右时,各个粒组的回弹模量均处于较好状态。鉴于含水率对土体回弹模量的影响极大,因此在路基的填筑过程中,要充分考虑土体含水率对路基稳定性的影响。

2)回弹模量随含石量的变化规律分析

图6.8所示为回弹模量值随粗颗粒含量的变化规律,用以分析同一含水率时不同粗颗粒含量的回弹模量值变化分布趋势。由图6.8可知,含水率为9%、11%时,各不同粗颗粒含量的试组所对应的回弹模量值均相对较小,其中含水率11%组所对应的回弹模量值最小;含水率3%、5%、7%在各不同粗颗粒含量的试组所对应的回弹模量虽数值各异,但变化曲线较为一致。其中尤以含水率5%、含石量35%~55%为最佳。

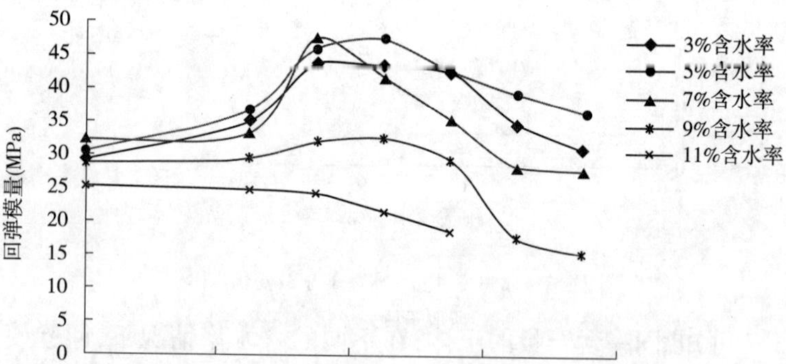

图6.8 回弹模量随含石量的衰减变化规律

对比分析图6.8中各条变化曲线可知,粗颗粒含量的多少也是影响路基回弹模量值的关键因素,风化千枚岩作为路基填料,在修筑过程中,要综合考虑含水率与含石量的影响,根据试验结果选择合理的路基填料参数,才能取得理想的质量效果。

6.2　模拟地下水上升条件下回弹模量的变化特性

地下水是影响路基回弹模量变化特性的关键因素之一，为了分析不同粗颗粒含量的千枚岩填料在地下水补水条件下的水分迁移特性及强度衰减变化特性，通过模拟地下水上升过程，监测水分迁移条件下回弹模量值的衰减变化规律，为千枚岩弃料填筑路基的修筑及养护提供必要的技术支撑。

6.2.1　地下水上升条件下路基回弹模量试验方案

由上述研究可知，千枚岩填料中含石量是影响回弹模量的重要因素，分析不同粗颗粒含量的千枚岩填料在补水条件下的水分迁移特性及强度衰减变化特性，判断粗颗粒含量所占比例对路基回弹模量衰减变化的影响，以选择填料的最佳颗粒级配组合。

1）填料的选择

选用3种具有代表性的千枚岩填料进行试验，即细颗粒土填料、含石量55%的填料、含石率75%的填料，各填料的颗粒级配如图6.9所示。

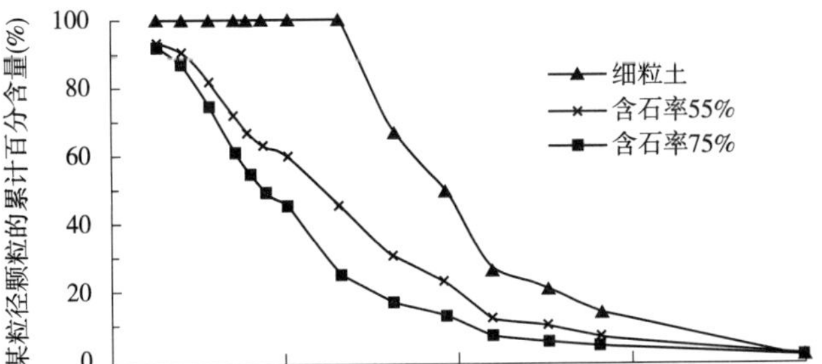

图6.9　试验所取千枚岩填料的级配曲线

2）补水方式

在模型底部有3～4cm厚的碎石层，由试件底部进行补水，碎石的粒径在1cm左右。碎石层下部为不透水的圆形钢板，钢板中心留有圆孔，圆孔处设置补水头，用外接塑料软管与马氏瓶连接，通过往马氏瓶中加水来补水，以此模拟地下水的水分迁移。碎石层始终充满水，通过马氏瓶不断补充水量，使地下水保持恒定的水压。

3)测试时间

在不同的补水时间测试土体内部含水率的大小,当含水率基本稳定时,测试土体回弹模量的大小。

6.2.2 地下水上升对回弹模量的影响

1)水分迁移特性

试筒填筑完毕后,使用水分采集仪测试各土层含水率,即为初始含水率。开始补水后,将千枚岩土柱分为5层,按1d、3d、5d、7d、10d、15d、25d的时间间隔分别测试不同土层的含水率,得到不用层位的含水率随时间的变化曲线,如图6.10所示。

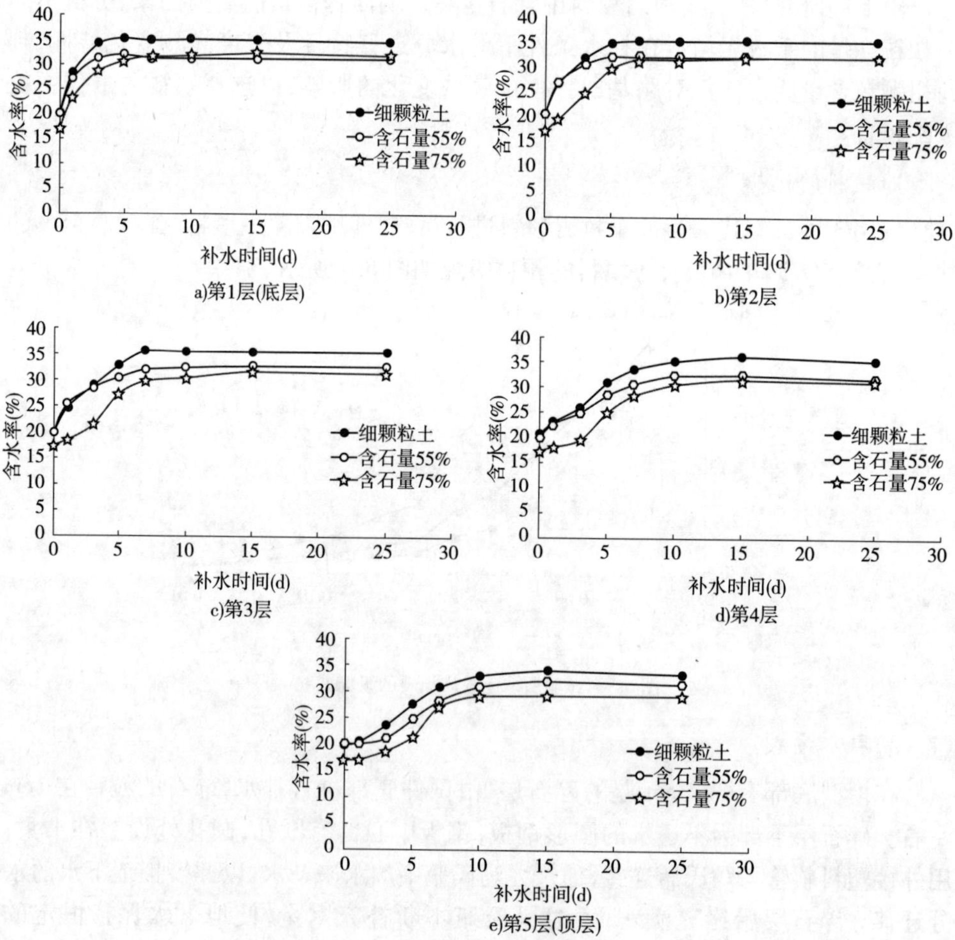

图6.10 不同含石量条件下含水率随时间的变化

由图 6. 10 可知，在千枚岩土柱的不同深度处，含水率在持续补水条件下逐渐增大，直至达到饱和。然而在不同含石量的条件下，填料最终的饱和含水率和达到饱和含水率所需要的时间有较大的差别。

综合比较 5 种层位的饱和含水率可知，细颗粒土填料的饱和含水率明显大于含石量 55%和含石量 75%的填料；在千枚岩土柱层位较低的情况下，含石量 55%和含石量 75%的含水率差别不是特别大，但是在土柱的最上层，含石量 55%填料的饱和含水率明显大于含石量 75%的填料。这可能是由于土的持水能力随着土颗粒粒径的减小而增强的缘故。显然，细颗粒土的土颗粒粒径最小，其次是含石率 55%的填料，而含石率 75%的填料粒径最大。

由图 6. 10a）、图 6. 10b）可知，在底部补水条件下，位于土柱底层的填料迅速达到饱和，此时，细颗粒土、含石量 55%和含石量 75%的千枚岩达到饱和所需要的时间差别不大，均为 7d 左右；而由图 6. 10c）~图 6. 10e）可知，细颗粒土填料达到饱和所需要的时间要明显小于含石量 55%和含石量 75%的填料，而含石量 75%的填料达到饱和所需要的时间最长。此外，在 5 种层位卜，细颗粒土的含水率随时间变化曲线的斜率最大，其次是含石量 55%的曲线斜率，最小的是 75%的曲线斜率，说明细颗粒土填料的含水率的变化速率要显著大于含石量 55%和 75%的填料。因此，土颗粒之间的空隙大小不仅影响毛细水的上升高度，而且还影响毛细水的上升速度，土颗粒之间的空隙越大，毛细水上升速度越缓慢。

此外，由图 6. 10 还可知，3 种含石率条件下，随着试件高度的增加，含水率随时间变化的曲线的斜率逐渐减小，说明随着试件高度的增加，水分上升越来越困难。这是由于水分在基质吸力和重力作用下，是一个逐渐上升的过程，而且随着高度的增加，水分上升越来越缓慢。

2）回弹模量变化特性

根据上述修正好的 p-l 曲线，使用公式（6.4）计算出初始状态（补水前）和补水 25d 后的回弹模量值，并使用公式（6.7）计算所得的 $\lambda = 0.4$ 对回弹模量值进行修正，最终计算结果绘于图 6.11 中。

由图 6.11 可知，与初始状态（补水前）相比，补水 25d 后的千枚岩填料的回弹模量均急剧衰减，下降幅度极大。根据规范要求[4]，土基回弹模量值应大于 30MPa，重交通、特重交通公路土基回弹模量值应大于 40MPa。而补水 25d 后的千枚岩填料的回弹模量均小于 30MPa，均不能满足规范的要求。可见，千枚岩填料的水敏度极高，水分对千枚岩填料的回弹模量的影响极大。因此，水分迁移对千枚岩路基的危害程度较大，在用千枚岩填料填筑路基时，应做好完善的防排水措施。

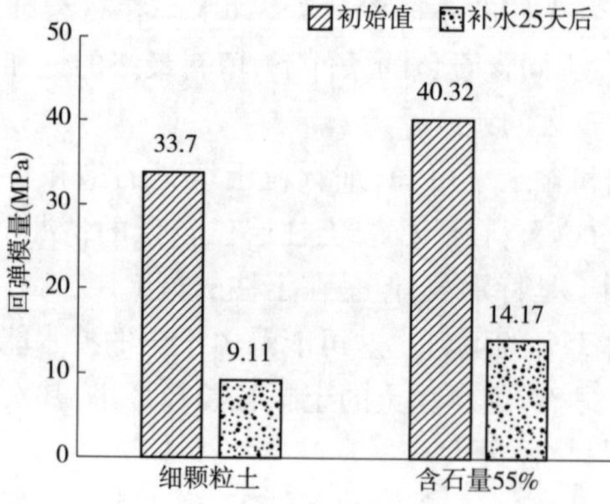

图 6.11　补水前后不同含石量填料的回弹模量

此外,由图 6.11 可知,初始状态时,含石量 55%的千枚岩填料的回弹模量最大,含石量 75%的千枚岩填料的回弹模量次之,细颗粒土的回弹模量最小;而补水25d 后,含石量 75%的千枚岩填料的回弹模量最大,而细颗粒土的回弹模量仍然最小。可见,不同含石量的千枚岩填料的回弹模量下降幅度有所不同:细颗粒土、含石量 55%及含石量 75%的千枚岩填料的回弹模量分别降低了 72.97%、64.84%和40.97%。由此可知,随着含石量的增加,千枚岩填料的回弹模量的下降幅度逐渐降低。即,含石量越高,在同等条件下回弹模量衰减的程度越小,这对千枚岩路基填筑具有指导意义。但这也并不意味着粗颗粒含量越高越好,还要综合考虑其他强度指标进行综合对比选择。

6.3　风化千枚岩浸水路基湿化变形特性研究

风化千枚岩填筑路基湿化变形是指路基浸水以后,在填料自重和荷载作用下,风化千枚岩填料发生崩解、软化等现象。即粗粒料和粗粒料之间、粗粒料和细粒料之间以及细粒料与细粒料之间在水的浸润下也会发生相互滑移、破碎、重新排列等现象,从而产生变形,并使路基内应力重新分布。为了分析地表水入渗对路基变形特性和力学特性的影响,对在试验路上浸水后的路基进行湿化变形测试。

6.3.1　现场试验路状况

根据现场路基施工及填料情况,选择两段路基进行上路堤试验路填筑,每段长度 100m。一段选在 K56+800~K56+900,采用 CBR 合格(大于 4%)[5]的风化千枚岩填料进行路基填筑,不进行水泥改良,以下称未改良路段;另一段选在 K54+

450～K54+550，采用3%水泥改良原填料 CBR 不合格（小于4%）的风化千枚岩填料进行填筑，以下称改良路段。改良水泥采用白龙牌袋装 PC32.5 复合硅酸盐水泥，水泥剂量按外掺计算。两试验段均分4层进行填筑，每层压实厚度为17.5cm，总厚度70cm。

1）试验路的修筑工艺

未改良路段的施工工艺：自卸车运料—推土机摊铺—洒水车洒水—拌和机拌和2遍—20t 羊角碾碾压2～3遍—平地机整平—22t 振动压路机碾压5～7遍。

改良路段的施工工艺：自卸车运料—推土机摊铺—划分网格布置水泥及缓凝剂—拌和机拌和1遍—洒水车洒水—拌和机拌和2遍—20t 羊角碾碾压2～3遍—平地机整平—22t 振动压路机碾压5～7遍—洒水养生。

2）施工控制参数

风化千枚岩填料摊铺前在料场破碎，并随机取样进行级配测试，测试结果如图6.12所示。按填料的级配配料，在室内进行标准击实试验，测试两试验段的最大干密度和最佳含水率，如表6.5所示。每层施工完成后立即进行压实度检测，未改良路段压实度均达到95.3%以上，改良路段压实度均达到95.6%以上，均符合规范要求。未改良路段检测合格以后立即进行下一层的施工，改良路段检测合格以后洒水覆盖养生7d后进行下一层施工。改良路段施工过程如图6.13所示。

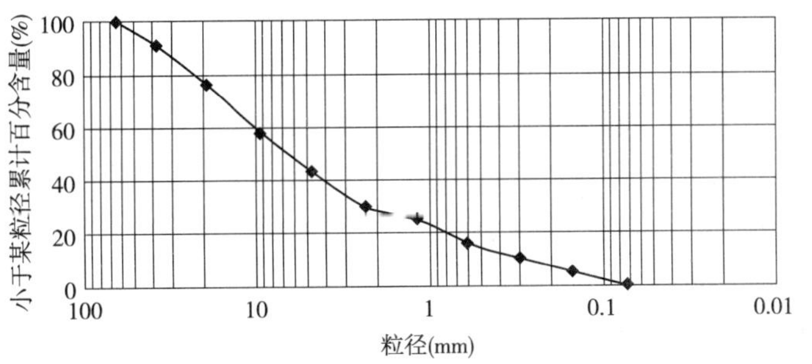

图6.12 风化千枚岩填料级配

标准击实试验结果 表6.5

试验段	最大干密度（g/cm^3）	最佳含水率（%）
未改良路段	2.21	7.82
改良路段	2.19	9.56

a)布置水泥　b)拌和机拌和

c)羊角碾碾压　d)洒水覆盖养生

图 6.13　改良路段施工过程

6.3.2　路基湿化变形测试方案

浸水前后风化千枚岩路基强度、刚度和稳定性的变化，通过现场浸水前后的承载板试验进行测试[6]。对分级加载、卸载前后路基的回弹变形过程进行监测，并计算路基加载过程中路基塑性变形的变化，分析路基浸水前后湿化变形的特性。

在未改良路段和改良路段分别选取 2 个测试断面，2 个测试断面间距 20m，在每个测试断面上选取 6 个测试点，每 3 个点作为一个测试组。未改良路基的各组编号为 a、b、c、d，改良路基的各组编号为 A、B、C、D，测点的布置示意图如图 6.14 所示。先对各测点进行浸水前的承载板测试，然后按照不同方案进行浸水，进行浸水后的承载板测试。在现场测试过程中浸水量和浸水时间是影响路基湿化变形的关键因素，因此不同路基的浸水方案主要考虑这两个因素，如表 6.6 所示。

测试组浸水方案　表 6.6

路基	未改良路基				改良路基			
组别	a	b	c	d	A	B	C	D
浸水量(L)	50	100	50	100	50	100	50	100
浸水时间(h)	12	12	24	24	12	12	24	24

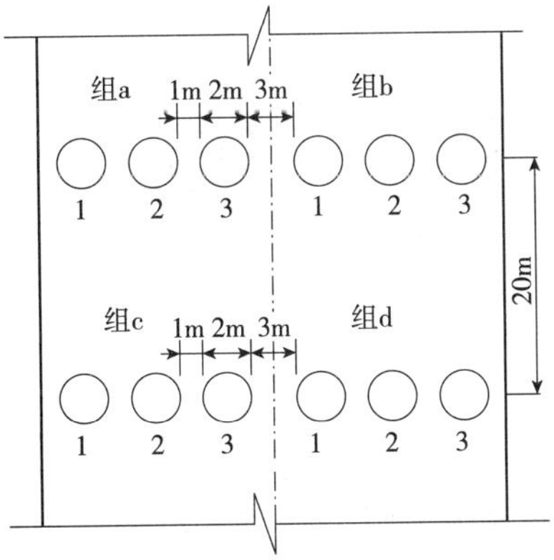

a)未改良路段测试点布置示意图

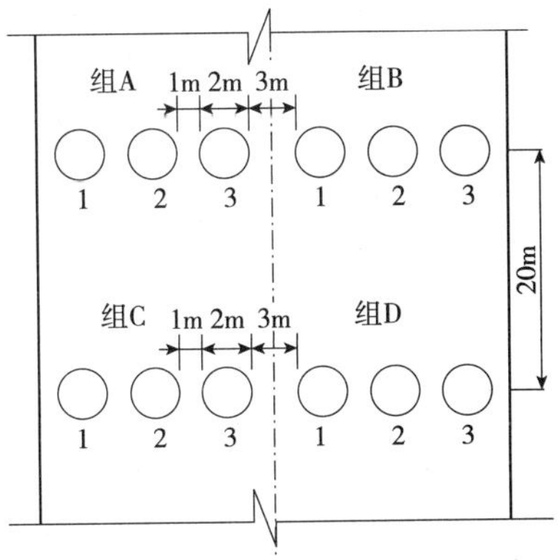

b)改良路段测试点布置示意图

图 6.14　承载板测试点布置示意图

6.3.3　浸水条件下现场路基回弹模量测试方案

1)测试方法

按照《公路路基路面现场测试规程》(JTG E60—2008)[3]，在选取的测试点上进行承载板测试，各级荷载按表 6.7 中应力环百分表的读数进行控制。测试完成后，以测试点为中心，在直径为 1m 的圆边缘修筑高度为 15cm 的土围用于圈水。按照表 6.6 所列各测试组的浸水方案浸水，然后再次在浸水前的测试点上进行浸水后的承载板试验，如图 6.15 所示。

加荷与应力环百分表读数对照表　　表 6.7

施加压力(MPa)	千斤顶压力表读数(kN)	应力环百分表读数(0.01mm)
0.000	0.0	1.000
0.025	1.8	1.067
0.050	3.5	1.134
0.075	5.3	1.202
0.100	7.1	1.275
0.125	8.8	1.349
0.150	10.6	1.422

图 6.15　浸水前后承载板测试

2)数据处理

将浸水前承载板测试所得塑性变形作为干态,浸水后承载板测试所得塑性变形作为湿态,以湿化变形量和湿化变形率来反映路基浸水后的变形特性。路基湿化变形量是指路基在相同受力状态下,浸水前后各级荷载作用下累计塑性变形的差值;湿化变形率指湿化变形量与浸水前各级荷载作用下的塑性变形累计值之比。计算公式如下:

$$\varepsilon = \sum l_{i湿} - \sum l_{i干} \tag{6.9}$$

$$\delta = \frac{\varepsilon}{\sum l_{i干}} \tag{6.10}$$

式中:ε——湿化变形量(mm);

$l_{i湿}$——浸水后各级荷载下的塑性变形(mm);

$l_{i干}$——浸水前各级荷载下的塑性变形(mm);

δ——湿化变形率(%)。

采用“干湿叠加法”对风化千枚岩填筑路基的湿化变形进行分析。“干湿叠加法”仅对试验终态进行分析,用这种方法处理的结果图既可以表示浸水前的塑性变形,也可以表示浸水后的塑性变形,而两者之间的差值即为浸水后发生的湿化变形。

为了避免各测试点的变异性带来的影响,试验结果分析时采用各组中 3 个测试点的平均值进行对比分析。

6.3.4　浸水条件对路基回弹模量的影响

现场承载板试验结果如表 6.8 所示,数据表明:改良路基和未改良路基在浸水以后均发生湿化变形。同时也可以看出,3%水泥改良段的湿化变形比未改良段的湿化变形率小,由于改良段浸水前塑性变形本身就小,故产生的湿化变形明显比未改良路基小,水泥改良的效果很明显。

现场湿化变形试验测试结果　　表 6.8

组别	a 组	b 组	c 组	d 组	A 组	B 组	C 组	D 组
$l_{i干}$(mm)	2.32	2.31	2.25	2.41	1.42	1.4	1.5	1.49
$l_{i湿}$(mm)	4.05	4.32	4.28	4.84	1.71	1.72	1.93	1.97
ε(mm)	1.73	2.01	2.03	2.43	0.29	0.32	0.43	0.48
δ(%)	74.6	87.0	90.2	100.8	20.4	22.9	28.7	32.2

1)浸水量对湿化变形的影响

浸水量不同时,未改良路基与改良路基的湿化变形如图 6.15 所示。通过图 6.15可以看出,浸水时间相同时,随着浸水量的增加,改良路基和未改良路基的湿化变形增加;从图 6.16 中还可以看出,浸水时间和浸水量都相同时,改良路基的湿化变形明显小于未改良路基的湿化变形。

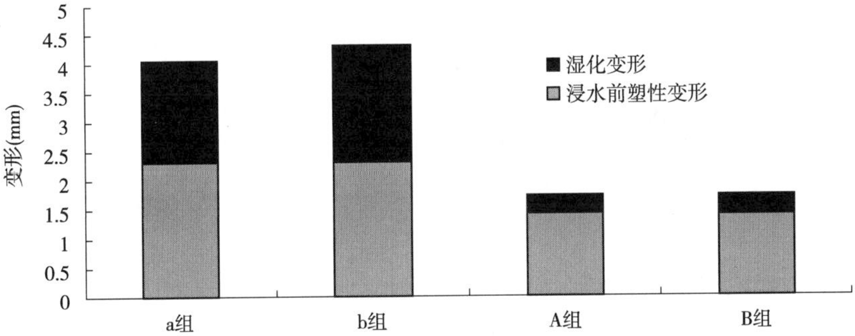

a)浸水时间为12h时

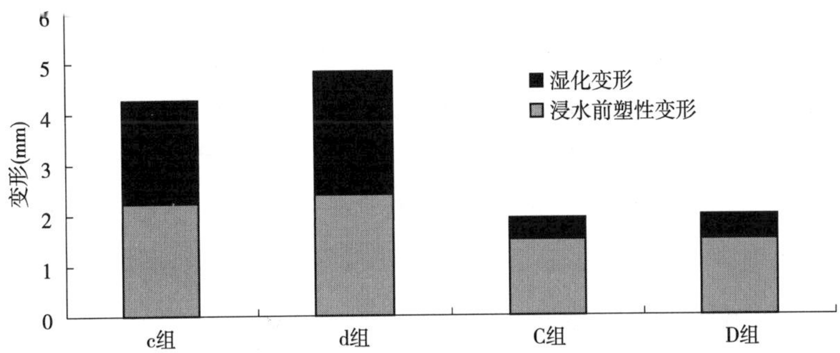

b)浸水时间为24h时

图 6.16　浸水量不同时未改良路基与改良路基的湿化变形

2)浸水时间对湿化变形的影响

不同浸水时间下,未改良路基与改良路基的湿化变形如图 6.17 所示。通过图 6.17可以看出,浸水量相同时,随浸水时间的增加,改良路基和未改良路基的湿化变形增加;从图 6.17 中还可以看出,浸水时间和浸水量都相同时,改良路基的湿化变形明显小于未改良路基的湿化变形。

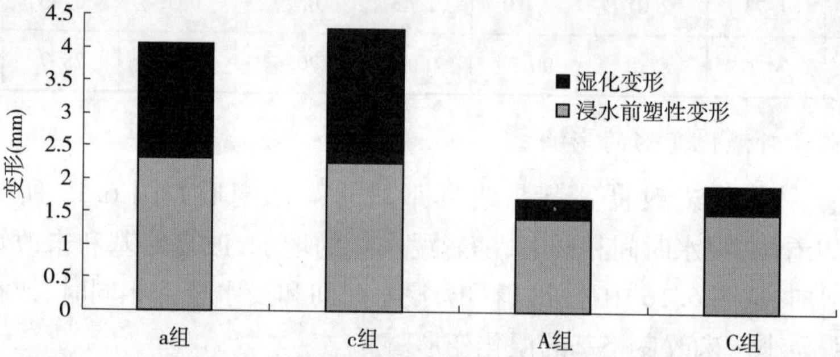

a)浸水量为50L时

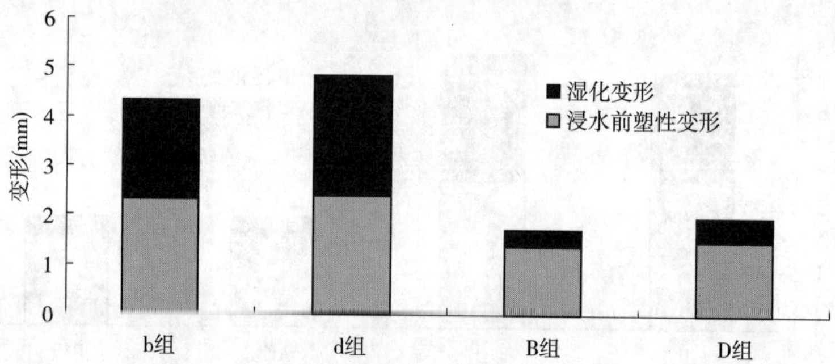

b)浸水量为100L时

图 6.17 不同浸水时间下未改良路基与改良路基的湿化变形

3)各级荷载下路基湿化变形

各级荷载下路基湿化变形如图 6.18 所示。在图 6.18 中,由各级加载作用下路基浸水以后产生的湿化变形可以看出,路基湿化变形与各级荷载的大小呈正比关系;另外还可以明显看出,在相同荷载作用下,改良路基产生的湿化变形明显小于未改良路基的湿化变形。

6.3.5 现场含水率测试

承载板试验结束后,从承载板底面以下不同深度取土,用酒精燃烧法测试含水率。

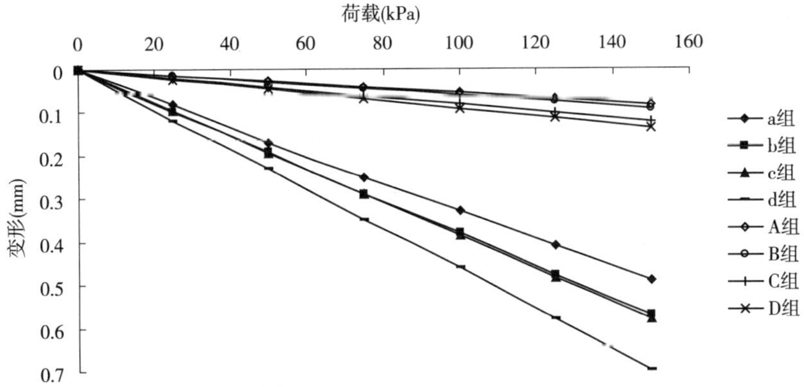

图 6.18 各级荷载下路基湿化变形

1)含水率测试

测试时观察到如下现象:承载板以下 30cm 范围内,路基土基本为饱和状态;在 30cm 以下,路基土随深度增大逐渐变干燥。在改良路基上浸水 50L,经 24h(C 组)后,修筑的土围内仍有残余水存在;而在未改良路基上,浸水 50L,经 24h(c 组)后,水已渗透完毕。通过分析可知,改良路基较未改良路基渗水速率降低;改良路基渗透深度比未改良路基小。

浸水量和浸水时间不同时含水率随深度的变化曲线如图 6.19、图 6.20 所示。由含水率随深度变化曲线(图 6.19 和图 6.20)可以看出,由于施工的变异性,初始含水率略有差异,但浸水前改良路基的含水率整体略小于未改良路基。改良路基渗透深度比未改良路基明显减小;含水率随深度的增加大致呈现递减趋势,在深度为 0~30cm 范围内,路基土都处于饱和或接近饱和状态;深度在 30cm 以下,浸水时间相同时,浸水量越大,水渗透深度越大;浸水量相同时,浸水时间越长,渗透深度越大。

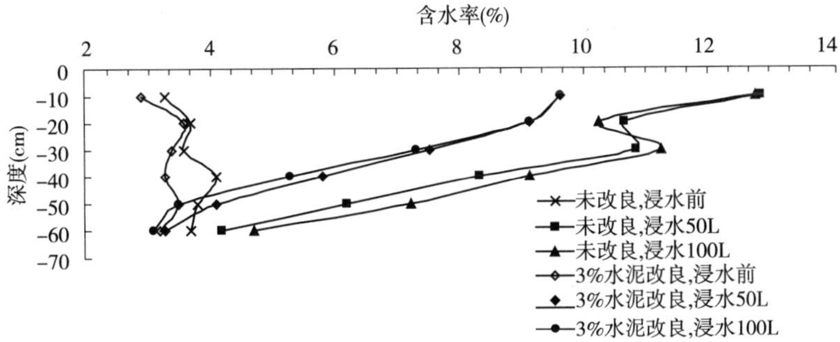

a)浸水时间为12h时

图 6.19

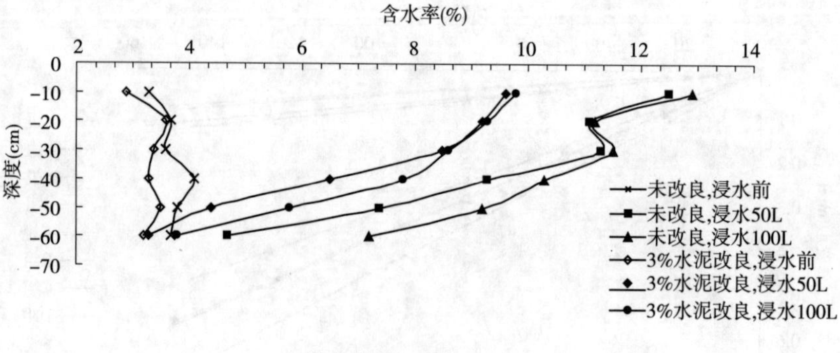

b)浸水时间为24h时

图 6.19　浸水量不同时含水率随深度的变化曲线

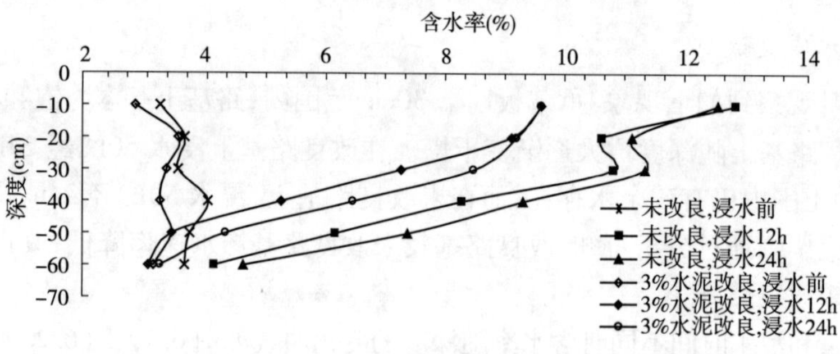

a)浸水量为50L时

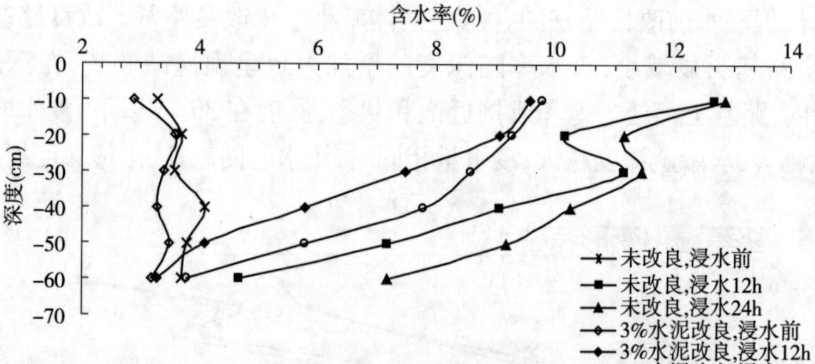

b)浸水量为100L时

图 6.20　浸水时间不同时含水率随深度变化曲线

2)浸水量对湿化变形影响的机理

根据达西定律,水在土中的渗透速度与水头梯度成正比,即:

$$v=kI \tag{6.11}$$

式中：v——渗透速度(m/s)；

k——渗透系数(m/s)，取值与土质有关；

I——水头梯度，即沿水流方向单位长度上的水头差。

土围中的渗水过程相当于一个变水头的渗水试验模型(图 6.21)[7]，土样的截面积为 F，高度为 l，t 为时间，此时渗透系数为 $k=\frac{al}{Ft}\ln\frac{h_1}{h_2}$；浸水量的不同又使起始水头不同，浸水量越大，起始水头越高，渗水速率越快，在相同的浸水时间内，渗水量越大。因此，浸水时间相同时，浸水量越大，其湿化变形越大。

3)浸水时间对湿化变形影响的机理

浸水量相同时，渗水速率相同，浸水时间越长，渗水量越大。因此，浸水量相同时，浸水时间越长，湿化变形越大。

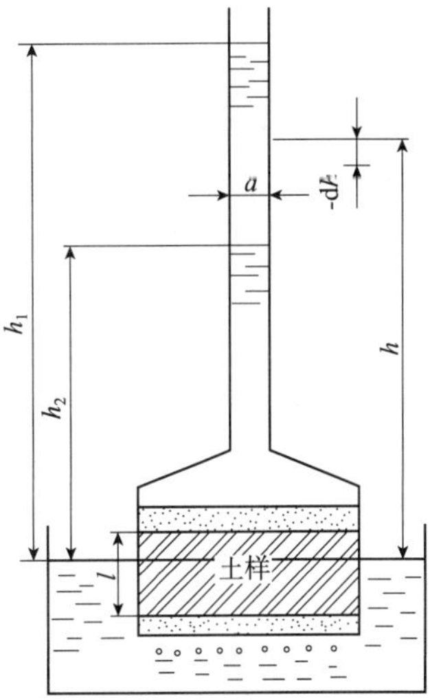

图 6.21　变水头渗透试验模型

4)水泥改良对路基湿化变形影响的机理

水泥改良段的湿化变形较未改良段湿化变形小，这主要是由于千枚岩用水泥改良后，水泥遇水发生水解，经水化作用与风化千枚岩的土颗粒凝聚形成水稳水化物，使得路基渗水速率大大降低，而且水泥化合后的填料强度也会有一定的增长。

浸水后改良路基和未改良路基存在横向渗水现象，即超出土围直径范围也存在渗水，经试验发现，竖向渗水越慢横向渗水范围越大，竖向渗水较快者，横向渗水范围越小。

6.3.6　路基湿化变形特性

由以上分析可知，浸水量和浸水时间影响渗水量的多少，在路基压实度一定的情况下，渗水量又决定水的渗透深度和路基土的含水率。在浸水量和浸水时间的影响下，承载板测试结果和含水率测试结果具有相关性，因此可以推断，湿化变形的产生与路基的渗透深度和含水率有关，即路基的渗透深度越大含水率越大，产生的湿化变形就越大。

由各测试点的剩余水量可以推算出相应的渗水量。渗水量与湿化变形的关系曲线如图 6.22 所示。从图中可以明显看出，渗水量与湿化变形量基本成正相关关系;改良路段渗水量明显大于未改良路段的渗水量;在同一渗水量下,未改良路段的湿化变形明显大于改良路段,这表明经水泥改良后的风化千枚岩填料的水稳定性得到明显的改善。因此,路基的湿化变形受路基填筑材料的影响。

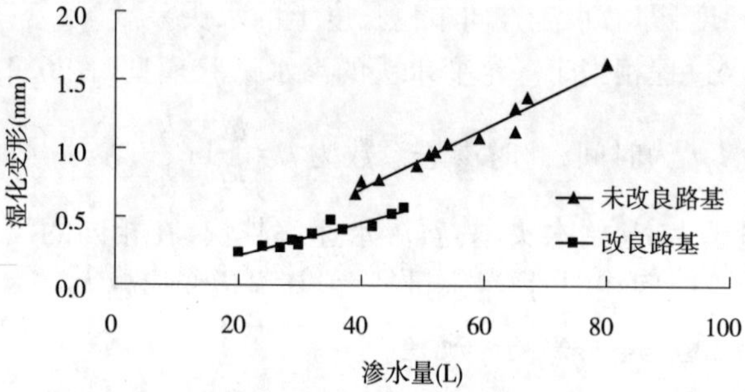

图 6.22　渗水量与湿化变形的关系曲线

风化千枚岩路基湿化变形问题较为复杂,将风化千枚岩路基看作均质的大孔隙率路基,总结以上分析,其湿化变形有如下特性:

(1)由各级荷载下路基湿化变形(图 6.18)可知:浸水条件相同的情况下,风化千枚岩路基湿化变形与路基受力呈正比关系。

(2)路基的饱和深度决定了湿化变形发生的范围,在相同受力状态下,路基湿化变形与路基的饱和深度呈正比关系。

(3)路基湿化变形的大小与路基的填筑材料有关。

6.3.7　湿化变形导致的路基承载能力衰减

风化千枚岩填筑路基浸水后产生湿化变形必然会引起路基承载能力的衰减,根据浸水前后的承载板试验数据,计算各种试验方案下的路基回弹模量,得到浸水前后路基回弹模量变化,如表 6.9 所示。

浸水后路基回弹模量的衰减　　表 6.9

路基	未改良路基				改良路基			
组别	a	b	c	d	A	B	C	D
浸水前回弹模量(MPa)	47.0	47.1	48.2	45.3	76.7	76.9	72.4	72.6
浸水后回弹模量(MPa)	35.7	32.9	33.1	28.3	64.0	63.1	57.0	53.8
回弹模量损失(%)	24.1	30.0	30.9	37.3	16.5	18.2	21.3	25.5

由表 6.9 可知,浸水前后,改良路基的回弹模量均明显大于未改良路基;浸水后,改良路基回弹模量衰减值小于未改良路基。路基回弹模量的衰减受浸水量和

浸水时间的影响,浸水量越大,浸水时间越长,回弹模量衰减比越大。浸水量和浸水时间都相同的情况下,未改良路基浸水后回弹模量衰减比相对较大。

本章参考文献

[1] 查旭东.公路路基回弹模量的研究报告[R].长沙:长沙理工大学,2005.

[2] 雷明轩.季节性冰冻地区路基回弹模量试验研究[D].西安:长安大学,2010.

[3] 中华人民共和国行业标准.JTG E60—2008 公路路基路面现场测试规程[S].北京:人民交通出版社,2008.

[4] 中华人民共和国行业标准.JTG D50—2006 公路沥青路面设计规范[S].北京:人民交通出版社,2006.

[5] 中华人民共和国行业标准.JTG F10—2006 公路路基施工技术规范[S].北京:人民交通出版社,2006.

[6] 毛雪松,郑小忠,马骉,等.风化千枚岩填筑路基湿化变形现场试验分析[J].岩土力学,2011,32(8):2300-2306.

[7] 高大钊,袁聚云.土质学与土力学[M].北京:人民交通出版社,2001.

第7章　千枚岩填料弃渣场的稳定性研究

隧道弃渣场一般由开挖隧道而排出的松散土体、碎石等物质组成，具有非饱和、欠密实、多孔隙等结构特点，强度较低，容易产生滑坡等地质灾害，对其下游建筑物、公用设施以及居民生命财产安全等都存在巨大威胁。尤其是2008年8月1日山西省娄烦尖山铁矿排土场滑坡事故，以及2015年12月20日深圳市光明新区的红坳余泥渣土受纳场滑坡事故，让排土场、弃渣场一类附属设施的稳定性受到广泛关注。

在千枚岩分布区隧道工程所产生的弃渣，除前文提到的路用之外，很大一部分都会就近堆弃在山谷之中。然而，对于这样一种物理力学性质较差的软弱岩石，有必要对其堆积形成的弃渣场的稳定性及其评估要点、方法进行研究。本章内容对类似弃渣场稳定性评估研究具有参考和借鉴意义。

7.1　弃渣场边坡的失稳类型及其影响因素

7.1.1　弃渣场边坡的失稳类型

弃渣场边坡的失稳类型与坡积层的失稳类型有较明显的相似之处。结合已有文献资料，从产生滑坡的位置及其机理来看，弃渣场边坡的失稳类型可分为弃渣内部滑坡、沿基底接触面滑坡和软弱地基底鼓滑坡3种，如图7.1所示。

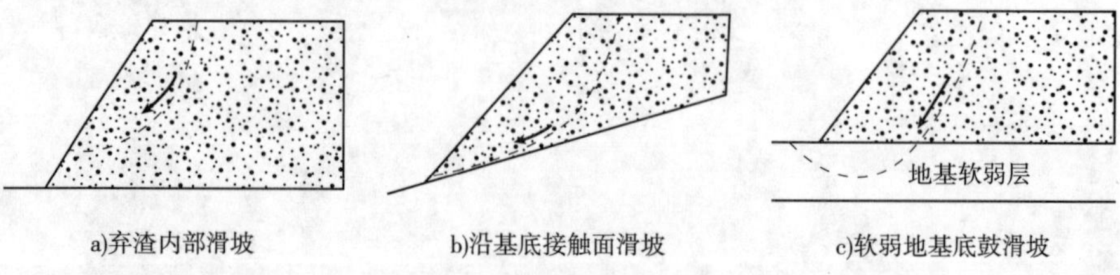

a)弃渣内部滑坡　　b)沿基底接触面滑坡　　c)软弱地基底鼓滑坡

图7.1　弃渣场滑坡类型

其中弃渣内部滑坡主要取决于弃渣堆积体自身性质，而后两种滑坡与弃渣场下伏地基的岩性、产状以及原始地面覆盖层的性质都有很大关系。若下伏原始地面或岩层与弃渣边坡倾向一致且坡度较陡时，或下伏原始地面有较厚的黏土或腐殖层时，即使弃渣边坡坡度很缓也易于产生滑坡；另外若弃渣下伏地层为软弱层，那就极有可能由于其强度不足而产生滑坡。

(1)弃渣内部滑坡

弃渣场内部滑坡是指在地基岩层稳固的条件下，由于弃渣的岩石力学性质、排土工艺或其他外界条件(如外荷载和雨水等)而引发的弃渣场失稳现象，如图7.2所示。其滑动面可能出露在边坡的不同高度。

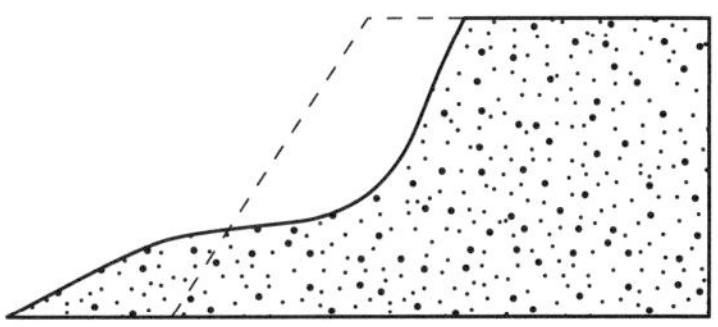

图7.2　弃渣场内部滑坡

一般来说，如果弃渣场地基稳固，当弃渣场边坡坡角小于弃渣自然休止角时，则弃渣场是稳定的，不会出现滑坡，而且高度不受限制。不过，对于千枚岩这类软弱岩石，排土场设计或堆积过程中稍有不当，发生滑坡的可能性会有所增加。另外，千枚岩中黏土矿物含量较高，在降雨条件下含水量增加，不仅其自重增加，抗剪强度也随之降低，而且当弃渣内部有水位面时，其稳定性也要大幅度减小。其在失稳时，边坡下部的应力集中区会发生位移变形或边坡鼓出，并牵引上部边坡下沉、开裂和滑移。

(2)沿基底接触面滑坡

弃渣沿着原有斜坡基岩表面发生滑动，这种滑坡形式主要受原始地形控制，若原始地面外倾且坡度较大，无论弃渣边坡形态如何，都很容易产生滑坡，见图7.3a)；其次，第四纪土层、风化带或者在山区，尤其是我国西南、东北等地的山区，地表常会分布有腐殖土层，其吸水能力极强、强度极低，这也是弃渣堆沿基础接触面滑动的一个潜在要素，见图7.3b)；另外，人为活动而形成的软弱表层，也容易诱发沿基底接触面的滑坡，比如很多弃渣场坐落在尾矿池上或弃渣场的地基原来就是小型水库、水塘淤积层及稻田耕地等。

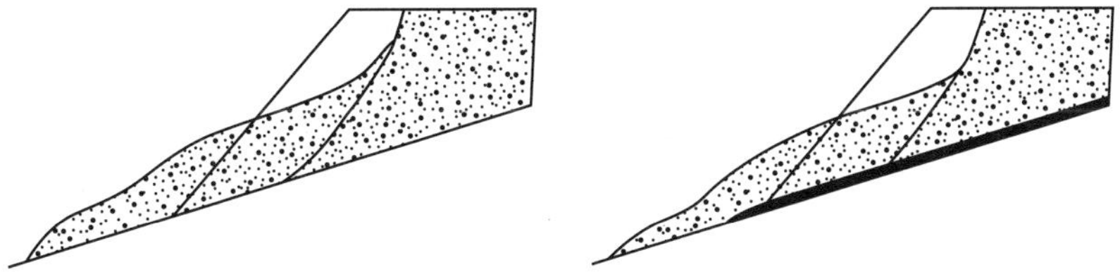

a)沿基岩接触面滑坡　　b)沿基岩顶部软弱层滑坡

图7.3　沿基底接触面滑坡

(3)软弱地基底鼓滑坡

除了地基岩层的构造，地基岩层的结构、土体性质对弃渣场的稳定性也具有控

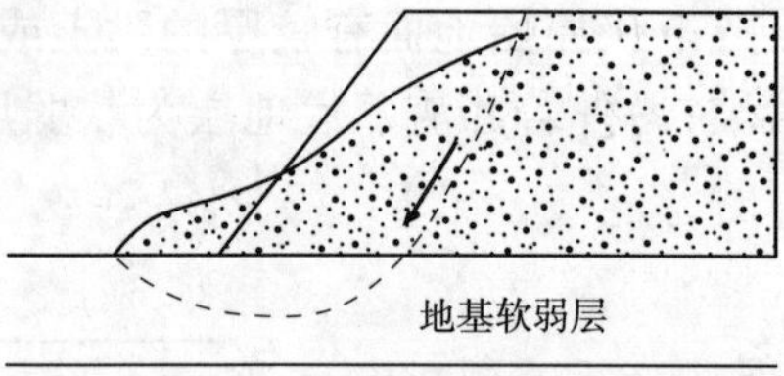

图 7.4　沿地基软弱层滑坡

制作用。例如,当基底为软弱岩(土)层时,在弃渣堆积过程中,基底附加应力持续增加,极有可能迫使下伏软弱岩层产生鼓胀和滑动,然后牵动弃渣场滑坡,如图 7.4 所示。当然,在条件允许的情况下,在选址时就应避免软弱地基的出现。

7.1.2　弃渣场边坡滑坡的影响因素

弃渣场边坡稳定性首先受到构造运动、地震烈度等区域性因素的影响。针对某个具体的弃渣场边坡,其稳定性受到排土工艺、场地地质条件、自身物理力学性质和外界条件等因素的共同影响。要保障路线的安全运营,就需要及时掌握弃渣场的稳定状态,并了解特定条件下弃渣场稳定性的影响因素,这对于制订相应的治理措施是十分重要的。影响某一弃渣场稳定状态的因素概括起来有以下几点:

(1)场地条件

弃渣场边坡与场地地质环境共存,所以场地条件是弃渣场稳定的基础,堆弃场地及附近是否有具备崩塌、滑坡、泥石流、地面塌陷、地裂缝等不良地质现象的条件,在弃渣场选址时应该仔细鉴别。例如,在断裂构造发育的石灰岩地区,在弃渣场堆积选址时就应特别注意下伏石灰岩地层中溶洞、落水洞、溶蚀带等发育状况,探讨其作为地基的可行性。

(2)弃渣的力学性质

弃渣场堆积物是隧道或路堑开挖剥离的各种风化的岩石及黏土、黄土等,其力学性质是影响弃渣场稳定性的重要条件。从理论上讲,对于块度均匀的坚硬岩石,其边坡角等于自然安息角的条件下,弃渣场的高度可以很高,而且弃渣场的稳定性与其高度无关。

弃渣一类的松散体物质一般没有黏结力,在一般设计中也大多忽略其黏聚力。但是试验表明弃渣场的散体岩土物料具有一定的黏结力,其大小取决于细颗粒和黏土的含量,当细颗粒增加,松散体的黏结力增大而内摩擦角减小;若粗颗粒增加,弃渣骨架的刚性提高,内摩擦角增大。当然弃渣的力学性质与弃渣的重度、含水状况、岩块的形状、表面粗糙度以及风化程度等因素有关,这些因素对于弃渣场稳定性的影响表现在重度、黏聚力、内摩擦角 3 个方面。一般情况下,由于弃渣场岩土体都属于新近堆积物,黏结力都很小,尤其是对本章所述的千枚岩弃渣而言,其主要力学参数还是内摩擦角。当然对于弃渣场,其稳定性状态要根据具体条件来分析决定。

(3)水文地质条件

水是诱发滑坡最积极的因素之一。水对边坡的稳定性主要以冲刷、入渗,动、静水压力这几个方面来体现。

首先,坡面水流会冲刷弃渣场边坡坡面,在坡面形成细沟、冲沟等,造成水土流失。在冲刷过程中由于坡脚遭受冲蚀总是更强烈一些,容易率先发生滑塌,并牵引上部岩土体向下运动,引起边坡的整体破坏。

一部分水流在坡面形成坡面细流,另一部分则下渗到边坡内部,形成坡面细流的水量与渗水量主要取决于降雨强度与边坡渗透系数之间的关系。下渗的水分将增加弃渣自重、削弱其抗剪强度,从而影响边坡的稳定状态,不过一般以粗颗粒为主的弃渣,其力学性质受水的影响不像黏土颗粒那样显著。另外,含水率增加时弃渣场底部与地基的接触带很有可能因抗剪强度降低而变成软弱带,从而诱发沿原始地面的滑坡。

如果弃渣场边坡内部存在潜水位面,则其产生的动、静水压力对边坡的稳定性极其不利(图7.5、图7.6)。静水位对于裂隙两壁产生的静水压力V的大小为:

$$V=\frac{1}{2}\rho_w Z_u \tag{7.1}$$

式中:ρ_w——水的密度;

Z_u——张裂隙充水深度。

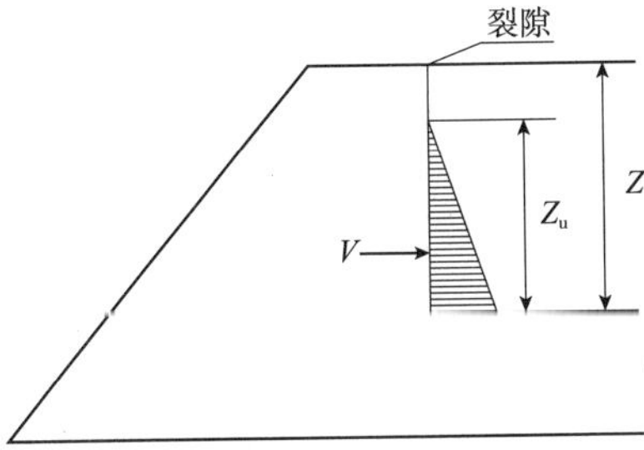

图7.5　张裂隙充水产生的静水压力

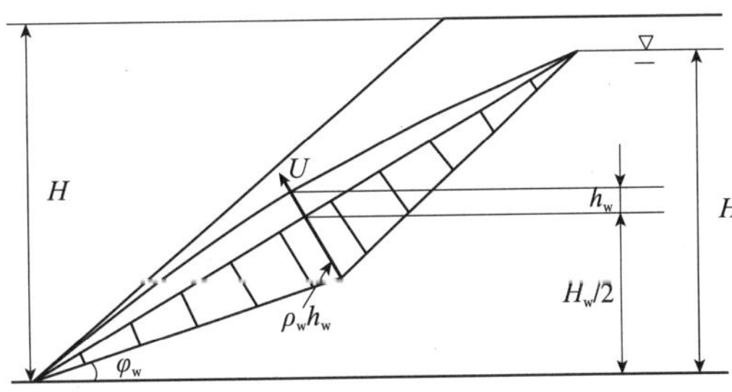

图7.6　地下水在弃渣岩土体内部产生的浮托力

而当张裂隙中的水沿着破坏面继续往下渗流至坡脚出坡面时,沿此坡面产生的浮托力U大小近似为:

$$U=\frac{1}{2}\rho_w h_w H_w \cos\varphi_w \tag{7.2}$$

式中:h_w——滑面中心的压力水头;

H_w——地下水位高度；

φ_w——滑面倾角。

此外，地下水和地表水对岩石的风化作用也对边坡的稳定性有一定影响，对弃渣场岩石的物理作用使岩石破碎；化学作用主要表现为水化作用和脱水作用，从而导致岩石松散、破碎或改变其化学成分，这对边坡的稳定性也有一定影响。

(4)地基顶面的倾斜程度及地基岩性

弃渣场边坡的稳定性首先取决于地基顶面的倾斜程度，如下伏地形或岩层顶面与弃渣堆积物的倾斜方向一致且坡度较陡时，尽管弃渣表面坡度很缓，也易于发生滑动，这时地基成为自然滑动面。另外，当弃渣与地基接触面比较光滑，或含有薄层黏土受水浸润或分布有残殖层，或堆积在原水池、原沉淀池之上，此时也要特别注意弃渣与地基接触面之间产生滑坡的可能性。

除了沿地基顶面发生滑坡破坏，地基的地层结构也会对弃渣场的稳定性及失稳模式起到控制作用。若地基中存在软弱岩层或者结构面时，即使弃渣场原始地面产状近水平或倾角较小，此时在弃渣作用下软弱层极有可能会首先被剪坏，在坡脚处发生底鼓，随后呈以圆弧形滑动牵引上部弃渣边坡产生滑动，如图 7.4 所示。若软弱岩层或者软弱结构面倾斜程度加大，沿软弱岩层发生整体滑移破坏的可能性将更大。

无论是弃渣场的选址，还是弃渣场边坡稳定性的评估阶段，沿地基岩层表面和沿地基内部软弱结构面的破坏的可能性都应加以考虑。

(5)排土工艺

排土过程中的堆置顺序对于弃渣场稳定性的影响是不可忽视的。例如，同一弃渣场在不同时间堆积软硬不同的岩石或分层排弃表土和岩石，这样在弃渣场的剖面上便形成倾斜或水平的层状结构，其中软弱层便成为潜在的滑动面。所以弃渣场堆置时要把岩石和黏土进行混排或分别堆置，在弃渣场底部要避免排弃表土和风化岩石，而要首先排弃坚硬的大块岩石作为垫层或透水层。

其次，堆积过程中弃渣堆积高度，边坡坡角、坡形等临空条件，对弃渣场边坡稳定性的影响也是显而易见的。其中坡角对坡体应力的分布影响最大，坡角增大时，坡肩及坡面拉应力区的范围扩大，坡脚部位应力集中带的最大剪应力也随之增高；堆置高度越高，坡脚的剪应力越集中；对比来看，分级堆积更有利于边坡的稳定性，各级边坡自身的稳定性不容忽视。另外，从稳定性角度来看，微凸形边坡更有利于稳定，不过这在堆积过程中并不易实现。

最后，排土设备的重量(重达几十吨，几百吨)对弃渣场边坡的稳定性也会有显著影响。当然这种影响可分正反两方面考虑，有利的一面在于设备越重，弃渣的密实度越好,稳定性也就越好;不利的一面在于设备的动荷载往往超过它们本身压力的若干倍(9~11 倍),极有可能对土层产生冲击挤压而引起滑坡。

7.2 弃渣场边坡稳定性评估内容及流程

弃渣场边坡的稳定性评估包括以下 4 个方面的内容。

1)资料收集

收集弃渣场相关资料,包括原始地形图、场地勘察资料、弃土后的地形图、挡土墙、排水沟施工图、区域的降水资料等。

2)工程地质调研

(1)以收集的资料为基础,开展现场调查、勘测,查明弃渣场的工程地质条件及水文条件,包括原地表覆盖层的厚度及物理力学性质、汇水面积、原始和弃土后的地形地貌、弃渣场的工程地质特征(高度、宽度、体积、弃渣类型等)。

(2)开展弃渣场的现状调查,重点关注弃渣场变形破坏迹象,主要包括裂缝的长度、宽度以及深度、裂缝的方向以及位置;对现有的变形破坏迹象进行分析,查明弃渣场可能的变形破坏模式,归纳弃渣场的变形破坏类型。

(3)在弃渣场不同部位进行现场取样,进行颗粒筛分和密度试验,确定弃渣场松散层的颗粒组成以及密度;有条件时可进行现场原位剪切试验,也可按现场试验取得的颗粒组成和密度制作试样,进行室内直剪试验,确定相关部位的填土力学参数。

3)弃渣场排水系统分析

(1)根据相关气象部门提供的气象资料,进行区域降水情况分析。

(2)根据弃渣场边坡所在区域的汇水面积,结合弃渣场边坡区域内的降雨量及水文参数,确定弃渣场洪水总量。

(3)根据洪水总量验算弃渣场边坡排水系统能否满足排洪要求。

(4)结合弃渣场排水系统现状,提出排水方案改进建议。

4)弃渣场边坡稳定性分析

(1)根据已有的变形破坏特征,结合弃渣场边坡的地质结构、地层岩性等因素,对弃渣场边坡可能破坏形式进行地质宏观判断,预测弃渣场边坡可能变形破坏模式,确定弃渣场边坡的潜在滑移面。

(2)建立弃渣场边坡的入渗模型和水文地质模型,采用数值模拟的方法开展降雨条件下边坡水分运动分析,查明降雨条件下边坡渗流场分布规律。

(3)建立自然工况与降水入渗工况下边坡稳定性分析的力学模型,对弃渣场边坡在不同工况条件下的稳定性进行计算分析,系统评价弃渣场边坡的稳定性。

综上,弃渣场边坡稳定性评估技术流程见图7.7。

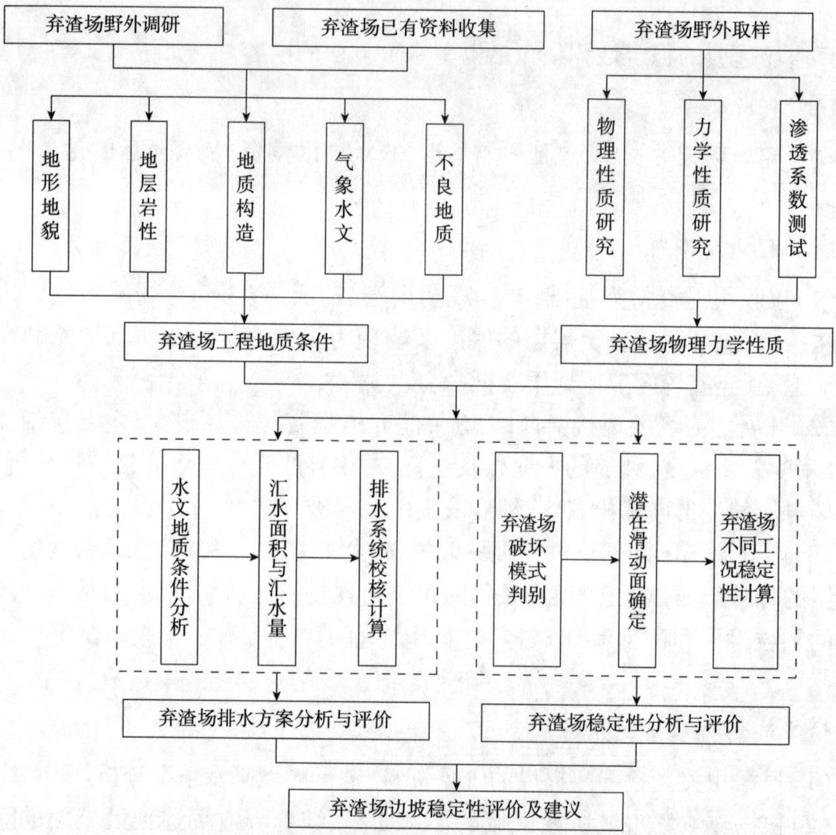

图7.7 弃渣场边坡稳定性评估技术流程图

7.3 弃渣场稳定性评估的理论基础

7.3.1 渗流计算基本理论

在降雨作用下,雨水入渗对边坡稳定性影响不仅表现在降雨期间,大量滑坡经常在雨后发生,这主要源于岩土体基质吸力对降雨响应的滞后效应,所以在渗流计算时需对边坡雨后一段时间内的渗流场分布进行计算，进而验算其稳定性。这里对弃渣场渗流场计算的基本理论进行介绍。

弃渣场范围内地下水类型主要是潜水，潜水位以上的弃渣处于非饱和状态，潜水位以下弃渣处于饱和状态(图 7.8)。非饱和状态下其渗透系数是变化的，含水率越小，空隙中空气越多，渗流就越不容易发生；在饱和区渗透系数为恒定值(图 7.9)。

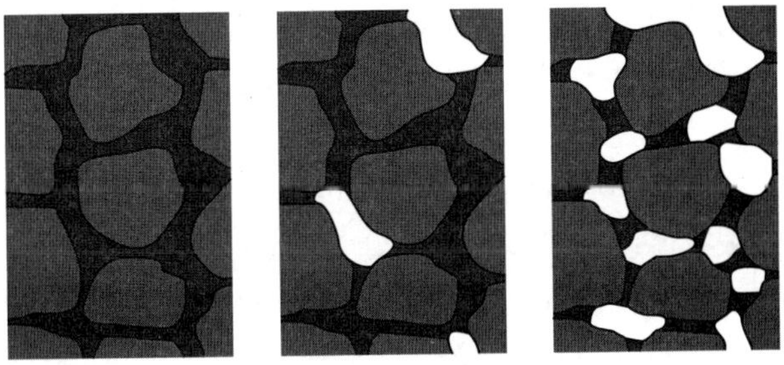

a)　　b)　　c)

图 7.8　弃渣饱和—非饱和状态

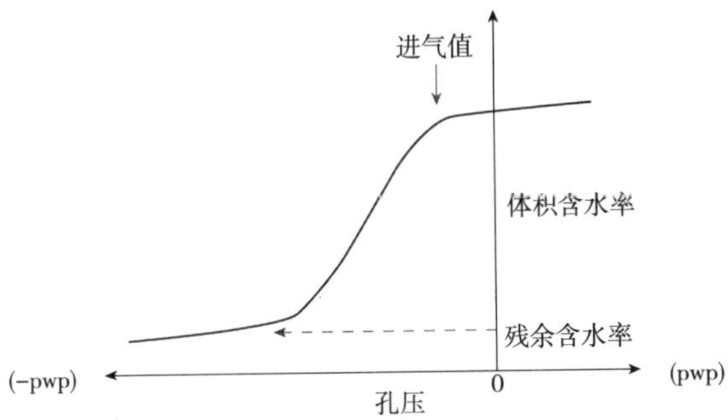

图 7.9　水土特征曲线

随着雨水入渗，潜水位抬高，原有的非饱和区逐渐变为饱和区，雨后潜水位又逐渐回落，直至变为原有稳态渗流状态。所以非饱和区水分的运动和饱和区水的运动是相互联系的，将两者统一起来即所谓饱和与非饱和问题。当采用水头 h 作为控制方程的因变量，对于各向异性的二维饱和—非饱和渗流控制方程为：

$$\frac{\partial}{\partial x}\left(k_x \frac{\partial h}{\partial x}\right)+\frac{\partial}{\partial y}\left(k_y \frac{\partial h}{\partial y}\right)=m_w \rho_w g \frac{\partial h}{\partial t} \tag{7.3}$$

式中：k_x、k_y——水平和垂直方向的饱和渗透系数；

ρ_w——水的密度；

g——重力加速度；

m_w——比水容量，定义为体积含水率 θ_w 对基吸力 (u_a-u_w) 偏导数的负值，即 $m_w=-\frac{\partial\theta_w}{\partial(u_a-u_w)}$。

7.3.2 弃渣场稳定性计算基本理论

边坡稳定性评估的极限平衡法在岩土工程领域应用历史已有几十年，将潜在的滑坡体离散成垂直条块的思想在20世纪早期被引入，成为岩土工程领域最早的数值分析技术。

1916年Petterson对瑞典Gothenberg的Stigberg码头进行了稳定性分析并引入了条分法，滑动面被抽象为圆弧，滑体被分为土条。在接下来的几十年中，Fellenius（1936年）创立了普通条分法，又称瑞典条分法。在20世纪50年代中期，Janbu（1954年）和Bishop（1955年）发展了这种方法。在20世纪60年代，随着电子计算机的出现，分析过程中的迭代计算变得更容易处理，这也使得诸如由Morgenstern and Price（1965年）和Spencer发展的数学方程意义更为严格。20世纪80年代早期至今，计算机技术的飞速发展和普及，边坡的稳定性计算变得越来越方便、简捷。

本书采用极限平衡法对边坡的稳定性进行分析评估。极限平衡法的特点在于其只考虑静力平衡条件和土的Mohr-Coulomb破坏准则，即通过分析土体破坏那一刻的平衡来求得问题的解。极限平衡理论的主要思想是将滑动土体进行条分，由极限状态下土条所受力和力矩的平衡来分析边坡稳定性。图7.10为一个典型滑坡体被离散成土条和作用在土条上可能的力。

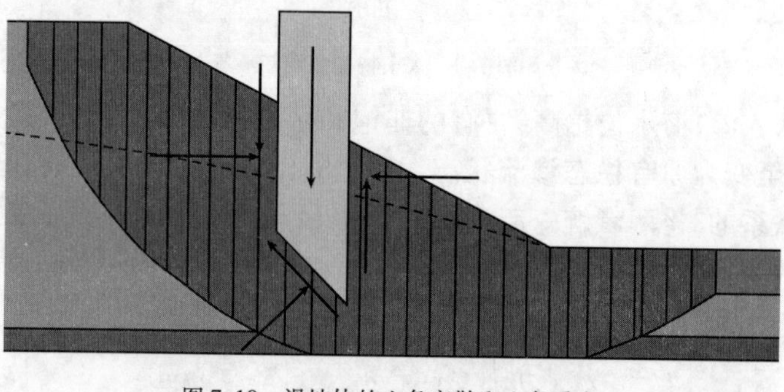

图7.10　滑坡体的土条离散和土条受力

在过去的几十年里，条分法出现多种不同的方法，但这些方法的本质基本相似，不同之处在于包括和满足了不同的平衡方程，以及条间力和对条间力的不同假定。极限平衡法是目前应用最多的一种分析方法，主要有普通条分法（Fellenius method)、毕肖普法(Bishop method)、简布法(Janbu method)以及摩根斯坦—泼赖斯法(Morgenstern-Price method)等。表7.1和表7.2是对上述几种方法的对比总结。

计算方法所满足的静态平衡条件　　表7.1

方　法	力矩平衡	力平衡
普通条分法(Fellenius method)	满足	不满足
毕肖普法(Bishop method)	满足	不满足
简布法(Janbu method)	满足	满足
摩根斯坦—泼赖斯法(Morgenstern-Price method)	满足	满足

条间力的关系和特点　　表7.2

方　法	法向条间力	切向条间力(X)	X/E 的倾角和关系
普通条分法(Fellenius method)	不考虑	不考虑	没有条间力
毕肖普法(Bishop method)	考虑	不考虑	水平方向
简布法(Janbu method)	考虑	考虑	条块顶部地面线和底部倾角的平均值
摩根斯坦—泼赖斯法(Morgenstern-Price method)	考虑	考虑	函数变量

实际工程稳定性评价时，在稳定性计算方法的选取上应遵循两方面原则：①满足力和力矩的平衡方程；②对条间法向和切向力予以考虑。这么来看，Morgenstern-Price法的计算结果相对要可靠一些。

用Morgenstern-Price法对任意曲线的滑裂面进行分析，其计算简图如图7.11所示。先推导获得满足力的平衡及力矩平衡条件的微分方程式，然后假定相邻土条法向条间力和切向条间力之间存在一个对水平方向坐标的函数关系，根据整个滑动土体的边界条件求出问题的解答。

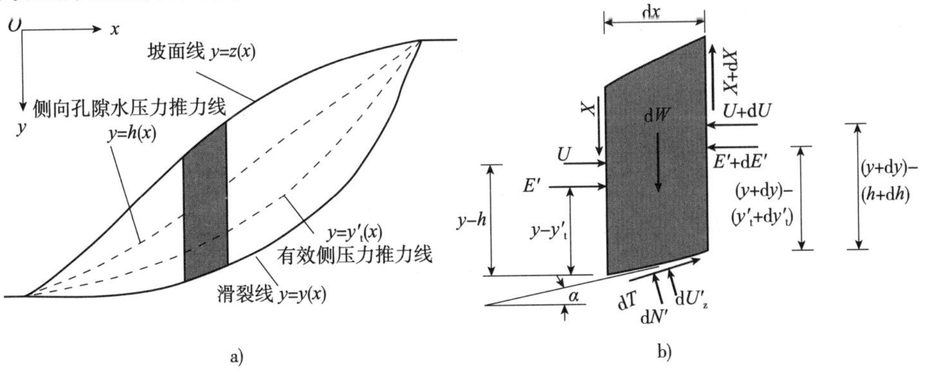

图7.11　Morgenstern-Price法计算简图

力的平衡方程：

$$\int_a^b p(x)s(x)\mathrm{d}x = 0 \tag{7.4}$$

力矩平衡方程：

$$\int_a^b p(x)s(x)t(x)\mathrm{d}x - M_{\mathrm{e}} = 0 \tag{7.5}$$

其中：

$$p(x)=\left(\frac{\mathrm{d}W}{\mathrm{d}x}+\frac{\mathrm{d}V}{\mathrm{d}x}\right)\sin(\overline{\varphi'}-\alpha)-us\sec\alpha\sin\overline{\varphi'}+\overline{c'}\sec\alpha\cos\overline{\varphi'}-\frac{\mathrm{d}Q}{\mathrm{d}x}\cos(\overline{\varphi'}-\alpha) \tag{7.6}$$

$$s(x)=\sec(\overline{\varphi'}-\alpha+\beta)\exp\left[-\int_a^x \tan(\overline{\varphi'}-\alpha+\beta)\frac{\mathrm{d}\beta}{\mathrm{d}\zeta}\mathrm{d}\zeta\right] \tag{7.7}$$

$$t(x)=\int_a^x(\sin\beta-\cos\beta\tan\alpha)\exp\left[\int_a^{\xi}\tan(\overline{\varphi'}-\alpha+\beta)\frac{\mathrm{d}\beta}{\mathrm{d}\zeta}\mathrm{d}\zeta\right]\mathrm{d}\xi \tag{7.8}$$

$$M_{\mathrm{e}}=\int_a^b\frac{\mathrm{d}Q}{\mathrm{d}x}h_e\mathrm{d}x \tag{7.9}$$

$$\overline{c'}=\frac{c'}{K} \tag{7.10}$$

$$\tan\overline{\varphi}=\frac{\tan\varphi'}{K} \tag{7.11}$$

$$\tan\beta=\lambda f(x) \tag{7.12}$$

式中：$\mathrm{d}x$——条块宽度；

c'、φ'——条块底面的有效黏聚力和内摩擦角；

$\mathrm{d}W$——条块重量；

α——条块底面与水平面的夹角；

$\mathrm{d}Q$、$\mathrm{d}V$——作用在条块上的外力(包括地震力、锚索和锚桩提供的加固力和表面荷载)在水平向和垂直向分力；

M_e——$\mathrm{d}Q$ 对条块中点的力矩；

h_e——$\mathrm{d}Q$ 的作用点到条块底面中点的垂直距离；

$f(x)$——$\tan\beta$ 在 x 轴方向的分布形状，一般可取 $f(x)=1$；

λ——确定 $\tan\beta$ 值的待定系数。

式(7.4)和式(7.5)中包含两个未知数,安全系数 K 隐含于式(7.10)和式(7.11)中,另一待定系数 λ 隐含于式(7.12)中,可通过迭代求解两未知数。

7.4　千枚岩填料弃渣场稳定性评估实例

7.4.1　弃渣场工程概况

该弃渣场区域为构造剥蚀低山丘陵地貌,地面坡度 30°~50°,基岩零星裸露,弃渣岩性为千枚岩,弃渣场范围内出露的岩性主要有(D_{2q})组石灰岩以及(Q_4^{dl+el})粉质黏土。野外调查未发现地表有明显的溶蚀洼地、落水洞,溶洞及强溶蚀带,未发现有断层形迹,区域地震基本烈度 VI。该区域属亚热带季风气候,雨量充沛,四季分明,年平均气温 16~18℃,年平均降雨量为 1200~1700mm。地下水类型主要为第四系孔隙潜水、岩溶裂隙水,主要接受大气降水、地下水径流的补给。弃渣场占用林地约 28.2 亩,场地原始地形如图 7.12 所示。弃渣方量为 16.05 万 m^3,2011 年开始堆积弃渣,2013 年堆积完成,形成长约 140m、高约 40m 的人工边坡(图 7.13),弃渣场边坡计算剖面如图 7.14 所示。

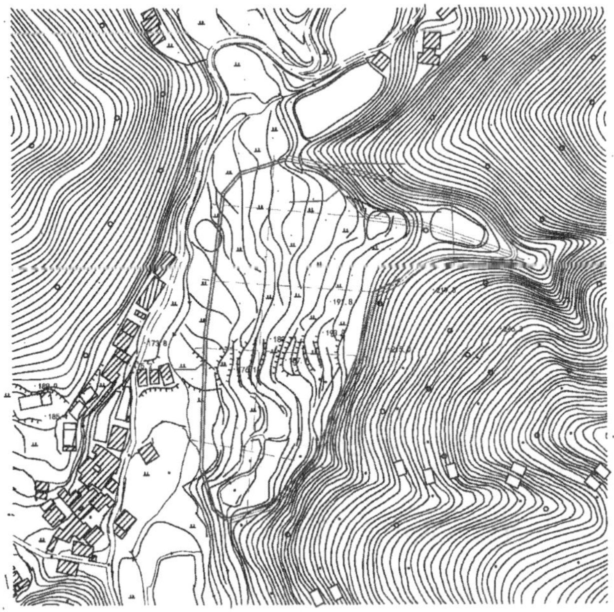

图 7.12　弃渣场区域地形

a)

b)

图 7.13　弃渣场全貌

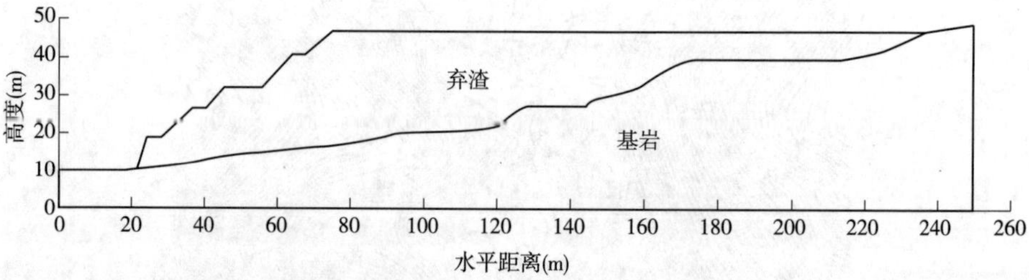

a)A–A剖面

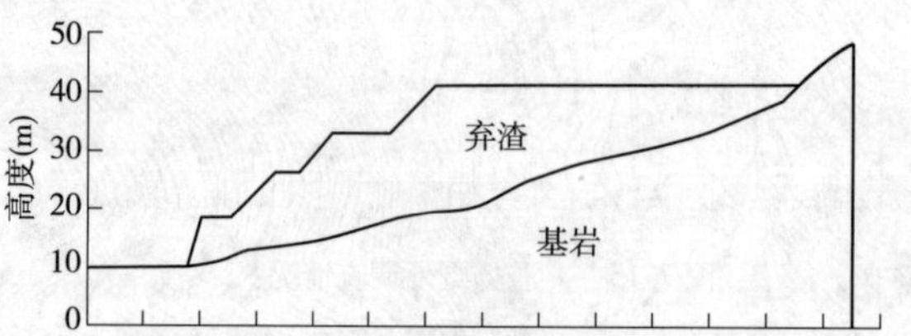

b)C–C剖面

图 7.14　弃渣场边坡计算剖面

弃渣场边坡坡面整体较为平整,排水设施完善,表面已进行复垦处理,目前已有约 1m 高的灌木。野外调查过程中后缘未发现有拉张裂隙,两侧边缘未发现剪切裂隙,前缘未发现鼓胀裂隙,坡面排水沟、边沟未发现有张拉断裂或沉陷断裂现象,挡墙没有滑移、倾斜现象,说明边坡整体上处于稳定状态。

不过从目前来看,对于边坡的植被复垦只在坡顶进行,各级坡面并未进行复垦处理[图 7.15a)],松散堆积物本来就是滑坡、泥石流的有利物源,在水流或人为扰动作用下极易发生失稳。目前在三级边坡坡面上已经出现几处小型的浅层滑坡[图 7.15b)、图 7.15c)]。另外在坡面径流作用下,一级边坡坡面已发育 3 条冲沟[图 7.15d)],一般来说冲沟底部水流侵蚀能力极强,淘蚀土体,极易造成下部土体失稳而牵引上部弃渣向下滑动。

a)弃渣场坡面植被覆盖情况

b)弃渣场坡面浅层滑坡

c)弃渣场坡面浅层滑坡

d)弃渣场坡面冲刷

图 7.15　弃渣场野外调查情况

7.4.2　弃渣物理力学性质指标

在现场进行弃渣试样采集(图 7.16),以进行室内弃渣物理力学性质试验,测得的弃渣基本物理性质指标如表 7.3 所示,图 7.17 为弃渣的击实曲线。按照粒度组成,弃渣可定名为级配不良砾,试验结果见表 7.4,级配曲线如图 7.18 所示。

a)弃渣场上部　　b)弃渣场中部　　c)弃渣场下部

图 7.16　弃渣现场取样

弃渣的物理指标　　表 7.3

取样部位	天然含水率（%）	天然堆积密度（g/cm³）	天然休止角		最优含水率（%）	最优干密度（g/cm³）
			天然（°）	干燥（°）		
上部	4.6	1.54	46.7	46.6	6.4	2.19
中部	7.9	1.51	46.4	44.8	7.1	2.04
下部	7.2	1.62	51.6	46.6	6.9	2.11

颗分试验结果（单位:%）　　表 7.4

取样部位	粒径（mm）								
	60~40	40~20	20~10	10~5	5~2	2~0.5	0.5~0.25	0.25~0.075	<0.075
上部	0	14.1	26.7	21.9	15.7	8.2	3.8	2.4	7.1
中部	0	11.5	18.8	21.6	21.3	11.6	7.3	6.6	1.4
下部	0	17.6	19.2	18.3	20.5	9.6	6.2	5.1	3.5

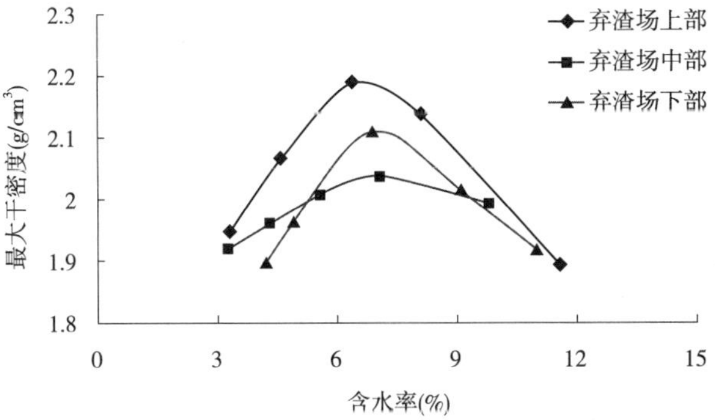

图 7.17　弃渣的击实曲线

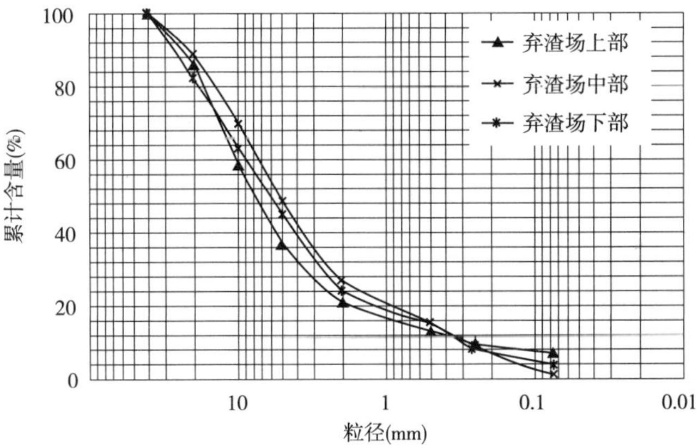

图 7.18　弃渣颗分曲线

对不同部位的弃渣分别进行了现场原位直剪试验(图 7.19)和室内大型直剪试验(图 7.20),试验结果如表 7.5 所示。

图 7.19　弃渣的现场原位直剪试验

图 7.20　弃渣的室内大型直剪试验

弃渣直剪试验结果　　表 7.5

取样部位	原位直剪试验		室内大型直剪试验	
	c(kPa)	φ(°)	c(kPa)	φ(°)
上部	2.9	42.3	5.4	33.84
中部	3.2	43.1	6.8	36.98
下部	3.3	43.9	6.3	37.37

根据摩尔—库仑准则,土的强度可以表示为

$$\tau = c + \sigma\tan\varphi \tag{7.13}$$

式中:τ——抗剪强度;

c——黏聚力;

σ——垂直压力;

φ——内摩擦角。

从表 7.5 中可以看出,原位直剪试验和室内大型直剪试验的数据有一定差别,这主要是因为在室内大型直剪试验时,考虑到直剪仪与弃渣颗粒粒径比、高径比的制约,按照《公路土工试验规程》(JTG E40—2007)[1],需要将过大的颗粒剔除或用小颗粒替换,这就会使原本堆积体中并不是骨架的较小颗粒逐渐参与骨架作用,随之形成的结果就是室内大型直剪试验的摩擦角比原位直剪试验要小一些;与此同时,由于参与骨架作用的细颗粒增加,使室内大型直剪试验黏聚力会略有提升。两试验方法得到的强度参数的合理性,通过下列 3 点制定。

(1)对于粗粒土,其强度的来源是摩擦力而非黏聚力[2];同样根据《工程地质手册(第四版)》[3],在计算对于像砂土、砾类土的黏聚力时通常按 0kPa 进行取值。

(2)长安大学陈忠达教授的《公路挡土墙设计》[4]一书中规定,当缺乏试验数据时,可按其第 10 页中表 1-2 的设计参考值确定填土体的内摩擦角 φ。为了阅读方便,将该设计标准中的表 1-2 引于本节表 7.6。弃渣体为人工作用形成,而挡墙后填土也为人工堆积而成,两者的成因类似,故表 7.6 对本节中弃渣体的取值具有重要参考价值。另外,从弃渣颗分曲线(图 7.18)来看,本节中弃渣为砾类土,认为粗粒土一般无粒间连接,颗粒粗大,几乎不存在内聚力,其抵抗剪切破坏的内在因素主要取决于内摩擦力,因此本书中对于弃渣堆积体的内聚力取为 0kPa。

填土内摩擦角 φ 参考值　　表 7.6

土的种类	开山石、不易风化的块石	大卵石、碎石类土	小卵石、砾石、粗砂、石屑	中、细砂、砂质土	粉砂	黏土
φ(°)	45	40	35	30	26	14~21

(3)对于无黏性松散堆积体,内摩擦角与天然休止角近似相等目前已达到普遍认可。而且在保持含水率、密实度的情况下,堆积体的休止角始终大于内摩擦角,且都大于滑动摩擦角。对比本书中表7.5中原位直剪试验结果也能发现这种规律,两个数据的相互印证也说明了本书中测得的休止角和摩擦角数据的合理性。

这样来看,原位直剪试验得到的参数更为合理一些,不过室内直剪试验的数据也并非存在失误,只是对粗粒部分采取剔除、等量替换和相似级配等方法进行试验,具有一定的局限性。原位直剪仪由于试样尺寸较大,可以更大限度地保留碎石土级配特性,弱化尺寸效应。

因此综合上述,书中对于弃渣的强度参数取值时,黏聚力 c 按0kPa考虑,内摩擦角 φ 按原位直剪试验数值进行考虑,取值合理且较为保守,具体数值如表7.7所示。

弃渣强度参数取值　　表7.7

取样部位	c(kPa)	φ(°)
上部	0	42.3
中部	0	43.1
下部	0	43.9

7.4.3　弃渣场排水方案评价

该弃渣场属于沟道型弃渣场,地下水补给主要来源于大气降雨,大气降雨经山坡汇水和降雨入渗补给弃渣场地下水,经弃渣场内部向低处流动,由弃渣场坡脚处排出。影响弃渣场地下水“补、径、排”条件的主要因素包括弃渣场区的地形和地貌条件、大气降雨以及弃渣的水理性质。

(1)汇水量的确定

参照相关规范[5],地表水设计汇水流量可按照式(7.14)计算:

$$Q_0=\frac{F}{6}(L_r-L_p) \tag{7.14}$$

式中:L_p——相应时段土壤平均渗入强度(mm/min);

F——坡面汇水面积(hm^2),取120568m^2;

L_r——设计频率10min最大降雨强度(mm/min),L_r 可参照排水设计规范进行计算(式7.15)。

$$L_r=\frac{167A_1(1+c\ln P)}{(t+b)^n} \tag{7.15}$$

式中：t——降雨历时(min)；

P——设计重现期(年)；

A_1——雨力参数(mm)；

c——雨力变动参数；

b——降水历时修正参数(min)；

n——暴雨衰减指数，根据统计方法进行计算确定。

根据该弃渣场所处的地理位置，经反复试算及调整，选取附近的暴雨强度，计算公式如下：

$$L_r = \frac{892\times(1+0.67\lg P)}{t^{0.57}}$$

选取设计重现期为 25 年，暴雨历时为 10min，计算得出暴雨强度：$L_r = 464.953\text{L}/(\text{s}\cdot\text{hm}^2) = 2.790\text{mm/min}$。

根据渗透试验结果，选取入渗强度 L_p 为 $0.6\times10^{-5}\text{cm/s} = 3.6\times10^{-3}\text{mm/min}$。

计算得出地表水设计汇水流量：

$$Q_0 = \frac{F}{6}(L_r - L_P) = \frac{12.06}{6}\times(2.790-0.0036) = 5.600(\text{m}^3/\text{s})$$

(2)盲沟设计流量的计算

选取弃渣场入渗强度 L_p 为 $0.6\times10^{-5}\text{cm/s} = 0.6\times10^{-7}\text{m/s}$。

$$Q_1 = A\ L_p = 7294\times0.6\times10^{-7} = 4.38\times10^{-4}(\text{m}^3/\text{s})$$

(3)弃渣场顶部排水沟排水流量核算

该弃渣场顶部设有排水沟，以引排渣场顶部地表水。排水沟断面为梯形，排水沟底宽 2m、高 1.5m、坡度 1∶1。排水沟断面周边用 M10 浆砌片石防护，排水沟纵向排水坡度不小于 2%，验算时按照最不利条件取排水坡度为 2%。弃渣场顶部排水沟断面图如图 7.21 所示。

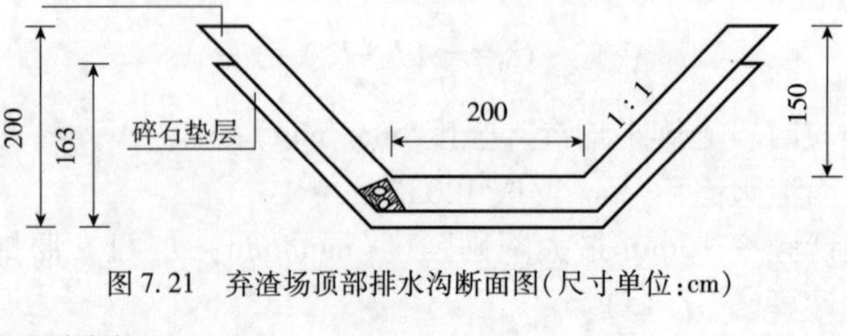

图 7.21　弃渣场顶部排水沟断面图(尺寸单位：cm)

排水沟断面湿周为：

$$\chi = 2+2\times1.5\times\sqrt{1+1^2} = 6.243(\text{m})$$

排水沟断面面积为：

$$\omega=(2+1\times1.5)\times1.5=5.25(\mathrm{m}^2)$$

水力半径为：

$$R=\omega/\chi=5.25/6.243=0.841(\mathrm{m})$$

挡渣墙糙率系数取0.025，谢才系数为：

$$C=\frac{1}{n}R^{\frac{1}{6}}=0.841^{\frac{1}{6}}/0.025=38.862$$

排水通道纵向排水坡度取2%，排水沟水流流速为：

$$\nu=C\sqrt{RJ}=38.862\times(0.841\times0.02)^{0.5}=5.04(\mathrm{m/s})$$

$$Q=\omega\nu=5.25\times5.04=25.46(\mathrm{m^3/s})>Q_0=5.600\mathrm{m^3/s}$$

因此，弃渣场顶部排水沟的实际排水量 Q 远大于设计流量 Q_0，排水通道可满足设计暴雨强度的排水要求。

对排水系统排水能力验算时，除需对排水量进行验算，还需对水流流速进行验算。按《铁路站场道路和排水设计规范》（TB 10066—2000）[6]验算该弃渣场水流流速。

我国《铁路站场道路和排水设计规范》（TB 10066—2000）中规定明沟最小设计流速为0.4m/s。排水沟纵坡坡度为2%时的设计流速最小为5.04m/s，满足规范要求。

水泥砂浆砌片石加固明沟最大设计流速不能超过表7.8中的上限值。查表7.8并利用差值法计算得到该弃渣场排水沟最大设计流速不得超过9m/s。

明沟最大设计流速　　表7.8

加固工程种类	水流平均深度(m)				最大设计流速(m/s)			
M4～M10水泥砂浆砌片石（片石强度不少于30MPa）	0.4	1.0	2.0	3.0	6.5	8.0	10.0	12.0

当排水沟纵坡坡度取6.4%时，设计流速为：

$$\nu=C\sqrt{RJ}=38.862\times(0.841\times0.064)^{0.5}=9.02(\mathrm{m/s})$$

此时，排水通道流速超过规范规定的明渠最大设计流速。因此，当排水沟纵坡坡度大于6.4%时，应采取一系列措施避免水流冲刷破坏排水通道加固层。按照相关规范推荐，采取“急流槽+消能池”的方式：①将排水通道按急流槽标准加固，底部浆砌片石厚度加厚至0.4m；②排水通道底部每隔2～5m设置一个防滑平台，嵌入基底内0.3～0.5m；③在排水通道底部施作浆砌片石消能池，消能池壁厚0.3～0.4m，池底厚度0.2～0.4m。

(4)弃渣场底部盲沟排水流量核算

弃渣场底部设置干砌片石盲沟,以引排弃渣场底部积水。盲沟断面为梯形,盲沟底宽 3m、顶宽 1m、高 1m,盲沟纵向排水坡度为 5%。弃渣场底部盲沟断面如图 7.22 所示。盲沟填筑碎石、小卵石和块石,按照《公路排水设计规范》(JTG/T D33—2012)[7]取渗透系数为 0.15m/s。

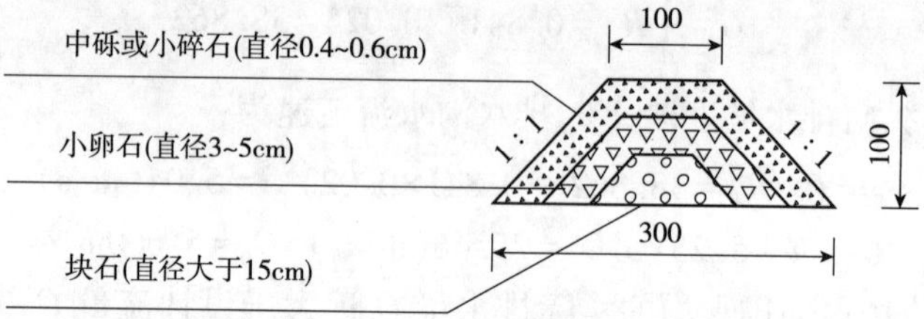

图 7.22　弃渣场底部盲沟断面图(尺寸单位:cm)

盲沟断面面积为:

$$\omega=(1+3)\times1\div2=2(\mathrm{m}^2)$$

$$Q_c=2\times0.15\times\sqrt{0.05}=0.067(\mathrm{m}^3/\mathrm{s})>Q_1=4.38\times10^{-4}\mathrm{m}^3/\mathrm{s}$$

因此,渣场底部盲沟的实际排水量 Q_c 远大于设计流量 Q_1,盲沟可满足设计排水要求。

7.4.4　弃渣场边坡稳定性评价控制标准

1)计算工况

综合考虑该弃渣场在运营期间可能遭遇的不利情形,边坡稳定性评估主要考虑以下三种工况:

(1)工况Ⅰ——正常工况:考虑地下水稳态渗流、不考虑降雨;

(2)工况Ⅱ——降雨工况:考虑地下水稳态渗流、考虑降雨(25 年重现期);

(3)工况Ⅲ——降雨工况:考虑地下水稳态渗流、考虑降雨(25 年重现期)雨后一段时间。

2)稳定性安全系数控制标准

由于该弃渣场场地所在位置地震基本烈度在 7 度以下,根据《建筑边坡工程技术规范》(GB 50330—2013)[8]无需对地震工况下的稳定性进行校核。

目前对于弃渣场稳定性评价尚没有明确的标准,所以其稳定性控制标准需全面参考国家现行的各类规范。综合《岩土工程勘察规范》(GB 50021—2001)[9]、

《建筑边坡工程技术规范》(GB 50330—2013)[8]、《公路路基设计规范》(JTG D30—2004)[10]等诸多规范,结合以往评估工作实例,考虑到本次评估中弃渣场的规模及其发生地质灾害后后果的严重程度,本节中稳定性安全系数控制标准确定见表7.9。

弃渣场稳定性安全系数控制标准　　表7.9

工　况	荷 载 条 件	安全控制标准
Ⅰ	考虑地下水稳态渗流、不考虑降雨	1.25
Ⅱ	考虑地下水稳态渗流、考虑降雨	1.20
Ⅲ	考虑地下水稳态渗流、考虑降雨雨后一段时间	1.20

7.4.5 弃渣场渗流场分析

如图7.23所示,选取弃渣场典型剖面 *A-A* 和 *C-C* 建立边坡渗流与稳定性的计算模型。计算模型共分为三个部分:第一部分为千枚岩弃渣堆积体、第二部分为挡墙计算模型、第三部分为基岩(砂质板岩)。

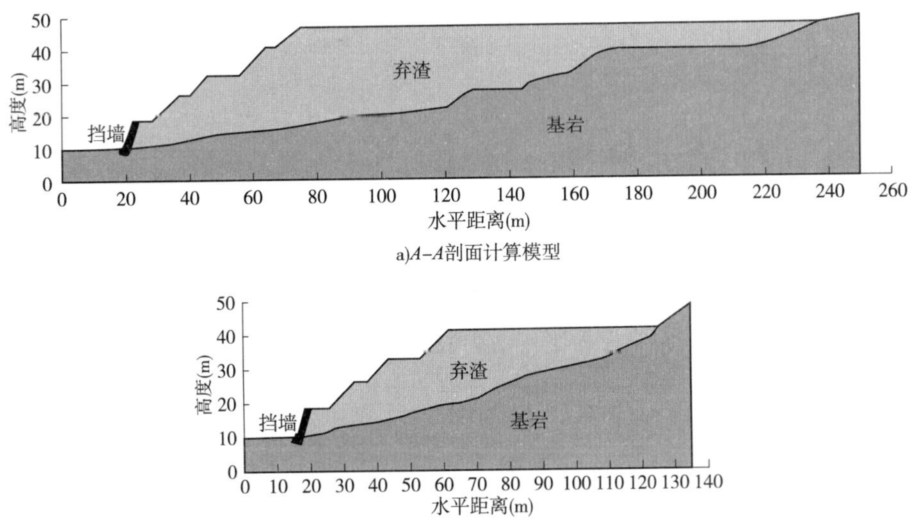

图7.23 剖面计算模型

1)计算参数

非饱和土的渗透性除与饱和渗透系数有关外,还与基质吸力、体积含水率密切相关,弃渣的渗透系数和水土特征曲线如图7.24所示。

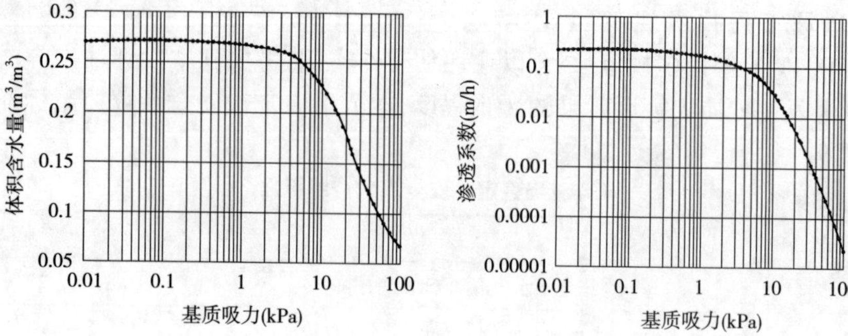

a)土水特征曲线(SWCC)　　b)饱和—非饱和导水率

图 7.24　渗流计算参数

2)边界条件

渗流计算中,考虑降雨入渗作用下的边坡渗流场变化规律,边界条件选取如下:

(1)边坡表面为入渗边界,取流量边界,考虑降雨入渗随着岩土入渗能力的变化而改变,当降雨强度小于岩土体表层入渗能力时,入渗速度即为降雨强度,此时边界条件为流量边界:

$$k_n \frac{\partial \theta}{\partial n}\bigg|_{\Gamma_2} = -\nu(x,y,z,t) \tag{7.16}$$

反之,当降雨强度大于岩土体表层入渗能力时,水分沿坡面流失,入渗速率即为岩土体自身的入渗能力,此时边界条件为定水头边界:

$$\theta\bigg|_{\Gamma_1} = \theta_1(x,y,z,t) \tag{7.17}$$

(2)模型两侧在地下水位以下的边界按水头边界处理,地下水位以上的边界为零流量边界,模型底面假设为不透水边界。

3)降雨条件

降雨强度按设计重现期为 25 年,暴雨历时为 10min 进行计算。计算得出的暴雨强度 4.650×10^{-5}m/s,设计降雨历时 3h,降雨量为 167.4mm,完全可以达到该地区 24h 最大降水量(126.3mm)。暴雨结束后停止降雨,进行历时 4d 的计算。

此处以 *C-C* 剖面[图 7.23b)]计算结果为例,图 7.25 为降雨过程中弃渣边坡内部孔压随时间的变化过程,随着降雨的进行,上部弃渣中孔压逐渐增加[图 7.25a)、图 7.25b)],并在坡顶表层出现暂态饱和区[图 7.25b)],降雨结束后饱和区消失[图 7.25c)],且随着时间推移整个坡体内的孔压逐渐恢复至稳态渗流条件下的孔压水平[图 7.25d)]。选取 $x=70$m 剖面对孔压变化规律做进一步研究

[图7.25e)]，$t=0\text{h}$ 为地下水稳态渗流情况下坡体内的孔压分布，随着雨水的入渗，弃渣内孔压增大，孔压曲线表现为向右偏转；$t=3\text{h}$ 时弃渣表面出现暂态饱和区，产生正孔压。在此过程中还发现由于水分的缓慢下渗，孔压曲线的拐点在不断向下移动。3h 时暴雨之后，孔压曲线又逐渐向左偏移，此时再无降水补给，随着表层土体含水率的减小，孔压曲线逐渐向初始形态恢复，在此过程中，孔压曲线的拐点还在继续下移，这表明虽然降雨停止，但是深部的水分还在下渗。直至雨后192h，弃渣内孔压分布基本恢复至初始水平。

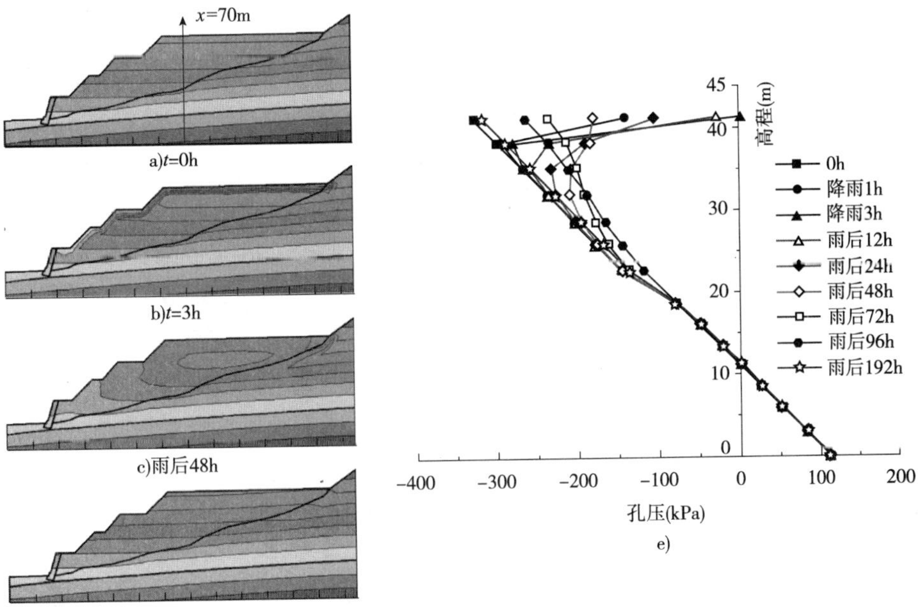

图7.25　降雨过程中弃渣边坡内部孔压随时间的变化过程

图7.25所示的孔压变化过程预示着深部土体的基质吸力变化较表层土体的滞后，所以在计算降雨条件下边坡稳定性时仅考虑降雨过程中的稳定性是不够的。

7.4.6　弃渣场边坡稳定性分析结果

由于该弃渣场地基条件良好，在稳定性计算时，着重考虑边坡在挡墙顶面以上发生局部滑动和沿原始地面发生整体滑动的可能性。经过软件自动搜索和人工优化后，最不利滑动面如图7.26所示（以 *C-C* 剖面为例）。

同种工况下 *A-A* 和 *C-C* 剖面的稳定性系数计算结果见表7.10。可以发现边坡稳定性对降雨因素比较敏感，在降雨过程中稳定系数持续降低，降雨停止之后，稳定系数还在继续下降，其原因与降雨结束后水分的持续下渗有关，在雨后48h时安全系数降到最低，之后安全系数又逐渐开始增加，三种工况下稳定性均在表7.9的安全控制标准之内。

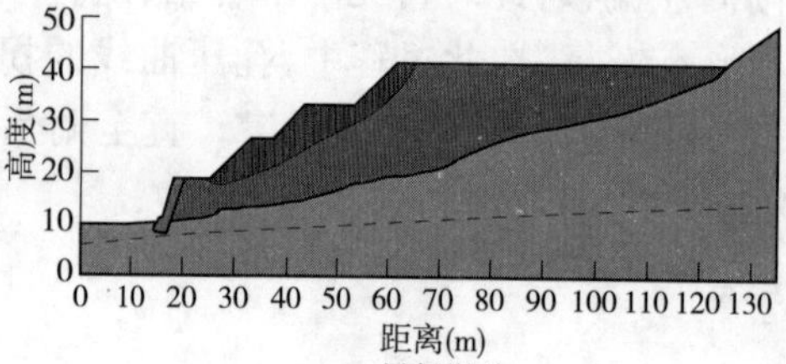

a)局部滑动

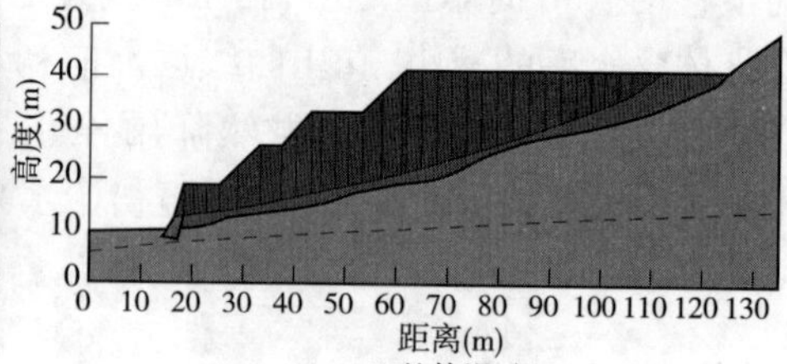

b)整体滑动

图7.26 不同滑动形式下的最不利滑动面

稳定系数计算结果 表7.10

工况	降雨历时(h)	A-A 剖面		C-C 剖面	
		局部	整体	局部	整体
工况Ⅰ	0	1.536	3.315	1.344	2.494
工况Ⅱ	1	1.517	3.275	1.309	2.429
	3	1.498	3.235	1.288	2.405
工况Ⅲ	24	1.479	3.196	1.255	2.39
	48	1.46	3.156	1.248	2.377
	96	1.47	3.176	1.276	2.392
	192	1.533	3.313	1.331	2.474

在工程实践中，绝大多数边坡稳定性计算都是假定岩土体参数在没有变异的情况下进行的定值计算，此方法久经大量工程的考验，一直被广泛应用，但也有其缺点，如并未考虑边坡工程中抗力、荷载等诸多因素的不确定性。对弃渣而言，受填筑、压实工艺的影响，土体参数的非确定性比一般边坡更大一些，导致其稳定性具有更大的不确定性，因此借助可靠度理论对弃渣场边坡的稳定性进行评价，符合工程实际需求。

由表7.10可以看出，*A-A*剖面的稳定性明显要优于*C-C*剖面，因此，对*C-C*剖面最不利情况，即:25年一遇暴雨强度下，雨后48h边坡的可靠度进行分析。经过5000次计算后，稳定性系数的统计数据见表7.11，稳定性系数的概率密度分布如图7.27所示。可以看出局部稳定性系数和整体稳定性系数分布都呈现出较好的正态分布特征，明显集中在中值附近。

稳定性系数统计数据　　　　表 7.11

滑动形式	样本量 N	最小安全系数 F_{smin}	最大安全系数 F_{smax}	算术平均值 μ_f	标准差 σ_f
局部	5000	0.95	1.59	1.25	0.104
整体	5000	1.84	3.01	2.38	0.193

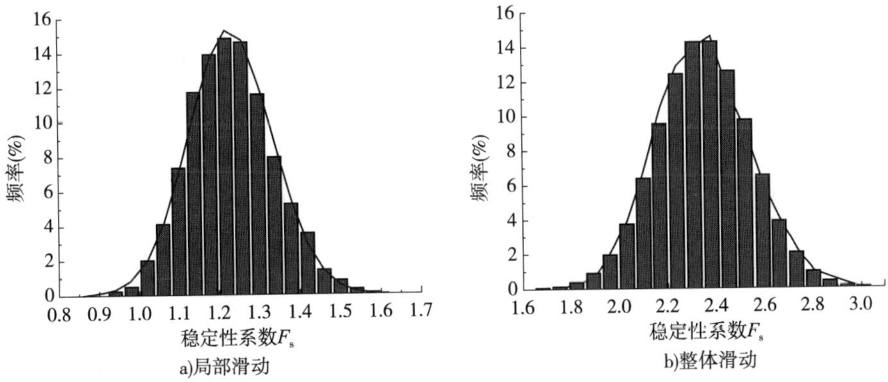

a)局部滑动　　b)整体滑动

图 7.27 不同滑动形式稳定性系数的概率密度分布

本书中弃渣场边坡在暴雨工况下(工况Ⅱ)的稳定系数控制标准取为 $F_{st}=1.20$,若将 $F_s<F_{st}$时的状态定义为非稳定状态,根据稳定系数的累计分布曲线,该边坡局部处于非稳定状态的概率为 31.5%(图 7.28),而整体处于非稳定状态的概率为 0。

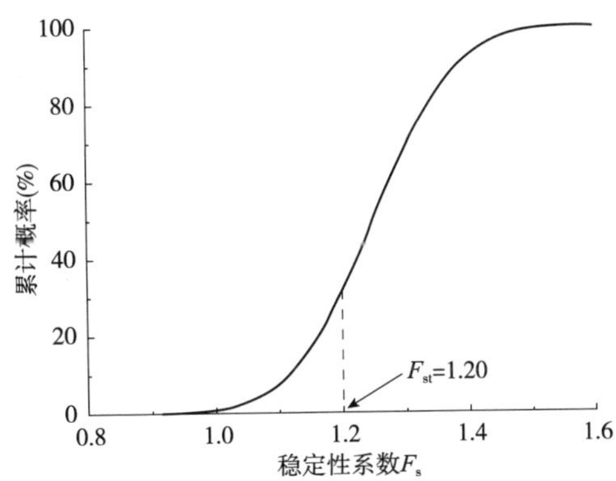

图 7.28 局部稳定系数的累计分布曲线

本章参考文献

[1] 中华人民共和国行业标准.JTG E40—2007 公路土工试验规程[S].北京:人民交通出版社,2007.

[2] 唐大雄.工程岩土学[M].2 版.北京:地质出版社,2005.
[3]《工程地质手册》编委会.工程地质手册[M].4 版.中国建筑工业出版社,2007.
[4] 陈忠达.公路挡土墙设计[M].北京:人民交通出版社,2001.
[5] 中华人民共和国国家标准.GB 51018—2014 水土保持工程设计规范[S].北京:中国建筑工业出版社,2014.
[6] 中华人民共和国行业标准.TB 10066—2000 铁路站场道路和排水设计规范[S].北京:中国铁道出版社,2001.
[7] 中华人民共和国行业标准.JTG/T D33—2012 公路排水设计规范[S].北京:人民交通出版社,2012.
[8] 中华人民共和国国家标准.GB 50330—2013 建筑边坡工程技术规范[S].北京:中国建筑工业出版社,2013.
[9] 中华人民共和国国家标准.GB 50021—2001 岩土工程勘察规范[S].北京:中国建筑工业出版社,2009.
[10] 中华人民共和国行业标准.JTG D30—2004 公路路基设计规范[S].北京:人民交通出版社,2004.

第8章 风化千枚岩填筑路基施工方案和质量控制技术

水分、荷载是影响千枚岩填料路基稳定性的关键因素，为了保证施工质量，应用不同水泥剂量改良的千枚岩填料铺筑了试验路路基，并对其灰剂量、压实度、弯沉值、回弹模量等指标进行检测，通过对比分析，确定风化千枚岩填筑路基最佳施工方案。

8.1 现场试验路的修筑与检测

8.1.1 试验路方案确定的依据

由于将千枚岩填料应用到高速公路修筑中，尚无明确的施工工艺要求，因此需通过铺筑试验路填筑路堤，通过对其路用性能进行检测，来验证其路用性能的可行性。

1）路堤部分

应用千枚岩填料修筑路基时，其填料 CBR 值必须满足路基设计规范的要求，当不满足时，必须进行改良。通过不同水泥剂量改良的千枚岩室内试验研究，得知千枚岩填料经改良后，其力学性能得到大大改善，能够满足上路堤 CBR>4%的要求。

2）路床部分

由于风化千枚岩强度低、受水影响大、力学性能不稳定，为满足路床顶面弯沉不超过 100（0.01mm），采用未筛分碎石掺加 4%水泥改良填筑路床，通过对比各种不同改良方案的改良效果，进行综合评价分析，从而选择最佳改良方案。

8.1.2 试验路概况

1）路堤部分

路堤试验段选在 25 标段（ZK19+100～ZK19+150），设计填土高度为 18.15m

的大填方路段和服务区(ZK22+720~ZK22+920),采用水泥进行改良,分三层铺筑,具体试验方案见表8.1,施工现场见图8.1。

路堤试验方案 表8.1

桩　　号	水泥掺量(%)	每层厚(cm)
ZK22+860~ZK22+920	3	27
ZK22+790~ZK22+860	4	27
ZK22+720~ZK22+790	5	27
ZK19+100~ZK19+150	6	27

a)　　b)

图8.1　路堤施工现场

2)路床部分

路床试验段选在YK19+050~YK19+150段。其中YK19+050~YK19+100段采用卡子镇石料厂的未筛分碎石添加4%水泥及10%石屑,长度50m,共填筑4层,每层20cm;YK19+100~YK19+150段采用隧道弃渣破碎的未筛分碎石,添加4%水泥,长度50m,共填筑4层,每层20cm。路床施工现场见图8.2。

a)　　b)

图8.2　路床施工现场

8.1.3 试验路路用性能检测

试验路路用性能检测包括灰剂量测试、压实度测试和弯沉值测试。

1)灰剂量测试

在水泥改良过程中,水泥掺量过少,强度、水稳性难以达到要求。如果水泥掺量过多,会引起裂缝,同时造成浪费。所以拌和后填筑前必须进行水泥剂量的测定。工程中,改良土的灰剂量一般采用 EDTA 滴定法测定,试验检测结果如表 8.2 所示。

试验段水泥滴定试验 表 8.2

取样位置	试样重(g)	含水率(%)	EDTA 滴定量(mL)				结合料剂量(%)
			初读数	末读数	滴定量	平均值	
K22+880 一车道	1000	7.2	0	13.0	13.0	12.5	4.9
			0	12.0	12.0		
K22+900 二车道	1000	7.4	13.0	25.9	12.9	13.0	5.1
			12.0	25.1	13.1		
K22+910 停车带	1000	6.8	25.9	38.8	12.9	12.2	4.7
			25.1	36.6	11.5		
K22+920 一车道	1000	7.1	5.4	16.4	11.0	11.8	4.6
			36.6	49.2	12.6		
K22+960 二车道	1000	7.1	16.0	29.7	13.2	12.8	5.0
			0	12.4	12.4		
K22+980 停车带	1000	7.0	29.8	41.0	11.2	11.3	4.3
			12.4	23.8	11.4		

以 4%水泥改良千枚岩填筑路堤为例,当填筑完成后,对水泥剂量进行检测。从表 8.2 可以看出,现场拌和的水泥具有一定的离散性,但均能满足要求。

2)压实度测试

压实度是土压实后的干密度与原土的最大干密度之比,是控制路基填筑质量的重要参数。千枚岩填料经过不同程度的风化后,力学强度降低,因此在压实过程中风化千枚岩颗粒更容易破碎。风化千枚岩填料的压实特性与其风化程度有关,风化程度不同,千枚岩粗细颗粒含量不同,这也说明风化千枚岩压实过程中粒径变化不同。风化千枚岩的压实过程就是一个颗粒级配变化的过程,通过压实使细颗粒逐渐增多,粗粒料逐渐减少,最终达到渐进压实的目的。采用现场灌砂法进行测试,最终结果见表 8.3 和表 8.4。

路堤压实度结果　　表 8.3

类　别	取 样 桩 号	压实度(%)
3%水泥改良	ZK22+875	94.1
	ZK22+890	97.5
	ZK22+905	96.6
4%水泥改良	ZK22+815	98.2
	ZK22+825	95.1
	ZK22+845	96.7
5%水泥改良	ZK19+730	95.2
	ZK19+745	97.6
	ZK19+765	95.7
6%水泥改良	ZK19+120	98.3
	ZK19+135	94.2
	ZK19+145	95.8

路床压实度结果　　表 8.4

类　别	取 样 桩 号	压实度(%)
卡子镇石料未筛分碎石+4%水泥+10%石屑	YK19+055	96.8
	YK19+076	97.6
	YK19+085	98.4
21 标段隧道弃渣破碎未筛分碎石+4%水泥	YK19+110	97.8
	YK19+126	99.7
	YK19+138	98.6

由表 8.3、表 8.4 路堤和路床的压实度测试结果可知,其压实度均能够满足《公路路基设计规范》(JTG D30—2015)[1] 中对于路堤部分 94%、路床部分 96%的压实度规定,改良效果显著,可以采用。

3)弯沉值测试

弯沉值是指在规定的标准轴载作用下,路基或路面表面轮隙中心处产生的总垂直变形(总弯沉),以 0.01mm 为单位。通常所说的回弹弯沉值是指标准后轴载双轮组轮隙中心处的最大回弹弯沉值。现在国内外普遍采用回弹弯沉值来表示路基路面的承载能力，回弹弯沉值越小，承载能力越大，反之越小。它广泛使用且有很多试验和科研成果，它不仅使用于路面结构的设计中（设计回弹弯沉），用于施工控制及施工验收（竣工验收弯沉值），同时还用于旧路补强设计。它是公路工程的一个基本参数，所以正确的测试具有重要意义。

弯沉的测试方法很多，主要有贝克曼梁法、自动弯沉仪法、落锤式弯沉仪法，国内主要采用贝克曼梁法进行测试。路堤部分弯沉值测试结果见表8.5。对路床弯沉值的检测是分层进行的，每层填筑完成后，都要对3d龄期进行检测，观察弯沉值的变化，指导施工，其弯沉值测试结果如表8.6所示。

路堤部分弯沉值测试结果 表8.5

类别	最大值（0.01mm）	最小值（0.01mm）	平均值（0.01mm）	标准差（0.01mm）	代表值（0.01mm）
未改良（右线）	392	355	370.6	26.2	423
未改良（左线）	389	361	373.8	28.6	431
3%水泥改良	321	288	302.8	21.1	345
4%水泥改良	275	243	253.6	17.7	289
5%水泥改良	271	239	250.4	15.3	281
6%水泥改良	264	234	242.4	14.8	272

路床弯沉值测试结果 表8.6

材料类别	填筑层位	龄期（d）	平均值（0.01mm）	标准差（0.01mm）	代表值（0.01mm）
卡子镇未筛分碎石+4%水泥+10%石屑	第一层	3	233.6	15.2	264
	第二层	3	117	14.5	146
	第三层	3	87.8	12.6	113
	第四层	3	70.4	10.8	92

续上表

材 料 类 别	填筑层位	龄期(d)	平均值 (0.01mm)	标准差 (0.01mm)	代表值 (0.01mm)
21 标段弃渣破碎未筛分碎石+4%水泥	第一层	3	211.4	14.3	240
	第二层	3	99.6	12.7	125
	第三层	3	65.2	10.4	86
	第四层	3	48.8	9.6	68

由表 8.5 可知,改良路段的弯沉值与未改良路段的弯沉值相比,大幅度减小。但施工条件的变异性,造成了测试结果的不规律。从上述对比可以看出,当采用 4%以上的水泥改良时,标准差大大减小,其弯沉值的离散性减小、强度大大提高。从经济性的角度出发,推荐采用 4%水泥改良千枚岩填料填筑路堤。

由表 8.6 可知,路床采用 4%水泥改良未筛分碎石,均能满足技术要求,其弯沉值在铺筑到第 4 层时均能满足施工技术要求。

4)回弹模量测试

现场承载板法是现行路基施工过程检测力学性能的重要指标之一。现场测试中的回弹模量,实际上是应力卸载阶段应力—应变曲线的割线模量。采用承载板法对现场路基的回弹模量进行测试,测试现场见图 8.3。不同改良情况下的路堤和路床部分的回弹模量 E_0,见表 8.7 和表 8.8。

a) b)

图 8.3 现场回弹模量测试

不同改良情况下的路堤回弹模量 E_0　　表 8.7

类　别	回弹模量 E_0(MPa)	
	平均值	标准差
3%水泥改良	27.8	2.0
4%水泥改良	33.5	1.8
5%水泥改良	38.4	1.6
6%水泥改良	42.5	1.5

不同改良情况下的路床回弹模量 E_0　　表 8.8

类　别	回弹模量 E_0(MPa)	
	平均值	标准差
卡子镇未筛分碎石+4%水泥+10%石屑	69.1	1.9
21 标段隧道弃渣破碎未筛分碎石+4%水泥	74.2	1.6

可见随着水泥剂量的增加,回弹模量逐渐增大,且掺加 4%水泥增幅最大,而未筛分碎石经水泥改良后,路床第一层的回弹模量就能满足规范要求,推荐使用。

8.2　千枚岩填料路基施工方案的提出

8.2.1　路堤施工方案

根据现场水泥改良千枚岩填筑路堤路用性能的检测,以及千枚岩填料室内物理力学性能的分析,发现采用水泥改良风化千枚岩填料以后,其强度大为提高。下路堤部分土要根据填料的 CBR 值来进行控制,当 CBR 值满足要求时,可以应用风化千枚岩填料来直接填筑路基;当 CBR 值不满足要求时,可以用 2%的水泥改良千枚岩填料填筑下路堤部分。针对上路堤部分,现场测试表明,当水泥掺量超过 4%时,其改良后的千枚岩填料填筑的路堤弯沉值大大降低,抗渗性能大大提高,回弹模量能够满足技术要求。综合以上分析,决定采用 4%水泥改良风化千枚岩填筑上路堤部分。

8.2.2　路床施工方案

试验路铺筑路床部分应用的是卡子镇石料厂未筛分碎石+4%水泥+10%石屑填筑和采用 21 标段隧道破碎未筛分碎石+4%水泥改良填筑两种方案。两种填料填筑的路床，其弯沉值、压实度均能够满足技术要求。对于未筛分碎石的技术要求主要是通过碎石的压碎值和粒径来进行控制。未筛分碎石的压碎值不大于28%时可用于填筑路床；所用未筛分碎石粒径应小于10cm；若加入石屑，石屑应过孔径为2.36mm的筛，成分以硅质为优。

8.2.3 千枚岩填料路基结构的确定

由于强风化千枚岩遇水后极易软化，力学强度大大降低，发生湿化变形，引起路基沉降；而且千枚岩填料填筑高速公路的路床在国内还没有先例。综合千枚岩填料的力学特性、水理特性和铺筑试验路的路用性能检测，最终确定了风化千枚岩填料填筑路基的结构，如图8.4所示。

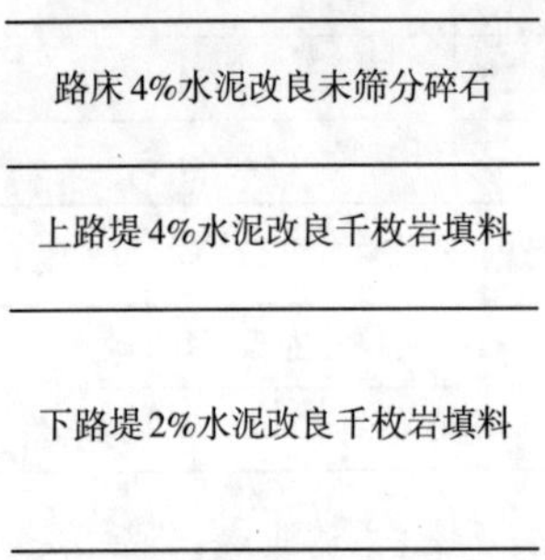

图8.4　千枚岩填料填筑路基结构示意图

8.3 千枚岩填料路堤施工技术

8.3.1 试验检测和材料要求

1）试验检测要求

填料使用前，按照《公路工程无机结合料稳定材料试验规程》（JTG E51—2009）[2]、《公路土工试验规程》（JTG E40—2007）[3]要求进行改良填料检验。检验内容包括：无侧限抗压强度、承载比（CBR）、液限、塑限、塑性指数，并结合方案要求进行标准击实试验和滴定试验，同时还要检测未筛分碎石的空隙率、压碎值。

2）材料要求

（1）千枚岩填料

风化千枚岩填料的最大粒径不应大于150mm。粒径明显超出要求时应人工剔出或者破碎后使用。全线施工时选用的风化千枚岩级配应大致相同，以免由施工变异性造成的不均匀沉降。风化千枚岩填料最小强度应符合表8.9要求。

（2）水泥

采用P.C32.5复合硅酸盐水泥，初凝时间应大于3h，终凝时间需通过现场确定，但一般不超过6h，施工时要在改良千枚岩混合料初凝前铺筑完成。

路堤填料最小强度要求 表8.9

路基部位	路面底面以下深度(m)	填料最小强度(CBR)(%)		
		高速公路、一级公路	二级公路	三、四级公路
上路堤	0.8~1.5 (1.2~1.9)	4	3	3
下路堤	>1.5 (>1.9)	3	2	2

注:1.当下路堤填料CBR值满足表列要求时可直接填筑;当下路堤填料达不到表列要求时,建议下路堤掺加2%水泥改良千枚岩填料。

2.上路堤填料从力学稳定性和水稳定的角度要求,应掺加4%水泥进行改良。

(3)外加剂

水泥初凝时间不符合要求时,应加入缓凝剂将初凝时间调至符合要求的时间。

(4)水

工程用水应为可饮用水。

8.3.2 机械要求

高速公路路基施工时应至少具备的机械见表8.10。

施工机械配制表 表8.10

序号	机械名称	型号	单位	数量
1	路拌机	WBZ-21	台	2
2	压路机	YZ20	台	2
3	挖掘机	210-3	辆	3
4	装载机	50W	辆	1
5	推土机	SD160	台	1
6	自卸车	20t	辆	7
7	洒水车	5t	辆	2
8	羊足碾	YZTK18	辆	2

8.3.3 路堤施工工艺

通过现场的试验路铺筑,总结出路堤施工工艺流程,如图8.5所示。

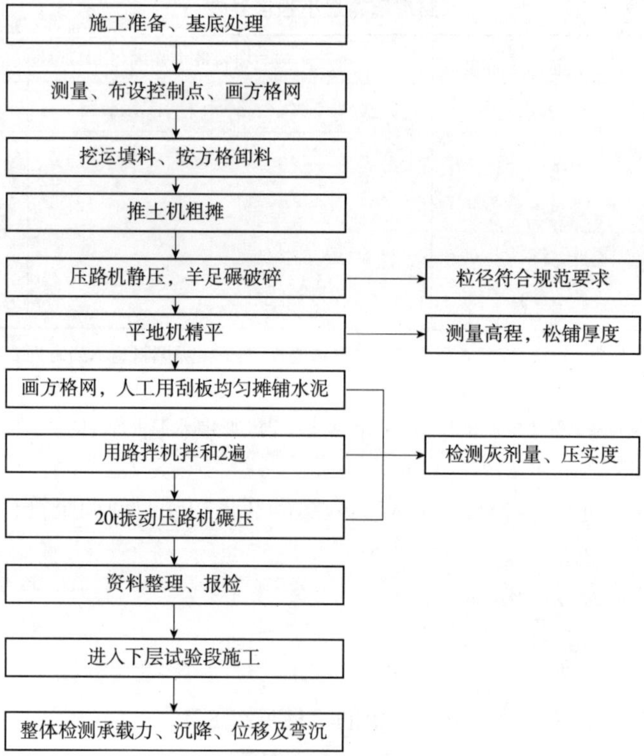

图 8.5　路堤施工工艺流程图

1)填筑前路基基底处理

地基清表、湿软路基挖淤换填、强夯、冲击碾压按设计图纸和《公路路基施工技术规范》(JTG F10—2006)[4]、《公路工程质量检验评定标准》(JTG F80/1—2004)[5]要求进行处理。同时还要开挖边沟,疏通水系,底部应当平整、坚实,密实度检测和 K_{30} 试验符合要求,而且有设计规定的路拱。基底处理后纵向、横向坡度大致与设计一致。

2)测量放样,布设控制点,画方格网

路基填筑前,按批复的导线、路线水准表、路基设计图表、施工工艺和有关规定放出试验路中桩及边桩、路堤坡脚、排水沟、护坡道、盖板涵,弃土堆等具体位置桩。并在路基坡脚外 50cm 处设立施工标尺。根据试验路确定的松铺系数 1.18 确定松铺厚度 32cm,并用记号笔标出填筑层的松铺厚度和填筑高度。

按放出的中边桩进行检测点布设,主线每隔 10m 布设断面桩号,每一断面布设三个点,用水准仪观测控制点高程,做好记录,同时做出摊铺厚度灰平,摊铺厚度灰平高于松铺厚度2cm,并在调整层上用灰线洒出5.0m×5.5m的方格网。

3)挖运填料、按方格卸料

(1)料场选择

将沿线所用料场的千枚岩填料,用肉眼鉴别,初步选定一些备用料场,从每个料场取有代表性的填料,送试验室进行原料及混合料的物理力学性质试验。根据试验结果,选定准备开采使用的料场(同时确定水泥剂量)。

(2)料场采集

如果千枚岩料场上层有各种杂物,如树木,杂草等,应先清理干净,当采集千枚岩料时,应从上到下连续采集,不能分层。为使各种填料统一,应注意观察,当发现采集的千枚岩跟其他明显不同时,应选择有代表性的填料送至中心实验室进行相关试验检测。

(3)计算填料用量

由各路段水泥稳定千枚岩层的厚度及宽度、已确定的干密度,计算各路段需要的千枚岩数量。根据料场集料的含水率和所有运料车辆的吨位,计算每车料的堆放距离。根据水泥稳定千枚岩基层的厚度和预计的干密度及水泥用量,计算每平方米水泥稳定千枚岩需要的水泥用量,并计算每袋(通常50kg)水泥的摊铺面积。

(4)填料的运输和堆放

填料用装载机或挖掘机装车,自卸汽车运输。运输车辆型号尽量统一,保证每车所装填料基本相等。运输过程中注意行车安全,沿途不得抛撒。

填料运抵试验段后听从指挥人员调度,每网格卸两车料。汽车运料立方体换算成松铺厚度立方体,换算系数暂定为1.3左右,待摊铺完成测量出松铺厚度后重新核实换算系数。

填料运抵摊铺现场后试验检测人员取样做土样含水率试验,根据大气温度和含水率大小确定摊铺起始时间。卸料起始位置横断面方向多卸几车土料,保证推土机摊铺过程中不缺料。同时避免填料长时间堆放,造成水分大量蒸发,或遭雨而使含水率过大,甚至造成弹簧现象。如选料中超尺寸的石料颗粒过多,则在料场进行筛除。

4)摊铺

推土机摊铺时按摊铺厚度灰平(摊铺厚度灰平为松铺厚度+2cm)从起点开始纵向摊铺,其作业顺序为从右侧到左侧(由低到高)纵向摊铺,避免横向作业。施工前对施工现场进行各种测量,如高程、中线;在路基外边缘每隔20m设立施工标尺,用红油漆做好各种标记,如填的层数、松铺厚度以及填筑的当前高度。布设每层填料的控制点,松铺厚度定为32cm。上料前根据设定的各层填料的松铺厚度,通过计算得出所需填料用量,用石灰线画出方格网,边长最好为6~8m,确定每一运输车的卸料位置。先用推土机根据各层控制点灰平高度,进行粗略整平,不能在作业面全部卸完料才统一推平,而应当边卸料边整平。推土机粗平结束后,再恢复控制点的灰平标记,进而用平地机按灰平标记修刮精平,最终设置达到规定的路拱坡度。

5)破碎碾压

完成摊铺。在整形的过程中,因部分粒料粒径大于15cm,因此需要先用羊足碾碾压两遍,然后采用路拌机先路拌两遍,将超粒径填料打碎,其他无法打碎的部分人工剔除,最后用20t路拌机按从右到左(从低到高)的作业顺序对摊铺填料层排压一遍,路基两侧多压两遍,以保证表面平整。

6)摆放和摊铺水泥

添加4%水泥改良段,根据实验室提供的干密度、压实厚度、水泥掺加量进行计算,水泥按照不同间距进行摆放后,采用人工倾倒摊铺方法,摊铺均匀。水泥布设及摊铺采用纵向推进,并按碾压要求的顺序进行。水泥摊铺完毕后,表面应没有空白位置,也没有水泥过分集中的地点。

7)干拌

水泥横向摊铺两个压路机宽度后,及时采用路拌法进行拌和。用宝马拌和机进行拌和,拌和的第一、二遍,通常进行"干拌",预防加水过程水泥成团。用拌和机进行拌和,拌和深度达到稳定层底,使层与层之间形成良好的黏结密实环境,避免施工层间发生离析。拌和时设专人跟踪拌和机,随时检查拌和深度并配合拌和机操作员调整拌和深度。严禁在拌和层底部留有素千枚岩夹层。

8)加水并湿拌

干拌结束时,进行含水率的检测,进而计算并补充洒水。施工时处于炎热季节,蒸发量大时,含水率应大于最佳含水率2%~3%左右,再次进行拌和,使水分在混合料中分布均匀。在拌和均匀的情况下取料在1h内作EDTA滴定试验,检测水泥掺量是否达到要求。拌和机械跟在洒水车后进行拌和。尤其在纵坡大的路段配合要紧密,减少水分流失。拌和要均匀,从外观来看,混合料颜色一致,没有灰条、灰团和花面,且水分合适、均匀。拌和不得少于两遍,且拌和深度以超过下层1~2cm为宜。拌和速度<2.5km/h,横向接头重叠0.4~0.5m、纵向接头≥2m,直线进

退。拌和后，安排专人挖坑检查拌和深度并取样进行滴定试验，合格后报监理工程师检查，同意后及时进行碾压。

需要注意的是，对于水泥改良土，施工时间的控制是非常重要的参数。从开始加水拌和到压实的延迟时间，对水泥加固土的密实度和强度有很大的影响，增加拌和时间或湿拌后延迟时间，水泥就会产生部分硬结作用，从而影响混合料所能达到的密实度。

9）整形

混合料拌和均匀、灰剂量检测合格后，立即用平地机进行初平。在直线段由路两侧向路中心进行刮平，在曲线段，平地机由内侧向外侧进行刮平；需要时，再返回刮一二遍，用轻型压路机立即在刚初平的路段上快速碾压一遍，以暴露潜在的不平整；然后再用平地机整平一次。每次整平都要形成4%的横坡。尤其要注意接缝处的整平，保证接缝平整顺适。平整过程中对于离析的混合料应及时铲除，并补充新的拌和料。在整形过程中，禁止任何车辆通行。初步整形后，检查混合料的松铺系数。

水泥改良千枚岩基层表面的低洼处，严禁用薄层水泥混合料找补。摊铺时，按“宁高勿低”的原则，最后整平（终平）时按“宁刮勿补”的原则处理。

10）松铺厚度测量

平地机精平后迅速恢复控制点，进行高程测量，并记录计算松铺厚度。试验检测人员进行含水率测试，控制含水率在最佳含水率±2%范围内，否则，需进行洒水湿润或翻晒。洒水时由两台专业洒水车并排进行，保证水量均匀。

11）20t 自行式振动压路机碾压

根据路基宽度、压路机的轮宽和轮距的不同，制订碾压方案，具体包括各部分碾压遍数和碾压方式。碾压作业往返 1 次为碾压 1 遍，碾压采用纵向碾压，采用“2+3+3”组合方式进行，即先 2 遍静压、3 遍弱振碾压、3 遍强振碾压。开始碾压时先慢后快，由弱振到强振，慢速行驶。压实路线应纵向互相平行，反复碾压，做到无漏压、无死角，确保碾压均匀。压路机的碾压速度头两遍为 1.5~1.7km/h，以后采用 2.0~2.5km/h。压路机碾压纵向接茬重叠 1/3 轮宽，横向接茬重叠 0.5m，碾压顺序自两侧路肩向路基中心进行，超高段由内侧向外侧，路基边缘多压 2 遍。碾压完成后，路基表面应平整光滑，无反弹，无松散，无明显轮迹。为保证全断面压实一致，边坡两侧应各超宽 0.5~1.0m。为了保证边坡的压实效果，压路机碾压不到的边界区域采用分层人工夯实。

碾压过程中，如果发生“弹簧”、松散、起皮现象，及时翻开换以新的混合料或添加适量的水泥重新拌和,使其达到质量要求。经过拌和、整形的改良千枚岩,在水泥初凝前和试验确定的延迟时间内完成碾压,并达到要求的压实度,同时无明显的轮迹。

20t 振动压路机碾压 4 遍后,进行压实度检测,检测点数 4 个,点位现场确定。然后继续增加碾压遍数到 5~8 遍,分别测定其压实度,直至压实度分别达到规定要求为止。

若碾压 8 遍后仍达不到规定的压实度要求,在下一道填筑层施工时减小松铺厚度进行试验。在路基填筑过程中始终做到“五保证、四不压”。“五保证”:保证及时碾压、保证压够遍数、保证不漏压、保证压到边、保证压到结合部;“四不压”:铺料超厚不压、含水率过大过小不压、填料有杂质不压、表面不平整不压。

12)检验评定

按《公路工程质量检验评定标准》(JTG F80/1—2004)[5]规定,压实度按每 200m 不少于 8 个点监测频率,采用灌砂法进行减压,同时还需要用贝克曼梁检测弯沉值。为了更好地反映现场的施工质量及准确性,可适当增加检测频率,其他指标按规范有关要求进行。

每层检验合格后,及时进行高程测量,按每 20m 一个断面,每个断面测量 3 个点,线路中心线 1 点,距离边桩 0.5m 各 1 点,地形复杂地段,应根据需要增加测量断面,并将测量结果报驻地办、各工作组核备。

检验阶段包括检测和验收签证两个部分。

(1)检测:按照工艺试验研究和验标所要求的试验项目和频率对碾压后的场地进行检测。

(2)验收签证:施工过程和检测过程通知现场监理见证,检测项目和指标值满足规范要求,并签字验收。

8.3.4 路堤施工控制要点

水泥改良千枚岩填筑路堤时,应注意以下几个方面的控制要点。

(1)快硬、早强以及受潮结块变质的水泥不得使用。

(2)开工前清除底基层上的浮土、杂物,再进行填筑前碾压,碾压完成后经现场监理人员检验,压实度符合技术规范要求后方可填筑。

(3)严格按技术规范要求施工,做到其级配、灰剂量、压实度、强度均达到规范规定的标准。

(4)由于千枚岩填料风化程度不一,应选择风化均匀的千枚岩,以便保证粒料粉碎和水泥掺拌均匀。

(5)用拌和机进行拌和,拌和深度应达到稳定层底,严禁在拌和层底部留有夹层。

(6)在整型的过程中,严禁任何车辆通行,并配合人工清除粗细集料窝。

(7)经过拌和整型的改良千枚岩填料,在水泥初凝前和试验确定的延迟时间内完成。

(8)养生期用潮湿的帆布、粗麻袋、土工布等其他合适的潮湿材料覆盖,7d 后进行下一层的施工。

(9)做好施工排水工作。避免路基遭雨水浸泡,若路基遭到雨水浸泡后,要严禁行人和车辆通过,让路基自然风干。

(10)三背(涵背、桥台背、挡墙背)处严禁采用千枚岩填筑,选用内摩擦角较大的透水性材料,最好是岩渣、洞渣、碎石、砂砾石或片石。

8.4 路床的施工技术与质量控制

路床作为路面结构的直接承重层,其强度和稳定性直接影响路面结构的稳定性。在施工过程中一般通过检测压实后各结构层的顶面回弹弯沉值来控制其施工质量。对于应用水泥改良的未筛分碎石材料来说,随着时间的增长,其强度逐渐呈现上升趋势。但因工期紧张,不可能等到设计龄期,才开始下一层施工,一般在 3~6d 后就开始施工下一层。因此在质量控制过程中,如何确定短龄期水泥稳定未筛分碎石的强度来控制各结构层的质量是影响施工质量的关键。

8.4.1 试验检测和材料要求

1)材料试验检测要求

填料使用前,按照《公路工程无机结合料稳定材料试验规程》(JTG E51—2009)[2]进行改良填料检验。检验内容包括:无侧限抗压强度、承载比(CBR)、路床顶面弯沉值、击实试验和滴定试验,同时还要检测未筛分碎石的空隙率、压碎值。

2)材料要求

(1)碎石及强度

未筛分碎石最大粒径不超过 100mm;未筛分碎石压碎值小于 30%;未筛分碎石空隙率小于 47%;压实度不低于 96%;上路床 CBR 不低于 8%,下路床 CBR 不低于 5%;路床顶面弯沉值不超过 100(0.01mm)。

(2)水泥

采用P.C32.5复合硅酸盐水泥,初凝时间应大于3h,终凝时间需通过现场确定,但一般不超过6h,施工时要在改良千枚岩混合料初凝前铺筑完成。

(3)外加剂

水泥初凝时间不符合要求时,应加入缓凝剂将初凝时间调至符合要求。

(4)水

工程用水应为可饮用水。

8.4.2 短龄期路床各结构层回弹模量的确定

路床施工质量是路面质量得以保证的重要条件,通过对各层路床顶面回弹弯沉值的检测,进而判断出路基路面的强度是不是满足规范要求,即某一结构层顶面的弯沉值是该层及该层之下各层强度和刚度的综合体现。从路基开始,保证各层弯沉值,其路床顶面、各层路面结构的弯沉值即能满足要求,最终使路面满足要求。

水泥改良未筛分碎石,可以看作是半刚性材料,用此类材料修筑的路床,弹性模量较大,强度相对也较高,在行车荷载作用下,可以认为路床结构层处于弹性状态,从而可采用弹性理论进行分析,简化计算过程[6]。但由于施工采取分层填筑方法,刚刚完工的半刚性结构层一般达不到设计龄期,必须等强度趋于稳定后,才能进行弯沉值检测,因此很少有工程能按期完成任务。如果不进行弯沉值检验,则有可能不能及时发现薄弱环节,给工程留下安全隐患。因此,对如何确定各结构层的施工弯沉值检验标准,从而在施工过程中控制工程质量,已成为当前迫切需要解决的问题。为了确定短龄期路床各结构层回弹模量的大小,应用弹性层状体系理论来进行分析。

1)弹性层状体系理论

弹性层状体系[7],是由若干个弹性层组成,上面各层具有一定厚度,最下一层为弹性半空间体,如图8.6所示。应用弹性力学方法求解弹性层状体系的应力、形变和位移等分量时,引入的基本假设如下:

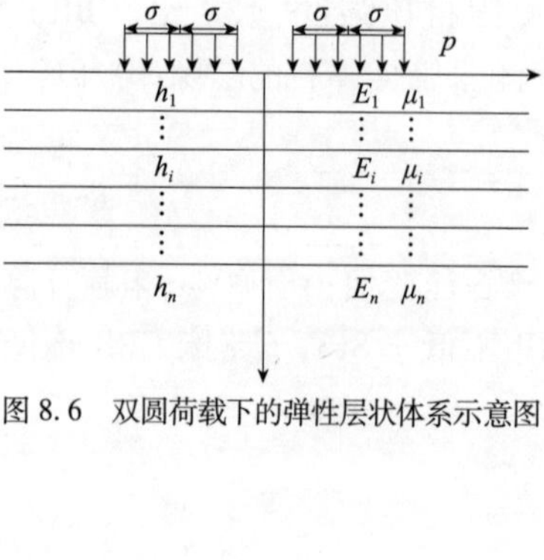

图8.6 双圆荷载下的弹性层状体系示意图

(1)各层平面无限大,垂直方向具有一定的厚度,最下层为半无限体或不变形刚体(如岩石路基)。

(2)各层水平无限远和最下层无限深处

的应力和位移分量为零。

(3)层间的结合状态可以是完全连续的，或者是完全光滑的，也可以是介于两者之间的半接触状态，但层间不出现脱空现象。

(4)作用于弹性层状体系最上层表面的荷载是轴对称的。

(5)不计自重。

弹性层状体系可以看成是由多个有限厚弹性层与弹性半空间组成。n 层弹性体系通常指由一个弹性半空间体及其上面 $n-1$ 层有限厚弹性层组成的体系。

求解时，将车轮荷载简化为圆形均布荷载(垂直荷载与水平荷载)，并在圆柱坐标系中分析各分量[8]。在图 8.7 的圆柱坐标(r,θ,z)中，在弹性层状体系内微分单元体上，应力分量有三个法向分量(σ_r、σ_θ、σ_z)及三对剪应力($\tau_{rz}=\tau_{zr}$、$\tau_{r\theta}=\tau_{\theta r}$、$\tau_{z\theta}=\tau_{\theta z}$)。

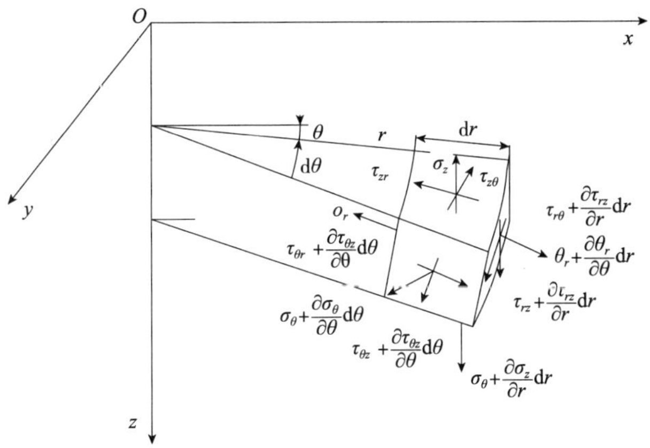

图 8.7　圆柱坐标系中微分单元体受力分析图

当层状体系表面作用轴对称荷载时，各应力、形变和位移分量也对称于对称轴，即仅是 r 和 z 的函数。因而 $\tau_{r\theta}=\tau_{\theta r}=0$、$\tau_{z\theta}=\tau_{\theta z}=0$，三对剪应力只剩下一对 $\tau_{rz}=\tau_{zr}$。下面以这种轴对称的情形为例，简述弹性层状体系各分量的求解方法。

由弹性力学得知，对于以圆柱坐标表示的轴对称课题，其平衡方程(不计体积力)为：

$$\left.\begin{aligned}\frac{\partial\sigma_r}{\partial r}+\frac{\partial\tau_{zr}}{\partial z}+\frac{\sigma_r-\sigma_\theta}{r}=0\\ \frac{\partial\sigma_z}{\partial z}+\frac{\partial\tau_{rz}}{\partial r}+\frac{\tau_{rz}}{r}=0\end{aligned}\right\}\tag{8.1}$$

表示体系内任一点应力—形变关系的物理方程为：

$$\left.\begin{aligned}\varepsilon_r&=\frac{1}{E}[\sigma_r-\mu(\sigma_\theta+\sigma_z)]\\\varepsilon_\theta&=\frac{1}{E}[\sigma_\theta-\mu(\sigma_z+\sigma_r)]\\\varepsilon_z&=\frac{1}{E}[\sigma_z-\mu(\sigma_r+\sigma_\theta)]\\\gamma_{zr}&=\frac{2(1+\mu)}{E}\tau_{zr}\end{aligned}\right\}\tag{8.2}$$

又知轴对称课题的几何方程为：

$$\varepsilon_r=\frac{\partial u}{\partial r};\varepsilon_\theta=\frac{u}{r};\varepsilon_z=\frac{\partial\omega}{\partial z};\gamma_{zr}=\frac{\partial u}{\partial z}+\frac{\partial\omega}{\partial r}\tag{8.3}$$

变形连续方程为：

$$\left.\begin{aligned}&\nabla^2\sigma_{\mathrm{r}}-\frac{2}{r^2}(\sigma_r-\sigma_\theta)+\frac{\partial^2\Theta}{(1+\mu)\partial r^2}=0\\&\nabla^2\sigma_\theta-\frac{2}{r^2}(\sigma_r-\sigma_\theta)+\frac{1}{1+\mu}\frac{1}{r}\frac{\partial\Theta}{\partial r}=0\\&\nabla^2\sigma_z+\frac{\partial^2\Theta}{(1+\mu)\partial z^2}=0\\&\nabla^2\tau_{zr}-\frac{\tau_{zr}}{r^2}+\frac{1}{1+\mu}\frac{\partial^2\Theta}{\partial r\partial z}=0\end{aligned}\right\}\tag{8.4}$$

式中，$\nabla^2=\frac{\partial^2}{\partial r^2}+\frac{1}{r}\frac{\partial}{\partial r}+\frac{\partial^2}{\partial z^2}$；$\Theta=\sigma_r+\sigma_\theta+\sigma_z$。

如果引用应力函数，并把应力分量表示为：

$$\left.\begin{aligned}\sigma_r&=\frac{\partial}{\partial_z}\left(\mu\nabla^2\varphi-\frac{\partial^2\varphi}{\partial r^2}\right)\\\sigma_\theta&=\frac{\partial}{\partial_z}\left(\mu\nabla^2\varphi-\frac{1}{r}\frac{\partial\varphi}{\partial r}\right)\\\sigma_z&=\frac{\partial}{\partial_z}\left[(2-\mu)\nabla^2\varphi-\frac{\partial^2\varphi}{\partial z^2}\right]\\\tau_{zr}=\tau_{rz}&=\frac{\partial}{\partial_z}\left[(1-\mu)\nabla^2\varphi-\frac{\partial^2\varphi}{\partial z^2}\right]\end{aligned}\right\}\tag{8.5}$$

则将式(8.5)代入式(8.1)及式(8.4)中，第一个方程自然满足要求，其余各方程的共同要求是：

$$\nabla^2\nabla^2\varphi=0 \tag{8.6}$$

如果能从式(8.6)中解得应力函数,代入式(8.5)中即得各应力分量;如将各应力分量代入式(8.2)中,则得形变分量。

由式(8.5)、式(8.2)及式(8.3)可得以应力函数表示的位移分量,即:

$$\left.\begin{aligned} u&=-\frac{1+\mu}{E}\frac{\partial^2\varphi}{\partial r\partial z}\\ \omega&=\frac{1+\mu}{E}\left[2(1-\mu)\nabla^2\varphi-\frac{\partial^2\varphi}{\partial z^2}\right]\end{aligned}\right\} \tag{8.7}$$

将解得的应力函数代入上式可以得到位移分量表达式。

求解方程(8.6)中 $\varphi(r,z)$ 的方法有分离变量法和积分变换法,习惯上多采用汉克尔积分变换法。由汉克尔变换求得的解为:

$$\varphi(r,z)=\int_0^\infty[(A+Bz)e^{-\xi z}+(C+Dz)e^{\xi z}]\xi J_0(\xi r)\mathrm{d}\xi \tag{8.8}$$

式中:$J_0(\xi r)$ ——第一类零阶贝塞尔函数;

A、B、C、D——待定系数,由弹性层状体系的层间连续条件和边界条件确定。

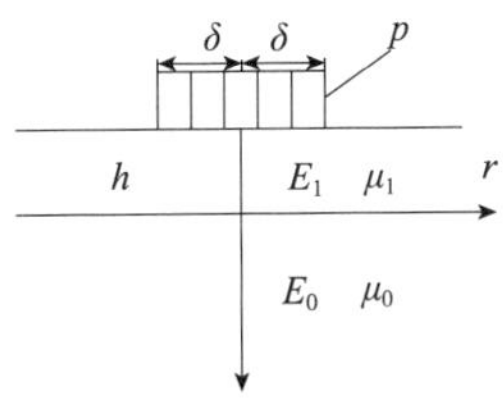

图 8.8　双层连续体系双圆均布荷载计算图示

将式(8.8)代入式(8.5)和式(8.7)中,可得各应力分量和位移分量表达式。对于某种特定的荷载、体系层数与层间连续条件,式中的待定系数就可以确定。例如,表面作用双圆均布垂直荷载的双层连续体系(图 8.8),体系表面荷载作用轴线上的垂直位移(即弯沉)为:

$$\omega=\frac{2(1-\mu_1^2)p\delta}{E_1}\int_0^\infty\frac{Le^{-\xi h}-4\xi h-Me^{2\xi h}}{1+4\xi^2h^2+ML-Me^{2\xi h}-Le^{-2\xi h}}\times\frac{J_1(\xi h)}{\xi}\mathrm{d}\xi \tag{8.9}$$

$$L=\frac{(3-4\mu_0)-m(3-4\mu_1)}{3-4\mu_0+m};M=\frac{m(3-4\mu_1)+1}{1-m};m=\frac{E_0(1+\mu_1)}{E_1(1+\mu_0)} \tag{8.10}$$

式中:E_1、μ_1、E_0、μ_0——上层和半空间体的弹性模量和泊松比。

公式(8.9)为含有贝塞尔函数和指数函数的广义积分。

为了使用方便,将式(8.9)改写为:

$$\omega=\frac{2p\delta}{E_0}\overline{\omega} \tag{8.11}$$

式中,$\overline{\omega}=\dfrac{(1-\mu_1^2)E_0}{E_1}\displaystyle\int_0^\infty\frac{Le^{-2\xi h}-4\xi h-Me^{2\xi h}J_1(\xi h)}{1+4\xi^2h^2+ML-Me^{2\xi h}-Le^{-2\xi h}\xi}\mathrm{d}\xi$;$\overline{\omega}$ 称为垂直位移系数。

2)弯沉反分析法

弯沉反分析法建立在现场实测数据的基础上,采用理论与实际相结合的方法,将各结构层的模量带入弹性层状体系理论,即可得到轮隙中心的弯沉值;该弯沉值与实测弯沉值进行对比,当两者的差值小于控制值时,控制值一般为 100 (0.01mm),即可确定不同结构层的模量。利用弯沉反分析法所得参数,可对随后的施工或设计提供科学预测[9]。

本书作者以双圆垂直均布荷载下弹性层状体系理论为依据,并与现场实践相结合,根据路基各层的材料强度及层厚,开发了反算路床顶面弯沉值计算软件。通过软件的计算分析,预测出路床能否满足施工的弯沉值要求。利用弯沉反分析法确定短期回弹模量的流程如图 8.9 所示。

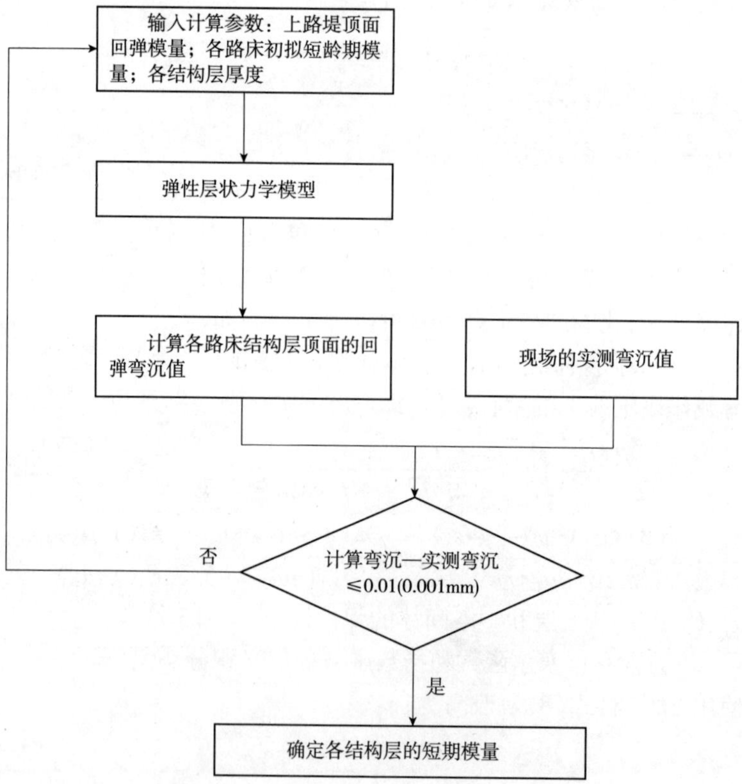

图 8.9　弯沉反分析法确定短期回弹模量的流程图

3)具体计算方法

主要包括上路堤顶面回弹模量的确定和路床各结构层模量的确定。

(1)上路堤顶面回弹模量的确定

已知弯沉值的大小是土基强度大小的宏观表现,即土基回弹模量 E_0 与弯沉值 l_0 之间具有良好的相关性,其相关性的关系公式大体上有以下几种:

①《公路路面基层施工技术规范》(JTJ 034—2000)中规定[10]:

$$E_0=17029l_0^{-1.0661} \tag{8.12}$$

②《公路沥青路面设计规范》(JTJ 014—1997)条文说明中规定[11]:

$$E_0=2430l_0^{-0.7} \tag{8.13}$$

③《公路沥青路面设计规范》(JTG D50—2006)中规定[12]:

$$E_0=\frac{1000\times 2p\delta}{l_0}(1-\mu_0^2)\alpha_0 \tag{8.14}$$

④《公路水泥混凝土路面设计规范》(JTG D40—2002)中规定[13]:

$$E_0=13739l_0^{-1.04} \tag{8.15}$$

上述式中:E_0——土基回弹模量值(MPa);

μ_0——土的泊松比,取0.35;

p、δ——轮胎接地压强(MPa)与当量圆半径(cm),对标准轴载BZZ-100来说,其值分别为0.7MPa,10.65cm;

α_0——均匀体弯沉系数,取0.712;

l_0——对应的回弹变形值(0.01mm)。

为寻找贝克曼梁测得的弯沉值 l_0 与承载板法测得的回弹模量 E_0 的关系,在上路堤顶面(路床底面)进行了弯沉值 l_0 和回弹模量 E_0 的测试,结果如表8.11和图8.10所示。

路床底面回弹模量与弯沉值测试结果 表8.11

测　点	贝克曼梁法弯沉值 l_0(0.01mm)	承载板法测得 E_0(MPa)
1	284	35.69
2	319	32.01
3	279	36.62
4	332	30.68
5	288	35.24
6	304	33.51
7	288	35.24
8	322	31.72

续上表

测点	贝克曼梁法弯沉值 l_0(0.01mm)	承载板法测得 E_0(MPa)
9	314	32.09
10	291	34.89
11	308	33.13
12	297	33.68
平均值	303	33.59
标准差	17	1.84
变异系数(%)	5.6	5.5

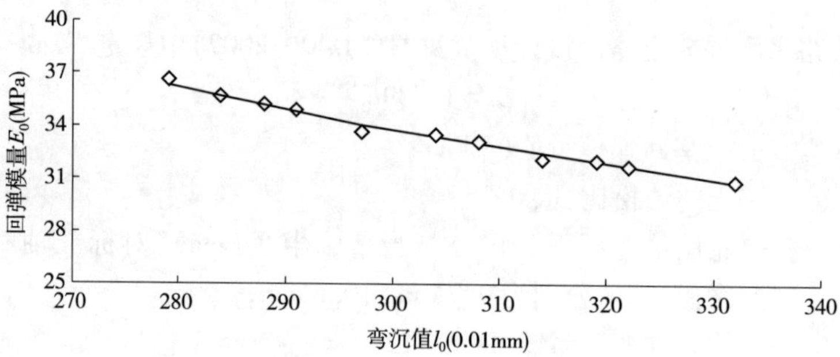

图 8.10 实测路床底面 E_0-l_0 曲线

经过试验回归分析,得出土基回弹模量 E_0 与回弹弯沉值 l_0 的关系方程:

$$E_0 = 8173.7 l_0^{-0.9619};R^2 = 0.9849 \tag{8.16}$$

根据拟合的试验回归方程,假定路床底面弯沉值 l_0,代入式(8.12)~式(8.16),计算其回弹模量 E_0,进行分析比较,结果如表 8.12 所示。

由式(8.12)~式(8.16)得到的回弹模量 E_0(单位:MPa) 表 8.12

公式 l_0(0.01mm)	实测值	式(8.12)	式(8.13)	式(8.14)	式(8.15)	式(8.16)
284	35.69	41.28	46.59	31.88	38.59	35.69
319	32.01	36.47	42.95	28.38	34.20	31.92
279	36.62	42.07	47.17	32.45	39.31	36.31
332	30.68	34.95	41.76	27.27	32.81	30.71
288	35.24	40.67	46.14	31.43	38.04	35.22
304	33.51	38.39	44.42	29.78	35.96	33.43
288	35.24	40.67	46.14	31.43	38.04	35.22

续上表

公式 l_0(0.01mm)	实测值	式(8.12)	式(8.13)	式(8.14)	式(8.15)	式(8.16)
322	31.72	36.10	42.67	28.12	33.87	31.63
314	32.09	37.09	43.43	28.83	34.77	32.41
291	34.89	40.22	45.80	31.11	37.63	34.87
308	33.13	37.86	44.02	29.39	35.47	33.01
297	33.68	39.35	45.15	30.48	36.84	34.19
均值	33.71	38.76	44.69	30.05	36.29	33.72
标准差	1.85	2.29	1.74	1.66	2.09	1.80
变异系数(%)	5.4	5.9	3.8	5.5	5.7	5.3

利用上述公式计算得到的回弹模量做 E_0-l_0 曲线，如图 8.11 所示。经比较可知，式(8.12)、式(8.13)是经验公式，当土质和路基的强度不同时，不同地区的回归方程也有所差异，因此应用时有一定的局限性，而且计算值比实际值偏大。式(8.15)是水泥混凝土路面常用公式，计算的结果相对最接近实际值，而式(8.14)是根据现场承载板法测土基回弹模量的公式，具有很强的可靠性，是比较常用的，得到的回弹模量是最小的，也是最偏于安全的。

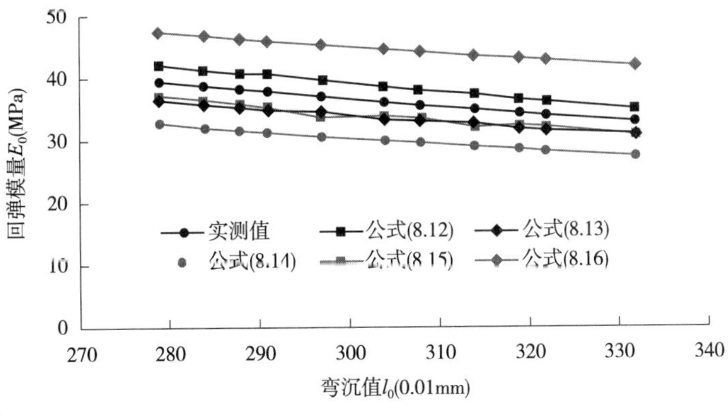

图 8.11 计算得回弹模量做 E_0-l_0 曲线

由于土基弯沉值 l_0 的测试比土基回弹模量 E_0 测试快速、简便，所以可以利用弯沉值计算或检验土基回弹模量，这样不仅可以减少工作量，而且能够大大提高工作效率。施工时，因各地土质不同，应结合本地情况测量具体数据，得出具体公式，以便更好施工。因此以式(8.16)为依据，计算不同初始弯沉条件下，需要填筑多少层能满足设计回弹弯沉值低于 1mm 的要求。

（2）各路床结构层短期模量的确定

在实际的施工过程中，仅能检测施工后每层的弯沉值，而对于最先铺筑的结构层，其模量是随龄期增长的。每层顶面测试的回弹弯沉值是结构层和下卧层共同承受荷载的结果。

这里以4%水泥改良隧道弃渣未筛分碎石后填筑的路床为例，分别确定路床各结构层的模量。由于施工工期较紧，铺筑3d后就进行弯沉值的检测和下层的填筑，已知其填筑路床后各层的弯沉值见表8.13。

21标段隧道弃渣未筛分碎石弯沉值　　表8.13

施工部位	材料类型	填筑层位	测试龄期(d)	代表弯沉值(0.01mm)
YK19+100~YK19+150	21标段隧道弃渣	第一层	3	232
		第二层	3	121
		第三层	3	85
		第四层	3	67

根据已知的弯沉值，反算不同龄期回弹模量的具体方法如下：

①3d的单层回弹模量E_{3d}

E_{3d}求解流程应用弯沉反分析法，如图8.12所示。已知路床底面的回弹模量E_0和弯沉值$l_0=303(0.01\text{mm})$，第一层铺完后龄期为3d的弯沉$l_d=2.32\text{mm}$，将第一层3d的模量估值输入软件试算，直至在路床底面铺筑一层后所得弯沉为实测弯沉l_d为止，所输入的值即为3d的单层回弹模量E_{3d}，结果为180MPa。

②6d的单层回弹模量E_{6d}

E_{6d}的单层回弹模量E_{6d}如图8.13所示。已知第二层铺筑完成后龄期为3d的弯沉$l_{2d}=1.21\text{mm}$。此时，整体结构可以看作由三部分组成，最下面一层为路床底面，当量回弹模量为E_0；第二层为路床的第一层，此时距离其填筑完成已过6d，故其单层回弹模量为E_{6d}；最上面一层刚填筑完成3d，其单层回弹模量为E_{3d}。然后将模量估值输入软件计算，当算出的弯沉值为l_{2d}时，此值即为6d的单层回弹模量E_{6d}，结果为210MPa。

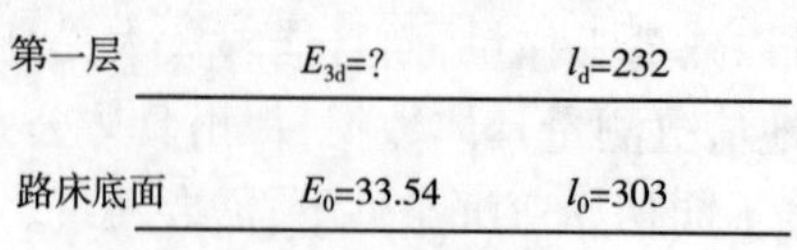

图8.12　E_{3d}求解过程

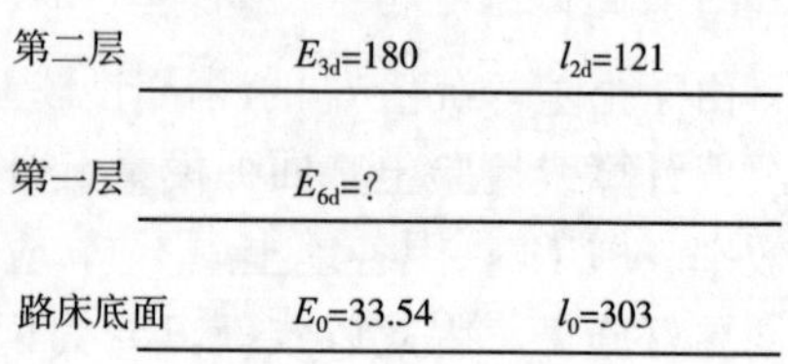

图8.13　E_{6d}求解过程

③9d 的单层回弹模量 E_{9d}

E_{9d}求解过程见图 8.14。已知第三层铺筑完成后龄期为 3d 的弯沉 $l_{3d}=0.85\text{mm}$。此时,整体结构可以看作由四部分组成,最下面一层为路床底面,当量回弹模量为 E_0;第二层为路床的第一层,此时距离其填筑完成已过 9d,故其单层回弹模量 E_{9d};第三层为路床的第二层,此时距离填筑完成已过 6d,故其单层回弹模量为 E_{6d};最上面一层刚填筑完成 3d,其单层回弹模量为 E_{3d},然后将模量估值输入软件计算,当算出的弯沉值为 l_{3d}时,此值即为 9d 的单层回弹模量 E_{9d},结果为 216MPa。

④12d 的单层回弹模量 E_{12d}

E_{12d}求解过程见图 8.15。已知第四层铺筑完成后龄期为 3d 的弯沉 $l_{4d}=0.67\text{mm}$。此时,整体结构可以看作由五部分组成,最下面一层为路床底面当量回弹模量 E_0;第二层为路床的第一层,此时距离其填筑完成已过 12d,故其单层回弹模量为 E_{12d};第三层为路床的第二层,此时距离填筑完成已过 9d,故其单层回弹模量为 E_{9d};第四层为路床的第三层,此时距离填筑完成已过 6d,故单层回弹模量为 E_{6d};最上面一层为刚填筑完成 3d,其单层回弹模量为 E_{3d};接着将模量估值输入软件计算,当算出的弯沉值为 l_{4d}时,此值即为 12d 的单层回弹模量 E_{12d},结果为 218MPa,变化不大,强度近似稳定。

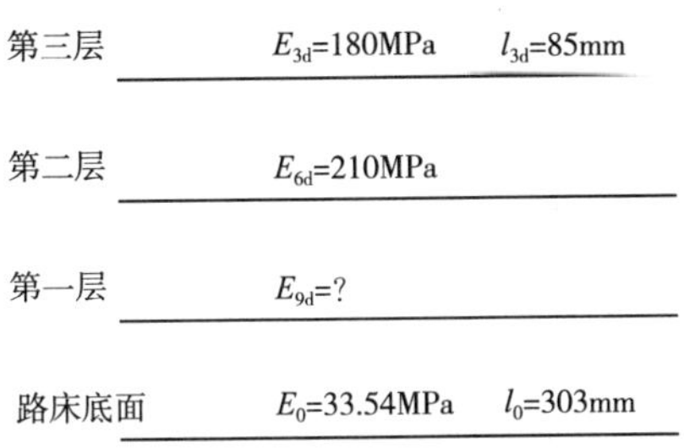

图 8.14　E_{9d}求解过程

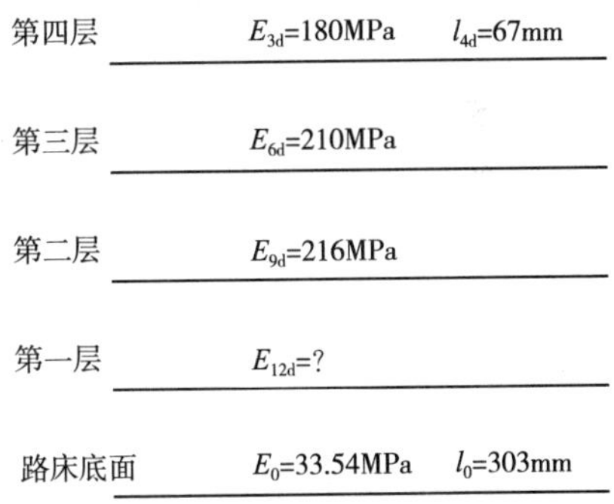

图 8.15　E_{12d}求解过程

8.4.3　路床施工控制方案

计算路床各结构层短龄期模量的作用在于预测任意时刻的施工弯沉值,以判断当铺筑到路床顶面时,其弯沉能否满足要求。为了方便路床施工控制,结合现场路堤顶面的弯沉、路床各结构层厚度及施工的龄期,确定各结构层的施工弯沉控制表,以便逐层控制其施工质量。

由于检测到的路床底部的弯沉值约在 270~335(0.01mm)之间,故选用此区间进行后续工作弯沉值的预测,当达到设计弯沉值 1mm 后,不再计算。用软件计算出的不同层厚时各弯沉值换算出的当量回弹模量及各层施工弯沉控制值，见表 8.14~表 8.16。通过分析上路堤顶面的弯沉值大小和路床铺筑厚度，然后根据表 8.14~表 8.16 来选择各路床结构层的控制指标。

路床结构层每层铺筑厚度为 20cm 所计算的各层施工弯沉控制表 表 8.14

路床底面弯沉值（0.01mm）	对应模量（MPa）	需要铺的层数	铺一层弯沉值（0.01mm）	铺两层弯沉值（0.01mm）	铺三层弯沉值（0.01mm）
335	30.45	3	247	126.2	86.7
330	30.89	3	245	125.4	86.4
325	31.35	3	242	124.7	86
320	31.82	3	240	123.9	85.7
315	32.31	3	237.5	123.1	85.3
310	32.81	3	235.2	122.3	85
305	33.33	3	232.7	121.5	84.6
300	33.86	3	230.3	120.8	84.3
295	34.41	3	227.8	119.9	84
290	34.98	3	225.4	119.1	83.6
285	35.57	3	222.9	118.4	83.3
280	36.18	3	220.3	117.5	82.9
275	36.81	3	217.8	116.7	82.6
270	37.47	3	215	115.9	82.2

路床结构层每层铺筑厚度为 22cm 所计算的各层施工弯沉控制表 表 8.15

路床底面弯沉值（0.01mm）	对应模量（MPa）	需要铺的层数	铺一层弯沉值（0.01mm）	铺两层弯沉值（0.01mm）	铺三层弯沉值（0.01mm）
335	30.45	3	227.4	115.8	80.4
330	30.89	3	225.4	115.2	80.2
325	31.35	3	223.2	114.6	79.9
320	31.82	3	221.2	113.9	79.7
315	32.31	3	219	113.3	79.4
310	32.81	3	217.0	112.6	79.1

续上表

路床底面弯沉值(0.01mm)	对应模量(MPa)	需要铺的层数	铺一层弯沉值(0.01mm)	铺两层弯沉值(0.01mm)	铺三层弯沉值(0.01mm)
305	33.33	3	214.8	111.9	78.8
300	33.86	3	212.7	111.3	78.5
295	34.41	3	210.5	110.6	78.3
290	34.98	3	208.4	110.0	78.1
285	35.57	3	206.2	109.3	77.8
280	36.18	3	203.9	108.6	77.5
275	36.81	3	201.8	107.9	77.2
270	37.47	3	199.5	107.2	76.9

路床结构层每层铺筑厚度为24cm所计算的各层施工弯沉控制表　表8.16

路床底面弯沉值(0.01mm)	对应模量(MPa)	需要铺的层数	铺一层弯沉值(0.01mm)	铺两层弯沉值(0.01mm)	铺三层弯沉值(0.01mm)
335	30.45	3	210.4	107.3	75.3
330	30.89	3	208.55	106.8	75.1
325	31.35	3	206.7	106.3	74.9
320	31.82	3	204.9	105.8	74.7
315	32.31	3	203	105.2	74.5
310	32.81	3	201.2	104.6	74.3
305	33.33	3	199.2	104	74.1
300	33.86	3	197.4	103.5	73.9
295	34.41	3	195.5	102.9	73.7
290	34.98	3	193.6	102.4	73.5
285	35.57	3	191.6	101.8	73.3
280	36.18	3	189.7	101.2	73
275	36.81	3	187.7	100.7	72.8
270	37.47	3	185.7	100.1	72.6

8.4.4　弯沉值的验证

以现场21标段隧道弃渣破碎未筛分碎石+4%水泥改良作为路床填料，压实厚度为20cm,修筑试验路。铺路完成后,经3d养生检测各点的弯沉值,接着上料铺筑第二层。修筑完成后,经3d养生检测相同点的弯沉值,以此类推,直到检测完四层的弯沉值。将其汇总,与反算得出的弯沉值相比较,结果见表8.17。

路床各结构计算弯沉值与实测弯沉值比较表(单位:0.01mm) 表8.17

测点弯沉值 l_0	第一层弯沉值 l_d		第二层弯沉值 l_{2d}		第三层弯沉值 l_{3d}		第四层弯沉值 l_{4d}	
	理论值	实测值	理论值	实测值	理论值	实测值	理论值	实测值
311	235.6	238.4	122.5	124.3	85.1	88.5	67.6	70.4
289	224.8	231.6	119	123.1	83.5	85.6	66.9	68.6
281	220.8	223.5	117.7	120.4	83	85.1	66.7	68.3
294	227.3	234.5	119.8	123.6	83.9	86.6	67.0	67.2
296	228.3	236.1	120.1	124.5	84	86.9	67.1	69.6
304	232.2	236.9	121.4	122.4	84.6	87.7	67.1	69.4
308	234.2	237.4	122	126.3	84.9	88.2	67.5	70.3
276	218.3	220.4	116.9	122.6	82.7	84.6	66.5	67.1
298	229.3	236.5	120.4	124.8	84.2	87.7	67.2	69.5
284	222.4	227.8	118.2	118.5	83.2	85.6	66.8	66.9

由上述计算弯沉值与实测值对比可知,计算弯沉值和实测值偏差很小,但整体上理论值小于实测值。究其原因,一方面由于施工的变异性,现实中施工很难完全按照规范进行,含水率的控制、拌和的控制、碾压的控制等任何一个环节都有可能使工程质量降低;另一方面,由于未筛分碎石掺加了水泥改良,同时考虑到工期的紧迫性,都是养生3d就开始修筑下一层的,所以水泥的水化还不是很充分,路床强度还没有完全形成,因此实际弯沉值偏大。整体而论,通过反算得到的弯沉值以及控制层数与层厚能够很好地指导施工,与实际施工结果基本上相吻合。

8.4.5 路床施工工艺

结合现场试验路的铺筑,总结了路床施工工艺流程,如图8.16所示。

1)下承层准备

试验段施工前对下承层进行检验,达到规范要求的压实度、平整度及其他各项指标合格,并检测弯沉值,经过监理工程师确认,同意进行下道工序。

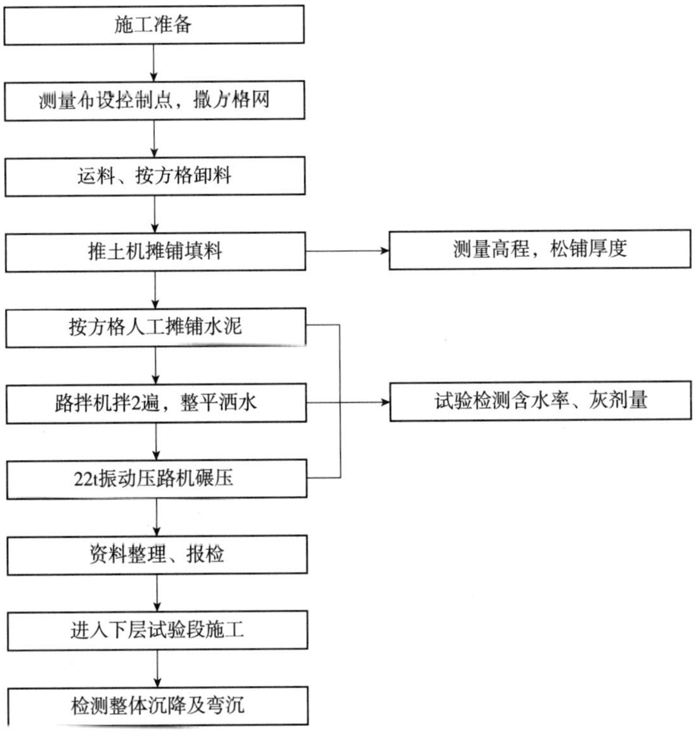

图 8.16　路床施工工艺流程图

2) 测量放样,布设控制点

在合格的下承层上按批复的导线点、水准点进行精确放样,按 10m 桩距进行中边桩恢复,并在试验段外侧 50m 外设立施工标尺。用记号笔标出填筑层的松铺厚度和填筑高度。

按放出的中边桩进行检测点布设,每 10m 一个断面,每断面 3 个点,用水准仪观测控制点高程,做好记录。

3) 材料运输

统一运输车辆型号,保证每车所装材料基本相等,运输过程中注意行车安全,沿途不得抛撒。

4) 卸料

现场先用灰线画出 12.5m×7m 格,材料运抵现场后听从现场指挥人员调度,每网格卸一车料。汽车运料立方体换算成松铺厚度(24cm)立方体,换算系数为 1.2 左右,待摊铺完成测量出松铺厚度后重新核实换算系数。

5)摊铺

推土机摊铺时按松铺厚度摊铺,从起点开始纵向摊铺。摊设时,要严格控制设计高程,未筛分碎石材料运至基层后,用推土机粗平,人工细平后,采用压路机碾压密实,压实后洒水养护。摊铺前对土路基中线纵横断面高程宽度进行复核测量,表面清洁无杂物。按计划段落数量上料,循序摊铺创造各工序连续作业条件。

6)人工摊铺水泥

水泥按每 2 袋/m^2摆放,在路基上画出 4m×4m 的方格,每方格摆放 8 袋水泥。用人工倾倒摊铺方法并摊铺均匀。拌和均匀后进行水泥剂量检测。

7)路拌机拌和

水泥摊铺后,采用路拌机进行拌和。拌和顺序由低到高纵向拌和,拌和速度小于 4km/h,横向接头重叠 0.4~0.5m,纵向接头≥2m,直线进退,拌和深度 26cm。

8)静压

洒水后待表面潮干即可碾压,采用 22t 振动压路机对检测过的填料层从内侧到外侧静压一遍,静压时速度小于 4km/h,横向接头重叠 0.4~0.5m,直线进退。碾压全过程均须随碾压随洒水,保持在最佳含水率的情况下碾压。稳压两遍后,及时检测、长补,同时如发现石窝或梅花现象应将多余的碎石挖出,分别掺入适量的级配石子,翻拌均匀,并补充碾压。

9)精平

采用平地机由内侧向外侧按松铺厚度进行精平,用水准仪逐断面测量控制高程及松铺厚度。

10)22t 自行式振动压路机碾压

采用 22t 自行式振动压路机碾压。碾压的顺序是从边到中、纵向进退式进行,横向接头重叠 0.4~0.5m,纵向重叠 1.0~1.5m。碾压速度是先慢后快(最大速度小于 4km/h),振频由弱到强,路基两侧多压两遍。

22t 自行式振动压路机碾压方案为“1+2+3”,即一遍静压,两遍弱振,三遍强振碾压,进行沉降观测、压实度测试、点位现场确定。然后继续增加碾压遍数,分别测定沉降值,直至沉降达到规范规定值(小于 2mm),压实度达到 96%为止。

11)养生

碾压成型后洒水,并用土工布覆盖养生,顶面土工布覆盖养生期 7d,养生过程中,一直保持湿润,不得干湿交替。

12)路床现场检测

试验段填筑施工完成后,按照《公路路基路面现场测试规程》及《公路工程质量检验评定标准》(JTG F80/1—2004)规定测定弯沉值。

8.4.6　路床施工控制要点

(1)采用缓凝水泥,必须先干拌后湿拌,加水后,从拌和水泥开始到碾压必须控制在水泥初凝前完成。

(2)严格控制摊铺厚度,充分碾压,按照规范要求检测路基压实度和弯沉,任何一项检测不合格均应重新碾压,直至全部合格为止。

(3)松铺厚度控制在22~26cm,压实厚度为20cm。严格控制含水率,拌和完成后如果含水率不足,应及时快速补水。

(4)必须采用土工布覆盖,洒水养生,养生时间不少于7d。

(5)未筛分碎石必须有良好的级配,严禁有超大粒径颗粒存在。一经发现,必须加以破碎或剔除,水泥拌和必须均匀。

8.5　风化千枚岩填筑路基防排水控制技术

水是影响风化千枚岩填料强度和耐久性的关键,因此用风化千枚岩填料修筑路基时,必须做好路基的防排水工作。千枚岩地区路基防排水设计原则主要包括以下方面:

(1)排水设计要因地制宜、全面规划、合理布局、综合治理、讲究实效,应充分利用有利地形和自然水系。

(2)设计前必须进行实地勘察,查明水源与地质条件,重点路段要进行排水系统的全面规划,对于排水困难和地质不良的路段,还应与路基防护加固相配合,并进行特殊设计。

(3)路基排水沟渠的设计应注意与农田水利相配合,必要时可适当增设管涵,以防农业用水影响路基的稳定。

(4)路基排水设计要注意防止附近山坡的水土流失,尽量不破坏天然水系,尽量选择有利地质条件布设人工沟渠,减少排水沟渠的防护与加固工程。

(5)路基排水设计要结合当地水文条件,注意就地取材,以防为主,既要稳固适用,又必须讲究经济效益。

8.5.1 地下水防治技术

地下排水设施主要有盲沟、渗沟和渗井。

1)盲沟

相对于地面排水的明沟而言,盲沟又称暗沟,属于隐蔽工程。从盲沟的构造特点出发,由于沟内分层填以大小不同的颗粒材料,利用渗水材料透水性将地下水汇集于沟内,并沿沟排泄至指定地点,这种构造相对于管道流水而言,习惯上称之为盲沟,在水力特性上属于紊流。

结合十天高速公路安康东段现场情况,主要的路基地下水防治设施是盲沟。盲沟的主要作用是拦截流向路基的层间水,防止路基边坡滑塌和毛细水上升危及路基的强度与稳定性。其特点是排水量不大,主要是以渗流方式汇集水流,并就近排出路基范围以外。

按设计要求,盲沟沟槽内全部填满颗粒材料,横断面可做成矩形,也可做成上宽下窄的梯形,沟壁倾斜度约 1∶0.2,底宽 b 与深度 h 大致为 1∶3,深约 1.0~1.5m,底宽约 0.3~0.5m。盲沟的底部中间填以粒径较大(3~5cm)的碎石,其空隙较大,水可在空隙中流动。盲沟顶部和底部,设置厚 30cm 以上的不透水层。

图 8.17 为一侧边沟下面所设的盲沟,用以拦截流向路基的层间水,防止路基边坡滑塌和毛细水上升危及路基的强度与稳定性。

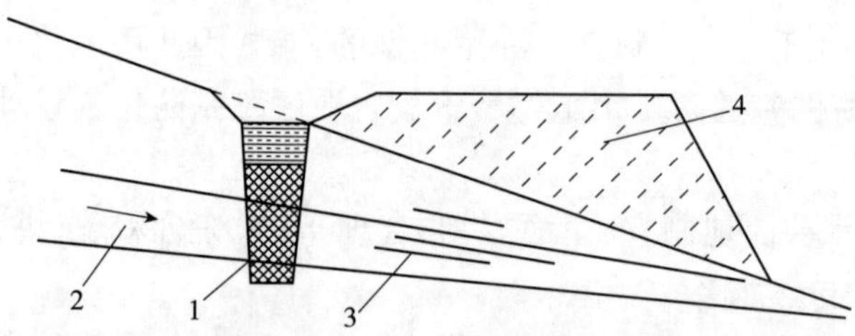

图 8.17 一侧边沟下设盲沟

1-盲沟;2-层间水;3-毛细水;4-可能滑坡线

图 8.18 是路基两侧边沟下面均设盲沟,用以降低地下水位,防止毛细水上升至路基工作区范围内,形成水分积聚而使土基过湿,降低强度。

2)渗沟

采用渗透方式将地下水汇集在沟内,并通过沟底通道将水排至指定地点,这种地下排水设备统称为渗沟。它的作用是降低地下水位或拦截地下水,其水力特性是紊流,但在构造上与盲沟有所不同。

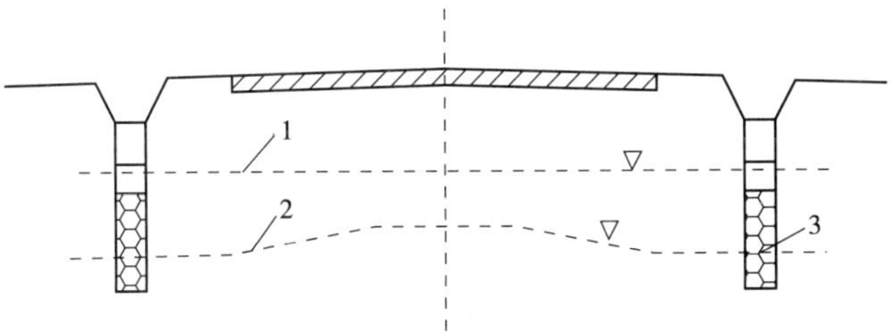

图 8.18　路基两侧边沟下设盲沟

1-原地下水位；2-降低后地下水位；3-盲沟

有地下水出露的挖方路基、斜坡路堤、路基填挖交界结合部以及地下水位埋深小于 0.5m 的低路堤等路段，应设置排水渗沟。

渗沟类型应根据地下水赋存条件、渗流量、使用部位及排水距离等，按表 8.18 确定，渗沟横断面尺寸应按地下水渗流量计算确定。

各类渗沟适用条件　　表 8.18

渗沟类型	适用条件
填石渗沟、无砂混凝土渗沟	可用于地下水流量不大、排水距离较短的地段
管式渗沟	可用于地下水流量较大、地下水位埋藏浅、地下排水距离较长的地段
洞式渗沟	可用于地下水流量大、埋藏深的路段

3）渗井

渗井属于水平方向的地下排水设备，当地下存在多层含水层，其中影响路基的上部含水层较薄，排水量不大，且平式渗沟难以布置，采用立式（竖向）排水，设置渗井，穿过不透水层，将路基范围内的上层地下水引入更深的含水层中，以降低上层的地下水水位或全部予以排除。

8.5.2　地表水防治技术

常用的路基地面排水设备包括边沟、截水沟、排水沟、跌水与急流槽等，必要时还有渡槽、倒虹吸及积水池等。现主要结合试验路修筑的情况，介绍常见的排水措施。

（1）边沟

边沟设置在挖方路基的路肩外侧或者低路堤的坡脚外侧，用于汇集和排除路基范围内以及流向路基的少量地表水，多与路中线平行。边沟沟底纵坡宜与路线纵坡一致，并不宜小于 0.3%。边沟不宜过长，除特殊情况外，连续长度不宜超过500m。

十堰至天水高速公路挖方路段矩形边沟宜增设带泄水孔的钢筋混凝土盖板或增设路侧护栏,钢筋混凝土盖板的强度和厚度应满足承载汽车荷载能力的要求。采用小型机械和人工配合开挖,使沟底基坑高程满足设计及规定要求。横坡设置为4%,纵坡应按图纸施工,沟底平整,排水畅通,无阻水现象,并与所有引排水系统形成整体。整平夯实自检合格后,部分边沟需加深加固,应绑扎底部加强钢筋,完毕后,经验收合格后进行沟底部混凝土浇筑,浇筑完后及时对混凝土进行养护;合格后绑扎侧壁加强钢筋,立完侧模后,浇筑侧壁混凝土,及时养护,安装边沟盖板。其边沟的盖板采用集中预制和安装,边沟排水设置见图8.19a)。

(2)截水沟

截水沟设置在路基边坡坡顶以外或山坡路堤上方的适当处,用以截引路基上方流向路基的地面径流,防止其冲刷和侵蚀路堤坡脚,并减轻边沟的泄水负担。千枚岩分布地区,其边坡必须要设置截水沟,以减少地表降水对千枚岩的风化作用。截水沟的横断面形式一般为梯形,沟的边坡坡度因岩土条件而定,一般采用1:1.0~1:1.5,截水沟设置见图8.19b)。

a)边沟　　b)截水沟

图8.19　排水设置

截水沟的位置,应尽量与绝大多数地面水流方向垂直,以提高截水效能和缩短沟的长度。截水沟应保证水流畅通,就近引入自然沟内排出,必要时配以急流槽或涵洞等泄水结构物将水流引入指定地点。截水沟水流不应引入边沟,当必须引入时,应增大边沟横断面,并进行防护。沟底应具有0.5%以上的纵坡,沟底和沟壁要求平整密实、不滞流、不渗水,必要时予以加固和铺砌。截水沟的长度以200~500m为宜。

(3)排水沟

排水沟的主要用途在于引水,将路基范围内各种水源的水流(如边沟、截水沟、取土坑、边坡和路基附近积水),引至桥涵或路基范围以外的指定地点。当路线受到多段沟渠或水道影响时,为保护路基不受水害,可以设置排水沟或改移渠道,以调节水流,整治水道。

排水沟的横断面一般采用梯形,尺寸大小应经过水力水文计算选定。用于边沟、截水沟及取土坑出水口的排水沟,其横断面尺寸根据设计流量确定,底宽与深度不宜小于0.5m,土沟的边坡坡度约为1∶1~1∶1.5。

排水沟的位置可根据需要并结合当地地形等条件而定,离路基尽可能远些,距路基坡脚不宜小于2m,平面上应力求直捷,需要转弯时也应尽量圆顺,做成弧形,其半径不宜小于10~20m,连续长度宜短,一般不超过500m。

8.5.3　坡面防护

边坡水分的入渗也是引起千枚岩风化的重要原因,因此在该区域修筑道路,必须考虑坡面防护。坡面防护主要作用:保护路基边坡表面免受雨水冲刷,减缓温差及湿度变化的影响,防止和延缓软弱岩土表面的风化、碎裂、剥蚀演变进程,从而保护路基边坡的整体稳定性,在一定程度上还可兼顾路基美化和协调自然环境。由于坡面防护设施不承受外力作用,因此必须要求坡面岩土整体稳定牢固。坡面防护包括植物防护、骨架植物防护和工程防护。对受自然因素作用易产生破坏的边坡坡面,应根据气候条件、岩土性质、边坡高度、边坡坡率、水文地质条件、施工条件、环境保护、水土保持要求等因素,按表8.19经技术经济比较后选择适宜的防护措施。

坡面防护工程类型及适用条件　　表8.19

防护类型	亚　类	适 用 条 件
植物防护	植草或喷播植草	可用于坡率不陡于1∶1的土质边坡防护。当边坡较高时,植草可与土工网、土工网垫结合防护
	铺草皮	可用于坡率不陡于1∶1的土质边坡或全风化、强风化的岩石边坡防护
	种植灌木	可用于坡率不陡于1∶0.75的土质、软质岩石和全风化岩石边坡防护
	喷混植生	可用于坡率不陡于1∶0.75的砂性土、碎石土、粗粒土、巨粒土及风化岩石边坡防护,边坡高度不宜大于10m
	客土喷播	可用于坡率不陡于1∶1的碎石土、粗粒土、巨粒土和风化岩石边坡防护,边坡高度不宜大于8m
骨架植物防护	—	可用于不陡于1∶0.75土质和全风化、强风化的岩石边坡防护

续上表

防护类型	亚类	适用条件
工程防护	喷护	可用于坡率不陡于1：0.5、易风化但未遭强风化的岩石边坡防护,高速公路、一级公路和环境景观要求高的公路不宜采用
	挂网喷护	可用于坡率不陡于1：0.5、易风化但风化破碎的岩石边坡防护,高速公路、一级公路和环境景观要求高的公路不宜采用
	干砌片石护坡	可用于坡率不陡于1：1.25的土质边坡或岩石边坡防护
	浆砌片石护坡	可用于坡度不陡于1：1的易风化的岩石和土质边坡防护
	护面墙	可用于坡率不陡于1：0.5的土质和易风化剥落的岩石边坡防护

本章参考文献

[1] 中华人民共和国行业标准.JTG D30—2015　公路路基设计规范[S].北京:人民交通出版社股份有限公司,2015.

[2] 中华人民共和国行业标准.JTG E51—2009　公路工程无机结合料稳定材料试验规程[S].北京:人民交通出版社,2009.

[3] 中华人民共和国行业标准.JTG E40—2007　公路土工试验规程[S].北京:人民交通出版社,2007.

[4] 中华人民共和国行业标准.JTG F10—2006　公路路基施工技术规范[S].北京:人民交通出版社,2006.

[5] 中华人民共和国行业标准.JTG F80/1—2004　公路工程质量检验评定标准[S].北京:人民交通出版社,2012.

[6] 潘伟兵,黄志义.利用层状弹性理论对高速公路路面变形特性研究[J].东北公路,2003(04):1-2.

[7] 郑传超,王秉纲.道路结构力学计算[M].北京:人民交通出版社,2003.

[8] 邓学均.路基路面工程[M].北京:人民交通出版社,2013.

[9] 魏翠玲,周晶,王复明.粘弹性层状介质的动力反分析[J].大连理工大学学报,2000,40(04):475-478.

[10] 中华人民共和国行业标准.JTJ 034—2000　公路路面基层施工技术规范[S].北京:中国标准出版社,2000.

[11] 中华人民共和国行业标准.JTJ 014—1997　公路沥青路面设计规范[S].北京:人民交通出版社,1997.

[12] 中华人民共和国行业标准.JTG D50—2006　公路沥青路面设计规范[S].北京:人民交通出版社,2008.

[13] 中华人民共和国行业标准.JTG D40—2002　公路水泥混凝土路面设计规范[S].北京:人民交通出版社,2011.